中华人民共和国地方志

福建省志

检察志 (1993—2005)

福建省地方志编纂委员会 编

社会科学文献出版社

图书在版编目（CIP）数据

福建省志.检察志：1993～2005/福建省地方志编纂委员会编.—北京：社会科学文献
出版社，2014.11
　ISBN 978－7－5097－5092－6

　Ⅰ.①福…　Ⅱ.①福…　Ⅲ.①福建省－地方志 ②检察机关－工作概况－福建省－
1993～2005　Ⅳ.①K295.7

中国版本图书馆 CIP 数据核字（2013）第 224027 号

福建省志·检察志（1993—2005）

编　　者/福建省地方志编纂委员会

出 版 人/谢寿光

项目统筹/王　菲　陈　颖

责任编辑/陈　颖

出　　版/社会科学文献出版社·皮书出版分社（010）59367127
　　　　　　地址：北京市北三环中路甲 29 号院华龙大厦　邮编：100029
　　　　　　网址：www.ssap.com.cn

发　　行/市场营销中心（010）59367081　59367090
　　　　　　读者服务中心（010）59367028

印　　装/北京盛通印刷股份有限公司

规　　格/开　本：889mm×1194mm　1/16
　　　　　　印　张：15.25　插 页：1　字　数：316 千字

版　　次/2014 年 11 月第 1 版　2014 年 11 月第 1 次印刷

书　　号/ISBN 978－7－5097－5092－6

定　　价/175.00 元

1993年11月，最高人民检察院检察长张思卿（右一）到福建视察

2003年1月，最高人民检察院检察长韩杼滨（左一）到福建调研

2003年8月，最高人民检察院检察长贾春旺（右一）到福建视察

1993年9月，省检察院检察长郑义正（左一）在决定逮捕和向审判机关提起公诉的大案要案新闻发布会上接受记者采访

2001年7月，省检察院检察长鲍绍坤（右一）看望基层检察干警

2004年1月，省检察院检察长倪英达（左一）看望基层检察干警

2003年7月，省、市检察
机关征求意见座谈会

2004年11月，省人大代表
视察工作汇报会

2003年12月，全省检察
机关整合侦查资源试点工作
座谈会

2004年3月，全省检察机关查办和预防职务犯罪工作会议

2004年12月，全省检察机关加强执法活动内部监督制约试点工作座谈会

2005年12月，全省检察机关检务督察试点工作座谈会

2004年4月，全省检察机关
基层检察院建设工作会议

2005年6月，全省检察
机关"规范执法行为，促进
执法公正"专项整改电视电
话会议

2001年9月，全省检察机关
基本素质考试工作会议

1999年12月，福建省人民检察院为台资企业服务座谈会

1999年12月，省检察院与泉州市检察院联合召开省、市检察院为非公有制经济服务座谈会

2000年9月，省检察院、省企业家与企业管理协会、省国际国内公共关系协会联合召开企业家与检察官座谈会

1995年6月，省检察院与省电视台联合开展电视法制宣传

2001年4月，福建省人民检察院"检务公开"新闻发布会

2001年4月，全省检察、公安机关追逃专项行动新闻发布会

1999年8月，福建省
人民检察院专家咨询委员
会成立大会

2003年10月，福建省
人民检察院人民监督员聘
任大会（首届）

2004年12月，省检察院
第三届特约检察员聘任大会

检察长出庭公诉

检察官出庭公诉

检察干警分析研究案件

省、市、区三级检察长接待来访群众

检察机关处理控告申诉
案件获群众认可

福建省检察机关跨地区基层
院"结对子"协议书签订仪式

检察机关为"三资"企业
提供法律服务

省检察官协会深入社区为
群众提供法律咨询

开展刑事案件辩论对抗赛活动

开展岗位练兵竞赛活动

开展检察机关司法警察培训活动

建立数字化审讯系统

建立预防职务犯罪警示教育基地

《福建省志·检察志》评审会

《福建省志·检察志 (1993—2005)》
办 公 室

主 任：李明蓉（兼）

副主任：张时贵 陈友聪

《福建省志·检察志 (1993—2005)》
编 辑 人 员

主 编：李明蓉

副主编：滕 忠

总撰稿：滕 忠

编 撰：林章霖 张向东 任宇鑫 王 乔

《福建省志·检察志》
审 稿 人 员

俞 杰 林贻影 吕秋心 潘仁年 张 俊

《福建省志·检察志》
验收小组

冯志农　方　清　俞　杰

序

    《福建省志·检察志（1993—2005）》，是首轮《福建省志·检察志》的续志。2007—2012 年，该志历时五年编纂完成，凝聚了全省检察机关工作人员的集体智慧，反映了检察工作的实践经验。该志既突出了"存史、资政、教化"功能，又凸显了福建省检察工作鲜明的时代特点和地域特色。

    该志全面系统地记述了 1993—2005 年福建省检察机关和检察工作的历史沿革、重要标志和发展进程。1993—2005 年是人民检察事业深刻变革和全面发展的十三年，集中展示了福建特定区位和海峡西岸检察实践的重要成效，见证了中国特色检察制度的不断完善与发展，昭示了中国特色检察制度和检察事业强大的生命力。

    盛世修史，鉴往知来。党的十八大胜利召开，标志着人民检察事业站在新的历史起点上。我们要在以习近平同志为总书记的党中央坚强领导下，坚定中国特色社会主义道路自信、理论自信和制度自信，始终坚持党对检察工作的绝对领导，始终把人民放在心中最高位置，不断坚持和发展中国特色社会主义检察制度，强化法律监督，维护公平正义，推动科学发展，促进社会和谐，为全面建成小康社会和中华民族的伟大复兴作出不懈努力。

倪英达

2013 年 1 月

《福建省志》凡例

本志按国务院颁布的《地方志工作条例》和中国地方志指导小组制定的《地方志书质量规定》要求进行编纂。

一、以马克思列宁主义、毛泽东思想、邓小平理论、"三个代表"重要思想和科学发展观为指导，坚持辩证唯物主义和历史唯物主义的立场、观点和方法。

二、以福建省现行行政区划为记述的区域范围（未含金门、马祖）。

三、使用规范的现代语文体记述，行文除引文外，用第三人称记述。

四、1949年10月1日以前的纪年，标示朝代、年号、年份，括注公元纪年；1949年10月1日起，用公元纪年。

五、各个时期的政权机构、职务、党派、地名，均以当时名称或通用之简称记述。古地名均括注今地名，乡（镇）、村地名前冠以市、县（市、区）名。

六、除引文外的人名，直书姓名，不在姓名后加身份词；必须说明身份的，在其姓名前说明。

七、各种机构、会议、文件等专有名称使用全称，如多次出现需用简称的，在第一次出现时括注简称。

八、凡外国的国名、地名、人名、党派、政府机构、报刊等译名，均以新华社译名为准。新华社没有译名的，首次使用译名时括注外文全称，全书保持中文译名一致。

九、数字、量和单位、标点符号的使用，执行国家有关部门颁布的标准规定。书中同一名称、事实、数据、时间、度量衡、术语的表述，前后一致。

十、图、照、表突出存史价值，样式统一。

十一、采用国家统计部门公布的统计数据和业务主管部门的统计数据；如使用其他数据，则说明其来源。

十二、采用资料一般不注明出处；引文、辅文和需要注释的专用名词、特定事物加页末注释，注释形式全书统一。

编 辑 说 明

　　本志记述年限为 1993—2005 年，为承续首轮志书，部分内容的时间上限适当延伸至 1993 年之前。

　　最高人民检察院，简称"高检院"。福建省人民检察院，简称"省检察院"。省级以下人民检察院称谓皆省略"人民"二字，即××市（地区、县、区）人民检察院（分院）简称为"××市（地区、县、区）检察院（分院）"。

目　　录

概　述 …………………………………………………………………… 1

第一章　侦查监督 ……………………………………………………… 6

　　第一节　审查逮捕 ………………………………………………… 6

　　第二节　立案监督 ………………………………………………… 10

　　第三节　侦查活动监督 …………………………………………… 11

第二章　公诉 …………………………………………………………… 14

　　第一节　审查起诉 ………………………………………………… 14

　　第二节　出庭公诉 ………………………………………………… 24

　　第三节　审判监督 ………………………………………………… 28

第三章　职务犯罪侦查与预防 ………………………………………… 32

　　第一节　贪污贿赂检察 …………………………………………… 32

　　第二节　渎职侵权检察 …………………………………………… 41

　　第三节　预防职务犯罪 …………………………………………… 48

第四章　监所检察 ……………………………………………………… 54

　　第一节　刑罚执行监督 …………………………………………… 54

　　第二节　监管执法活动监督 ……………………………………… 57

　　第三节　查办监管场所犯罪案件 ………………………………… 63

　　第四节　派驻检察室建设 ………………………………………… 67

第五章　控告申诉检察 ………………………………………………… 70

　　第一节　来信来访处理 …………………………………………… 70

　　第二节　举报工作 ………………………………………………… 74

　　第三节　刑事申诉案件复查 ……………………………………… 78

　　第四节　刑事赔偿工作 …………………………………………… 82

第六章 民事行政检察 ………………………………………………… 85

　第一节 抗 诉 …………………………………………………………… 85

　第二节 检察建议 ………………………………………………………… 90

　第三节 查办审判人员职务犯罪案件 ………………………………… 91

第七章 林业检察 ……………………………………………………… 95

　第一节 林业侦查监督 ………………………………………………… 95

　第二节 林业审判监督 ………………………………………………… 98

第八章 检察技术与信息化建设 …………………………………… 102

　第一节 检察技术 ……………………………………………………… 102

　第二节 信息化建设 …………………………………………………… 104

第九章 其他检察业务 ……………………………………………… 107

　第一节 法律政策研究工作 …………………………………………… 107

　第二节 检察统计与档案 ……………………………………………… 116

　第三节 财务与装备 …………………………………………………… 119

　第四节 司法警察工作 ………………………………………………… 122

　第五节 宣传工作 ……………………………………………………… 124

第十章 交流与合作 ………………………………………………… 127

　第一节 与港澳台交流与合作 ………………………………………… 127

　第二节 对外交流 ……………………………………………………… 131

第十一章 机构与队伍 ……………………………………………… 135

　第一节 机构 …………………………………………………………… 135

　第二节 队伍 …………………………………………………………… 139

第十二章 基层检察院建设 ………………………………………… 161

附 录 …………………………………………………………………… 163

　一、大事年表 …………………………………………………………… 163

　二、重要文件辑录 ……………………………………………………… 170

　三、特辑 ………………………………………………………………… 221

编后记 ………………………………………………………………… 227

Contents

Summary / 1

Chapter 1　Legal Supervision of Criminal Investigation / 6

Section 1　Review of the Arrest / 6

Section 2　Legal Supervision of Criminal Case Filing / 10

Section 3　Legal Supervision of Criminal Investigative Activities / 11

Chapter 2　Public Prosecution / 14

Section 1　Review of Instituting Prosecutions / 14

Section 2　Appear in Court to Prosecute / 24

Section 3　Legal Supervision of Judgement / 28

Chapter 3　Detection and Prevention of Duty Crime / 32

Section 1　Corruption and Bribery Investigation / 32

Section 2　Dereliction and Infringement Investigation / 41

Section 3　Prevention of Duty Crime / 48

Chapter 4　Legal Supervision of Prisons / 54

Section 1　Legal Supervision of the Execution of Punishment / 54

Section 2　Legal Supervision of the Regulatory Enforcement Activities / 57

Section 3　Regulatory Sites Criminal Cases Investigation / 63

Section 4　Stationed Prosecutorial Office Building / 67

Chapter 5　Procuratorial Work of Complaint and Accusation / 70

Section 1　The Letters and Visits Processing / 70

Section 2　Public Tip—offs Processing / 74

Section 3　Criminal Appeal Cases Reexamination / 78

Section 4　Criminal Compensation Processing / 82

Chapter 6　Procuratorial Work of Civil and Administrative litigation Activities / 85

Section 1　Civil Protest / 85

Section 2　Procuratorial Proposal / 90

Section 3　Judicial Personnel Duty Criminal Cases Investigation / 91

Chapter 7 Forestry Procuratorial Work / 95

  Section 1 Legal Supervision of Forestry Criminal Investigation / 95

  Section 2 Legal Supervision of Forestry Judgement / 98

Chapter 8 Procuratorial Technology and Informatization Construction / 102

  Section 1 Procuratorial Technology / 102

  Section 2 Informatization Construction / 104

Chapter 9 Integrated Services / 107

  Section 1 Law and Policy Researching / 107

  Section 2 Procuratorial Statistics and Records / 116

  Section 3 Finance and Equipment / 119

  Section 4 Judicial Police / 122

  Section 5 Legal Publicity / 124

Chapter 10 Exchanges and Cooperation / 127

  Section 1 Exchanges and Cooperation with Hongkong，Macau and Taiwan / 127

  Section 2 Foreign Exchanges / 131

Chapter 11 Organizations and Teams / 135

  Section 1 Organizations / 135

  Section 2 Teams / 139

Chapter 12 Construction of Basic Level People's Procuratorate / 161

Appendices / 163

  Appendix 1 Chronology / 163

  Appendix 2 Important documents compiled / 170

  Appendix 3 Special Edition / 221

Afterword / 227

概　　述

1993—2005 年，全省检察机关围绕党和国家中心工作，履行法律监督职责，打击各种刑事犯罪活动，查办和预防各类职务犯罪，加强对诉讼活动的法律监督，加强对自身执法活动的监督制约，加强检察队伍的素质建设，推进检察体制和工作机制改革，为维护宪法和法律统一正确实施、维护社会公平正义、维护社会和谐稳定、促进经济社会发展，作出了贡献。

一

1993—2005 年，全省检察机关始终把维护稳定作为首要政治任务，全面履行检察职能，依法严厉打击刑事犯罪，重点打击黑恶势力犯罪、严重暴力犯罪和盗窃、抢夺等多发性侵财犯罪，对重大刑事犯罪案件提前介入、引导侦查取证，依法快捕快诉。同时，突出打击制假售假、金融诈骗、偷税骗税、走私贩私等严重经济犯罪，为全省经济社会发展服务。各级检察机关与公安、法院、司法行政等部门密切配合，共批准逮捕各类刑事犯罪嫌疑人 322801 人，经审查提起公诉 322599 人。

从 1998 年开始，陆续开展了围歼"车匪路霸"，反盗窃，反偷私渡，打击"村匪地霸"，"打拐禁娼"，"扫黄打非"，打击涉毒犯罪及涉枪犯罪，重点地区、场所和路段的重点整治等专项斗争，严厉打击危害国家安全、经济安全和社会治安的严重犯罪活动。截至 2005 年底，共批准逮捕重特大刑事犯罪嫌疑人 89701 人，起诉 90711 人；批准逮捕破坏市场经济秩序犯罪嫌疑人 8502 人，起诉 8542 人。

2003—2005 年，在严厉打击刑事犯罪的同时，各级检察机关贯彻"宽严相济"的刑事政策，对犯罪情节轻微的未成年犯、初犯、偶犯和过失犯，加大教育挽救力度，落实检察环节的综合治理措施。全省检察机关共依法不批准逮捕 5516 人，不起诉 2463 人。

二

1993—2005 年，全省检察机关贯彻中央、省委关于建立健全惩治和预防腐败体系的总体部署，依法履行查办贪污贿赂、渎职侵权等职务犯罪的职责，按照"严格执法、狠抓办案"的工作方针，不断加大查办和打击职务犯罪力度，促进反腐败斗争深入开展。共立案侦查国家工作人员贪污贿赂、渎职侵权等职务犯罪案件22995件，为国家和集体挽回直接经济损失14.94亿元。

各级检察机关坚持标本兼治、综合治理的原则，探索从机制和制度上预防职务犯罪的有效途径，加快举报线索消化，健全保护举报人制度，开通福建职务犯罪预防网站。2002年5月，省检察院设立职务犯罪预防处，各级检察院也相应成立职务犯罪预防机构。省检察院还在调研论证的基础上，向省人大常委会提出预防职务犯罪的立法建议。全省检察机关联合国有企业、海关、金融、工商、税务、经贸、建筑、医药八个行业和领域开展系统预防，联合签署发布了《关于开展系统预防工作的通知》，落实在八个行业和领域开展预防职务犯罪工作的各项任务。

三

1993—2005年，全省检察机关通过履行侦查监督、审判监督、刑罚执行监督、民事行政检察和内部监督制约等法律监督职责，总结检察业务经验，深化检察改革，推进法律监督工作。

各地从群众反映强烈的突出问题着手，全面加大立案监督、侦查监督工作力度，重点纠正有案不立、有罪不究、以罚代刑等问题，建立和完善侦查监督的配套措施，制定无罪案件跟踪、加强刑事抗诉等方面规范性文件。共督促公安机关立案侦查刑事犯罪案件3334件，追捕、追诉4016人。同时，针对执法违法、司法不公等突出问题，从监督违反诉讼程序入手，加强对各个诉讼环节的法律监督。在强化刑事审判监督方面，重点纠正有罪判无罪和量刑畸轻畸重问题，对确有错误的刑事案件提起抗诉1481件，其中依上诉程序抗诉1307件，依审判监督程序抗诉174件。在强化民事审判和行政诉讼监督方面，认真办理民事行政申诉案件，共提起抗诉3250件。

针对监所执法活动中出现的多发性问题，全省检察机关加强监所专项检察活动，共起诉被监管人员又犯罪案件988件1222人。同时，开展对罪犯减刑、假释、保外就医和劳教人员减期、所外执行、所外就医等专项检察活动，纠正监狱、看守所和劳教所执法活动中的违法情况共31748件，共提出超期羁押书面纠正意见29929份。2003年5月，根据高检院部署，全省检察机关开展清理纠正超期羁押专项行动。2003年7月，实现全省检察环节办案无超期羁押。

按照实事求是、有错必纠的原则，各级检察机关强化对自身执法活动的监督制约，认真做好申诉案件的复查工作。控告申诉首办责任制在全省推行，各级检察院开展三级检察长联合接访，变上访为下访，排查调处矛盾纠纷，依法妥善处置了一些群体性事件。1993—2005年间，共受理刑事申诉374090件，其中来信313413件、来访54079件次。共审查处理340342件，其中受理检察院本院处理的84408件，受理检察院移送其他检察院处理的98372件，转其他有关部门处理的122662件，直接答复的11003件，存查17316件。共受理举报192259件，要案线索2937人，举报中心初查13027件，移送立案1268件。自1995年《国家赔偿法》实施起至2005年底，全省检察机关共受理国家赔偿申请288件，支付赔偿金共120.38万元。

2003年，在对执法过程中存在的突出问题进行集中专项清理时，各级检察机关共排查当年办理的不起诉案件1026件，依法纠正不当处理9件；全面清理扣押冻结款物，依法分别上缴、移送或返还，发现和查处2起违纪问题；清理历年未执行赔偿案件11件。2005年，根据中央和省委的统一部署，全省检察机关深入开展保持共产党员先进性教育活动，落实"规范执法行为，促进执法公正"专项整改活动。围绕徇私枉法、执法不文明、执法不作为以及不能依法独立行使检察权四个方面问题，广泛征求意见，有针对性地制定整改措施。集中开展无罪判决案件、审查逮捕质量和久侦不结职务犯罪案件等专项执法检查，共检查各类案件684件。

四

1993—2005年，全省检察机关结合检察职业特点和实际，开展各项学习教育活动，加强检察队伍建设。

1995年，为适应新颁布实施的《检察官法》对检察官提出新的更高要求，全省检察机关共组织1940名检察干警参加了检察专业证书培训和初任检察官考试。1996年，全省检察机关开展"敬检爱岗为民树形象"、"争创先进检察院，争当优秀检察官"、学习"漳州110"等活动，开展以依法办案、文明办案、安全办案为主要内容的专项教育整顿活动，以解决少数检察干警在办案中违法违纪、作风简单粗暴等问题，开展以清除检察工作中的地方和部门保护主义、严禁刑讯逼供与非法拘禁为主题的专项治理活动。1997年，修订后的《刑法》《刑事诉讼法》先后施行，全省检察机关原有的刑事检察部门分设为审查批捕部门和审查起诉部门。全省检察机关广泛开展对"两法"的学习和培训活动，全体检察干警普遍参加了轮训。1998年起，全省检察机关在加强检察队伍的思想政治建设方面，先后开展了集中教育整顿、"理想信念、公正执法、艰苦奋斗"三项教育、警示教育和职业道德教育等活动。2001年，全省检察机关围绕维护和促进公正执法这一目标，进行"公正执法大讨论"，开展以"反特权思想、反霸道作风"为主题的执法作风大检查，有针对性地预防和纠正行使检察职权过程中出现的一些违法问题。检察教育"十五"规划制定并实施后，全省加快引进和培养人才的步伐，加强学历教育和续职资格培训，组织全员基本素质考试，广泛开展岗位培训和业务练兵活动，截至2005年底，共举办各类培训班1098期，完成了全员轮训任务。自2002年11月，省检察院下发《福建省检察机关高层次人才培养计划》，到2005年底，围绕加强检察人才培养，省、市两级检察院共推荐提名高层次复合型人才培训对象41名，高层次专门型人才培养对象159名。2003年，全省检察机关把学习贯彻"三个代表"重要思想作为重要政治任务，组织举办研读班、培训班，开展践行"三个代表"重要思想、牢记"两个务必"、强化检察职业责任三项大讨论，组织检察机关工作人员宣誓会，举办"公正执法为人民"演讲等形式多样的学习教育活动。2004年，全省开展"强化法律监督，维护公平正义"主题教育活动。

五

1993—2005年，全省检察机关加强侦查、审查逮捕、审查起诉、控告申诉、监所检察等执法环节之间的制约，制定加强内部监督、举报线索管理、侦查工作规则等方面的多项制度，促进检察业务工作规范化。

2000年，省检察院成立职务犯罪侦查指挥中心，各设区市院也先后成立指挥中心，全省初步建立侦查指挥、协作机制。省检察院下发《关于主诉检察官办案责任制的实施细则》，在全省全面推行主诉检察官办案责任制，开展主办检察官办案责任制试点。改革审查逮捕方式和公诉方式，形成适时介入侦查、强化侦查监督的工作机制。实行民事行政抗诉案件、不起诉案件、刑事申诉案件公开审查制度。改革检察委员会工作机制，建立专家咨询制度，完善特约检察员制度；推进科技强检机制建设。全省检察机关还联合其他行业或领域开展对职务犯罪的系统预防工作，建立了共同开展预防职务犯罪的工作联系制度、信息交流制度、案件移送制度、检察建议落实制度、典型案例剖析制度和警示教育制度等。

2003年10月，全省检察机关全面开展人民监督员试点工作。全省按照程序产生了777名人民监督员。人民监督员对属于检察机关直接侦查职务犯罪案件中被逮捕的犯罪嫌疑人不服逮捕决定、拟撤销案件、拟不起诉三类案件启动监督程序，截至2005年底，共监督此三类案件 431 件 508 人，其中人民监督员不同意检察机关拟处理决定的 26 件 39 人，检察机关采纳 10 件 11 人。同时，各级检察机关不断探索对该立不立、超期羁押、违法扣押款物、徇私舞弊等违法现象监督的方式方法。

各级检察机关相继建立和完善督察机构，以纠正违法办案、保证案件质量为中心，把执法办案的过程纳入监督范畴，发挥内部制衡、个案监督、宏观预警和惩戒启动功能，加强对自身执法活动的内部监督制约。各地突出抓好案件线索的统一管理、侦查活动的统一组织指挥、跨地域侦查的统一协调配合、侦查资源的统一配置使用，推进侦查一体化建设。直接受理立案侦查案件的备案、批准工作全面推进，讯问职务犯罪嫌疑人实行全程录音录像。检察长列席法院审判委员会会议成为常制，审查逮捕工作，公诉，介入侦查、引导取证方式方法不断规范化，被告人认罪案件普通程序简化审理和实行量刑建议改革试点工作在全省推行。全省检察机关办公、办案和信息发布应用系统普遍建立，截至 2005 年底，有 56 个检察院建成检察专线网。

第一章　侦查监督

1993—2005 年，各级检察机关审查逮捕部门（后更名为"侦查监督部门"）负责审查逮捕、刑事立案监督和侦查活动监督工作，主要对刑事案件，从立案到侦查终结的全过程进行监督，既监督适用法律、定性等实体公正，也监督收集证据、执行逮捕等程序公正。监督的方向主要针对侦查机关的侦查活动，重点引导侦查机关的侦查取证工作。

第一节　审查逮捕

1993 年，全省检察机关批捕各种重特大刑事犯罪嫌疑人 5537 人，批捕杀人、抢劫、爆炸、盗抢枪支弹药等严重暴力犯罪嫌疑人 4710 人。批捕"车匪路霸"犯罪嫌疑人 1500 多人，批捕盗窃犯罪嫌疑人 5088 人，批捕偷私渡犯罪嫌疑人 99 人，批捕制贩毒品和淫秽物品，引诱容留妇女卖淫以及拐卖、绑架妇女儿童案犯罪嫌疑人 387 人。逮捕贪污贿赂大要案犯罪嫌疑人 211 人，其中决定逮捕了一批贪污、挪用公款，单位走私等重特大案件犯罪嫌疑人。

1994 年，在打击暴力犯罪和其他重大刑事犯罪尤其是带黑社会性质犯罪团伙的行动中，各级检察机关坚持提前介入，依法快捕快诉。根据中央和省委关于开展农村社会治安整治的部署，开展打击严重扰乱农村社会治安的村匪地霸以及反盗窃、反走私、"扫黄打非"和打击盗窃、伪造倒卖增值税发票等专项斗争。省检察院与省国家安全厅联合制定《关于加强检察、国家安全机关相互联系协调的联合通知》，对加强敌情交流、审查逮捕、提前介入、证据使用等方面作出具体规定。全省全年共审查逮捕犯罪嫌疑人 18394 名，其中批捕扰乱农村社会治安的各类犯罪嫌疑人 13283 名，决定逮捕职务犯罪嫌疑人 1170 人。

1995 年，在开展"严打整治斗争"、"春季严打攻势"、"夏季严打攻势"、"冬季严打攻势"和"打拐禁娼"、"扫黄打非"、打击涉及毒品的犯罪以及涉枪犯罪等专项斗争中，全省检察机关侦察监督部门突出抓贪污贿赂、徇私舞弊等职务犯罪大要案的批捕、起诉工作和"三机关一部门"（权力机关、行政机关、司法机关和执法部门）工作人员贪污贿赂犯罪大案要案的查办工作。全年共审查逮捕各类犯罪嫌疑人 19467 人，决定逮捕职务犯罪嫌疑人 1208 人，其中重特大贪污贿赂案件犯罪嫌疑人 451 名，10 万元以上贪污贿赂等大案犯罪嫌疑人 24 名，县处级以上干部要案犯罪嫌疑人 23 名。

1996 年 4 月，全省检察机关围绕"破大案、摧团伙、抓逃犯"的要求，依法从重从快批捕严重刑事犯罪分子。在集中行动期间的 4 月 23 日至 9 月 30 日，批捕犯罪嫌疑人 15378 人，占全年批捕数的 55.1％。同时，突出抓贪污、受贿等经济犯罪大案要案的审查逮捕工作。

1997 年，根据修改后的《刑法》和《刑事诉讼法》，各级检察机关批捕和起诉机构分设，审查批捕处（科）履行审查逮捕职能。在参加"春季严打"、"夏季治安综合整顿"和打击黄、赌、毒以及非法出版物等专项斗争中，各地坚持"严格执法、狠抓办案"的工作方针，依法从重从快批捕各类严重刑事犯罪嫌疑人。省检察院与省公安厅、省国家安全厅联合下发《关于认真执行〈中华人民共和国刑事诉讼法〉有关逮捕规定的通知》《关于审查批捕工作实施"两法"有关问题的意见》《关于审查逮捕工作贯彻〈刑事诉讼法〉若干意见（试行）》，对《刑事诉讼法》修改后审查逮捕工作相关问题作出规定。各级检察机关坚持"一要坚决、二要慎重、务必搞准"的方针，全年批捕各类刑事犯罪嫌疑人 20703 人，其中重特大案犯 6365 人。决定逮捕职务犯罪嫌疑人 991 人。宁德分院批捕一起 7 人抢劫"捷盛"轮价值 800 余万元货物的特大海上杀人、抢劫案。漳州市芗城区检察院批捕一起制造、销售"冰毒" 204 公斤的特大贩毒案。泉州市鲤城区检察院办理一起故意伤害致人重伤案。石狮市检察院办理一起盗窃案时，在审查逮捕阶段发现疑点，依法不批捕并监督公安机关抓捕到该案的犯罪嫌疑人。

1998 年，全省审查逮捕工作着重落实在打击严重刑事犯罪，打击危害国家安全犯罪，打击危害公共安全的暴力犯罪、盗窃、抢劫等侵害人民群众利益的多发性犯罪，涉及毒品的犯罪，以及走私、骗汇、非法买卖外汇犯罪等重点案件上。在推动反腐败斗争工作中，共决定逮捕职务犯罪嫌疑人 519 人，其中重特大案犯罪嫌疑人 220 人。三明、南平、龙岩、宁德等地批捕一批危害农村治安的刑事犯罪案件和侵占集体财产，贪污挪用救灾款、优抚款，私分征地赔偿款等案件。各级检察机关集中开展不批捕案件的复查工作。全年不批准逮捕率为 11.6％，公安机关提请复议、复核 68 件 91 人，经审查改变原不批捕决定 18 人。

1999 年，打击各类严重刑事犯罪活动和惩治贪污贿赂、渎职等职务犯罪，危害国家安全的犯罪，严重危害社会公共安全的暴力犯罪，带黑社会性质的团伙犯罪，盗窃、抢劫等多发性犯罪和涉及毒品的犯罪，走私、骗汇、逃汇、金融诈骗等严重破坏经济秩序的犯罪，"法轮功"邪教组织破坏国家法律实施的犯罪以及大规模成批成船偷私渡活动，是各级检察机关审查逮捕工作的重点。根据全国社会治安综合治理工作会议要求，省检察院决定由审查逮捕部门具体牵头负责社会治安综合治理工作，建立健全各项防范措施和管理制度，加强对刑事犯罪规律、特点及新动向的调查研究，提出预防和减少犯罪建议以及做好服刑罪犯的认罪伏法工作。全省检察机关全年共批捕各类刑事犯罪嫌疑人 25542 人，其中批捕重特大案件犯罪嫌疑人 7071 人，批捕"法轮功"邪教组织骨干分子涉嫌犯罪 6 件 6 人，批捕妨害国（边）境管理罪 438 件 1248 人。决定逮捕贪污贿赂、渎职侵权职务犯罪嫌疑人 651 人，其中重特大案件犯罪嫌疑人 307 人。

2000 年，全省检察机关将审查批捕处（科）更名为侦查监督处（科），履行审查逮捕、刑事立案监督和侦查活动监督职责。在查办厦门远华公司特大走私案中，各级检察机关侦查监督部门做好专案的审查逮捕工作。在开展未成年人犯罪检察工作和创建"优秀青少年维权岗"活动中，各地审查逮捕工作坚持"教育、感化、挽救"的方针和"教育为主、惩罚为辅"的原则，对未成年人犯罪案件，可捕可不捕的不捕，并开展帮教活动。全年批捕危害国家安全犯罪嫌疑人 10 人，批捕利用"法轮功"邪教组织进行犯罪活动的嫌疑人 128 人，批捕放火、爆炸、投毒、杀人、伤害、强奸、绑架、抢劫、盗窃等严重危害社会治安的暴力犯罪和影响群众安全的多发性犯罪案件嫌疑人 16513 人，批捕走私犯罪嫌疑人 252 人，决定逮捕严重损害国有企业利益的贪污案件犯罪嫌疑人 93 人、挪用公款案件犯罪嫌疑人 44 人、私分国有资产案件犯罪嫌疑人 2 人。

2001 年，在参与"严打"整治斗争中，按照"依法从重从快"和"稳、准、狠"的工作方针，各级检察机关依法快审快捕，不在审查批捕环节贻误战机，对基本事实清楚、基本证据确凿的案件，做到"批捕不过夜"，复杂疑难案件"批捕不过三日"。审查逮捕工作突出打击危害国家安全犯罪和"法轮功"邪教组织犯罪活动，参加"打黑除恶""治暴缉枪""反走私""打假""禁毒""六合彩"等专项斗争，重点惩治黑恶势力的"保护伞"。省检察院挂牌督办五批涉嫌黑社会性质组织犯罪案件。福州、南平、泉州等地快审快捕从黑社会性质组织犯罪案件中挖出的职务犯罪嫌疑人 27 人。全年共批捕各类刑事犯罪案件 19602 件 31160 人，批捕"法轮功"邪教组织犯罪嫌疑人 140 人，批捕涉嫌黑社会性质组织犯罪嫌疑人 85 人，批捕严重危害社会治安的重点案件犯罪嫌疑人 13319 人。

2002 年，审查逮捕方式改革全面推行，各地加强对审查逮捕证据的分析和说明，开展《审查逮捕案件意见书》评选活动，并探索主办检察官办案责任制试点工作。省检察院与省公安厅、省法院召开二次联席会议，就解决"抢劫、抢夺"犯罪和办理刑事案件中适用法律有关问题达成共识。打击黑社会性质组织犯罪、严重暴力犯罪和严重影响群众安全感的多发性犯罪仍然是审查逮捕工作重点，全年共批捕三类案件嫌疑人 14172 人。省检察院挂牌督办 12 件黑恶势力犯罪案件，批捕 109 人，打击制假售假、偷税骗税、金融诈骗、走私等严重经济犯罪，批捕 669 件 1074 人。各级检察机关参加"治暴缉枪""反走私""打假""禁毒""六合彩"专项行动，共批捕涉枪涉暴犯罪嫌疑人 269 人、走私犯罪嫌疑人 90 人、生产销售伪劣商品犯罪嫌疑人 248 人。

2003 年，在"严打"斗争中，审查逮捕工作贯彻"宽严相济、区别对待"的刑事政策，对黑恶势力犯罪、严重暴力犯罪和盗窃、抢夺等多发性犯罪以及破坏市场经济秩序犯罪等，依法从快批捕。对偶犯、初犯、过失犯、依法没有逮捕必要的犯罪嫌疑人，依法适用不捕措施。特别是在办理涉及未成年人犯罪案件时，加大对青少年的保护力度，共对 156 名未成年人不予批捕。同时，各级检察机关进一步加强对邪教"法轮功"案件的审理工作。省检察院下发《关于进一步加强"法轮功"邪教组织刑事案件审查逮捕工作的通知》，加强对涉"法轮功"案件的内审力度，共批捕 13 件 30 人。各级检察机关还加强与有关部门的协作，落实社会治安综合治理措施，并与工商、药品监督、卫生、技术监督等部门密切联系，协同做好"非典"防治工作，共批捕利用疫情实施诈骗等涉"非典"犯罪案件 6 件 10 人。

2004 年，针对境内外敌对势力、暴力恐怖势力危害国家安全犯罪以及"法轮功"邪教组织犯罪，各级检察机关坚持惩治和宽大相结合的原则，运用"宽严相济"刑事政策，对初犯、偶犯、过失犯，具有自首、立功等法定从轻、减轻或免除处罚情节的轻刑犯罪案件以及未成年人犯罪案件，没有逮捕必要的犯罪嫌疑人，依法不批捕 1794 人。同时，落实社会治安综合治理各项措施，参与"平安福建"创建活动，对有突出治安问题的地区进行集中整治，有针对性地提出检察建议。对影响社会安定稳定的群体性案件、涉及大型企业犯罪案件等实行备案审查制度，省检察院共审查下级院备案案件 329 件 636 人。

2005 年，全省检察机关在依法严厉打击严重刑事犯罪时，突出在审查批捕环节落实"宽严相济"刑事政策的具体措施。对未成年人犯罪、初犯、偶犯、过失犯，主观恶性较小，犯罪情节轻微的，能不捕的依法不予批捕，对 293 名未成年人不予批捕。同时，继续做好"平安福建"的创建活动，疏导化解矛盾纠纷和预防犯罪工作，参与处理突发事件，对影响社会安定、稳定的群体性案件、人民监督员监督案件等实行备案审查。就建阳市检察院针对麻沙交溪村与南平林业局试验林场林地纠纷问题引发的交溪村百余名村民聚众扰乱社会秩序案，坚持宽严相济和打防结合的原则，对构成犯罪的为首人员依法批捕，对其他人的轻微违法行为进行教育。根据全省检察机关审查逮捕质量复查工作会议精神，省检察院部署对捕后不诉、判无罪及复议复核改变原决定三类案件的复查工作，研究落实提高办案质量的具体措施。

第二节 立案监督

1997年，修改后的《刑事诉讼法》赋予检察机关履行侦查监督的职责，全省检察机关以抓立案监督工作带动和促进法律监督职责的全面履行。福州市检察院选准个案、打开局面，依法对公安机关有案不立、有罪不究和以罚代刑立案活动实行监督，上半年立案监督案件总数占全省的85%。9月，省检察院召开全省立案监督工作现场会，总结推广福州市市、县（区）两级检察院开展立案监督工作的经验和做法，对全省立案监督工作提出了具体的措施和要求。现场会后，各地以抓立案监督带动侦查监督和逮捕执行监督，全省共发出《要求说明不立案理由通知书》134件243人，发出通知立案书50件109人。

1998年，立案监督工作突出监督群众反映强烈、社会影响大的案件，被害人、群众多次申诉控告的案件，公安机关以罚代刑的案件，涉嫌徇私舞弊的案件四类案件，共向公安机关发出《要求说明不立案理由通知书》236件356人，发出《通知立案书》61件93人。

1999年，各级检察机关共向公安机关发出《要求说明不立案理由通知书》492件，其中监督侵犯公民人身权利、民主权利案147件，侵犯财产案113件。福州、三明、龙岩立案监督案件数较多，占全省的75.2%。福州市检察院还尝试对公安机关不应当立案而立案和越权办案进行监督。

2000年，各地突出对被害人及群众反映强烈的案件、重特大恶性案件、严重危害社会治安案件、破坏社会主义市场经济秩序案件的监督。全年共要求公安机关说明不立案理由651件。福州、龙岩、南平、宁德、莆田加大对公安机关不应当立案而立案的监督，共发出《纠正违法通知书》72份。福州、龙岩选送的刑事立案监督案例入围"全国检察机关刑事立案监督十佳案件"评选。

2001年，全省检察机关将监督关口前移，把刑事立案监督延伸到受理提请批捕案件之前的发案、立案阶段，普遍与公安机关建立发案、立案情况通报制度，与工商、税务、烟草等行政执法部门建立刑事立案监督线索移送制度，共发出《要求说明不立案理由通知书》857份，针对公安机关不应当立案而立案的违法现象，发出《纠正违法通知书》124份。

2002年，在开展"打黑除恶"立案监督专项行动中，全省共立案监督262件433人。各级检察机关加大对刑事立案监督后的跟踪落实，通过推行"立案监督跟踪卡""立案监督案件登记卡"等方式，加强跟踪监督，共要求侦查机关说明不立案理由593件。

2003 年，通过召开联席会议等形式，各级检察机关加强与海关、工商等行政执法机关的联系，在高检院部署开展"经济犯罪立案监督专项行动"期间，全省要求公安机关说明不立案理由 138 件。监督公安机关不应当立案而立案 6 件 10 人，提出纠正意见 6 件 10 人。

2004 年，根据高检院的统一部署，全省检察机关开展制假售假、侵犯知识产权犯罪专项立案监督，针对"南孚"电池等三家知名品牌被外省某些不法人员假冒的情况，省检察院和南平市检察院及时派员了解情况，并呈报高检院督办。各级检察机关还与公安部门配合，批捕一批严重侵犯知识产权、破坏市场经济秩序的犯罪，批捕生产、销售伪劣商品犯罪 67 件 114 人，侵犯知识产权犯罪 14 件 22 人。同时，侦监、反贪、渎检等部门密切配合，深挖制假售假、侵犯知识产权犯罪背后的职务犯罪线索，共移送线索 3 件。宁德市检察院在查处"假奶粉"案中，挖出为制售劣质奶粉行为充当"保护伞"的犯罪嫌疑人。为规范行政执法与刑事执法工作的衔接，各级检察机关将联席会议作为一项长期性经常性工作机制，省检察院与省整规办、省公安厅、省监察厅联合下发《福建省行政执法与刑事执法衔接工作机制规定》，对行政执法机关在执法过程中发现可能涉嫌犯罪案件的移送、协调、监督等环节作了具体规定。

2005 年，全省检察机关坚持经常性监督与专项监督相结合，突出立案监督的重点，拓宽监督范围和监督领域。共要求公安机关说明不立案理由 446 件，通知立案 23 件 25 人，建议报请自侦部门立案侦查 14 件。根据国务院关于整顿和规范市场经济秩序工作部署，全省检察机关及时建议行政执法机关移送一批涉嫌犯罪案件，监督公安机关立案侦查一批犯罪案件，包括侵犯知识产权案件 44 件 57 人，生产、销售严重危害人民群众生命健康的假冒伪劣商品犯罪案件 70 件 130 人。监督公安机关立案侦查制假售假、侵犯知识产权犯罪等破坏市场经济案件 85 件，包括泉州市检察机关查办的一起影响较大的假冒注册商标案和莆田市检察机关立案监督的一起涉案金额 510 多万元的涉嫌生产假冒"中华""云烟"案。在对公安机关不应当立案而立案案件的监督工作中，各级检察机关重点监督非法动用刑事手段插手经济纠纷、超越地域管辖办案等案件，共监督公安机关不应当立案而立案 76 件 90 人，提出纠正意见 76 件 90 人。

第三节　侦查活动监督

1993 年，全省侦查活动监督突出对重特大刑事犯罪案件的提前介入，在审查逮捕阶段提前介入 2733 件 5005 人。对公安机关侦查活动中违法行为提出书面和口头纠正意见 314

件次，对 792 名不符合逮捕条件的人作了不批捕决定，对 223 名依法作了追捕决定。

1994 年，侦查监督工作重点解决对严重经济犯罪和严重刑事犯罪打击不力的问题，抓住执法中不严格执法的突出问题和难点问题加强监督。抓住典型的有影响的该立案不立案、以罚代刑案件直接立案侦查，如厦门市集美区检察院督促公安机关纠正一起抢劫案件，以刑检部门为主立案侦查，并以抢劫罪提起公诉。各地还加强对移送批捕、起诉案件的审查监督，切实防错防漏，共不批准逮捕 1107 人，追捕 257 人。对侦查活动中的违法情况提出纠正意见 506 件次。

1995 年，各级检察机关以加强执法监督为重点，直接立案侦查有罪不究、以罚代刑案件 67 件。各级检察机关开展案件跟踪监督，完善延长羁押制度，对漏犯果断追捕追诉，共追捕 175 人，纠正公安机关违法行为 311 件次，纠正自侦部门违法行为 59 件次。

1996 年，全省侦查监督部门共纠正漏捕 368 人，口头或书面通知纠正 1501 人次。永春县检察院在审查批捕一起抢劫、流氓案件中，发现其他同案犯线索，自行组织力量补充侦查，依法追捕了 5 名犯罪分子。

1997 年，对侦查机关的侦查活动、取证以及变更强制措施等行为是否符合法律规定进行监督，纠正侦查机关办案中的违法现象，是侦查监督工作的重点。针对修改后的《刑事诉讼法》取消收容审查的情况，各级检察机关对重大、复杂、疑难案件提前介入，在公安机关报捕前主动了解熟悉案情，分析掌握已收集的证据材料，及时提出补查意见，做到及时、准确地批捕，共提前介入重大疑难案件 3499 件 5456 人。对公安机关提请延长侦查羁押期限、违法适用刑事拘留三十日及漏捕犯罪嫌疑人的案件，依法监督，及时纠正。

1998 年，各级检察机关共向公安机关发出《纠正违法通知书》221 份，追捕漏犯 362 人，全省批捕回执率达 92%，不捕回执率达 85%。

1999 年，侦查监督工作的重点在及时发现和纠正侦查活动的违法行为上，共向公安机关发出《纠正违法通知书》497 份。

2000 年，侦查活动监督范围延伸到审查逮捕案件之前的发案、立案阶段，各级检察机关通过出席重大刑事案件现场勘查、参与侦查机关重大案件讨论，共提前介入重特大案件 2022 件。同时，在办理审查逮捕案件时，依法对侦查机关漏报捕及违法适用强制措施超期羁押、采取非法手段收集证据等违反诉讼程序行为进行监督，共追捕漏犯 827 人，发出《纠正违法通知书》536 份。

2001 年，对侦查机关的侦查活动进行监督是侦查监督工作的主要方向。通过履行监督职责，引导侦查取证工作，保障侦查活动依法进行。全省检察机关全年共提前介入重特大案件 2630 件，参加重大疑难案件讨论 768 件次，依法对侦查机关违法适用强制措施、超期羁押等违反诉讼程序的行为，发出《纠正违法通知书》460 份，建议追捕漏犯 1026 人。

2002 年，以防漏防错为重点，对侦查活动的监督进一步加强，各地共提前介入公安机关侦查活动 1276 件，建议追捕犯罪嫌疑人 256 人。对批捕、不捕决定执行情况的监督力度也加大，各级检察机关积极运用《补充侦查提纲》和《提供法庭审判所需证据材料意见书》，引导侦查取证，共发出《补充侦查提纲》455 份，侦查机关补查后重新报捕 269 人。

2003 年，规范提前介入、引导侦查取证是侦查活动监督工作的重点，全省全年共提前介入公安机关侦查 1363 件次，向公安机关发出《补充侦查提纲》460 份。省检察院下发《关于加强侦查监督环节检察工作，切实防止超期羁押犯罪嫌疑人的通知》，配合监所、自侦、公诉等部门做好超期羁押和服刑人员申诉专项清理工作，并对捕后诉不出去已超期羁押和检察机关作出不批捕决定后，未释放或变更强制措施情况进行监督。

2004 年，全省全年共提前介入公安机关侦查 1166 件次，向公安机关发出《补充侦查提纲》547 份，建议追捕犯罪嫌疑人 201 件 351 人。各地向公安机关发出《提供法庭审判所需证据材料意见书》2182 份，详细列明进一步侦查取证的事项，引导公安机关全面收集证据，强化捕诉衔接。省检察院与省公安厅、省国家安全厅联合下发《关于办理延长侦查羁押期限案件的若干规定》，对报请批准延长羁押期限案件中的报送时间、羁押期限计算等问题作了明确规定。

2005 年，根据中央政法委（中国共产党政法委员会）关于"规范执法行为，促进执法公正"专项整改活动的要求，从 5 月中旬至年底，全省开展以纠正刑讯逼供为重点的专项侦查监督活动。省检察院制定下发《开展以纠正刑讯逼供为重点的专项侦查监督活动工作方案》，侦查监督部门与公诉、渎职侵权检察、监所检察、控告检察等部门密切配合，共立涉嫌刑讯逼供案件 5 件 8 人。

第二章 公　诉

1993—1996 年，公诉职能由刑事检察部门统一行使，严厉打击各种刑事犯罪活动是首要任务，有效降低职务犯罪案件免诉率是这一时期全省公诉工作的重点和难点。1996 年《中华人民共和国刑事诉讼法》修正后，全省侦查监督与公诉部门分设（1997—2002 年称为审查批捕与审查起诉部门，2003—2005 年称为侦查监督与公诉部门）。全省各级公诉部门着重依法打击危害社会治安和危害国家安全的严重犯罪、严重破坏社会主义市场经济秩序的犯罪，参加反腐败工作，加强审判监督。

第一节　审查起诉

一、刑事犯罪案件审查起诉

1993 年，全省检察机关刑检部门组织调查摸底，打击"车匪路霸"等犯罪活动。同时，参与打击沿海地区猖獗的偷私渡犯罪，依法开展"扫毒""扫黄""打拐"等专项斗争。全年审查起诉偷私渡犯罪嫌疑人 161 人，制贩毒品和淫秽物品，引诱容留妇女卖淫，拐卖、绑架妇女儿童犯罪嫌疑人 434 人。全省各地刑检部门结合办案，参与社会治安综合治理，开展未成年人犯罪检察工作，2/3 以上的刑检部门设立少检组，未设立的也指定专人负责该项工作。全省共受理公安、国家安全机关移送起诉和免予起诉刑事犯罪嫌疑人 15327 人，经审查提起公诉 12062 人。

1994 年，各地从重从快打击严重扰乱农村社会治安的"村匪地霸"，全年审查起诉农村各类犯罪嫌疑人 11775 名。各级检察院刑检部门配合公安机关，开展反走私、"扫黄打非"和打击盗窃、伪造倒卖增值税发票等专项斗争，结合办案落实刑检环节上社会治安综合治理措施，参与地方党委政府部署的专项治理和治乱活动，配合法院召开公判大会 240多场，对 1358 名免诉对象开展回访考察，落实帮教措施，预防减少重新犯罪。各级检察院刑检部门向有关涉案单位和部门发出检察建议 812 份，帮助健全制度，完善整改措施，深入综治共建单位，改善治安环境，提供法律咨询。7 月，省检察院与省国家安全厅联合制定《关于加强检察、国家安全机关相互联系协调的联合通知》，对审查起诉、提前介入以及证据使用等方面作出具体规定。全省全年共受理公安、国家安全机关移送起诉犯罪嫌疑人 18808 人，经审查提起公诉 16052 人。

1995 年，各级检察机关刑检部门突出打击杀人、抢劫、强奸、爆炸、持枪作案等恶性暴力犯罪，配合公安、法院等部门，开展"严打整治斗争"、"春季严打攻势"、"夏季严打攻势"、"冬季严打攻势"和"打拐禁娼"、"扫黄打非"、打击涉及毒品的犯罪以及涉枪犯罪等专项斗争。对重特大刑事犯罪案件加强介入侦查，在审查起诉阶段介入公安侦查 521 件 879 人。福州市 1995 年发生"4·7""10·24""10·31"三起震动大、影响坏的恶性凶杀、抢劫案件，经提前介入侦查活动，在公安机关移送 3 起凶杀案件的当天福州市检察院就作出提起公诉的决定。在国家安全检察工作中，全省各级检察院刑检部门履行刑检职能，打击境内外敌对势力的渗透派遣和间谍活动，加强应付突发事件的防范工作，制定工作预案。全省全年共受理公安机关、国家安全机关移送起诉犯罪嫌疑人 20425 人，经审查提起公诉 16919 人。

1996 年，省检察院刑检处根据中央、省委和高检院开展"严打"统一行动的部署，制定工作方案。各级检察院刑检部门把"严打"斗争作为一项重要政治任务，做到"狠抓、快办、严惩"，围绕"破大案、摧团伙、抓逃犯"的要求，着力于重点案件的审查起诉工作。省检察院刑检处分组赴全省各市检察院了解检察机关办理"严打"案件情况，解决办案中遇到的疑难问题。全省刑事案件的审查起诉工作做到"三个优先"：对有震动和影响大、可能重判的案件优先办理，对为非作歹、称霸一方的犯罪团伙案件优先办理，对能深挖隐藏较深犯罪的案件优先办理。同时，适时组织突击加班，开展清案会战。结合全省情况，省检察院制定十条具体规定，注意对两种情况慎重处理：对临界 14 岁、16 岁、18 岁三个责任年龄阶段不清的案犯，特别慎重，可以按就低不就高的原则处理；对可能判处死刑的案件严格把关。在"严打"的第三阶段，各级检察院用 20 天时间将省挂牌督办的可能判处无期徒刑以上刑罚的 181 名重大犯罪嫌疑人审查完毕，对其公开集中宣判。全省全年共受理公安机关、国家安全机关移送起诉犯罪嫌疑人 35345 人，经审查提起公诉 30195 人。

1997 年，全省全面执行修正后的《刑事诉讼法》和《刑法》。各级审查起诉部门加大调研、协调力度，坚持提前介入杀人、抢劫、强奸、放火、爆炸、涉枪、伤害等暴力性重特大案件。如晋江市陈棣镇发生"9·21"纵火案，致 32 人死亡，引起社会震动。泉州、晋江市、县（区）两级检察院起诉部门领导带领办案骨干提前介入阅卷、提审、审核证据，使该案当天移送起诉，当天即提起公诉。福州市检察院起诉部门加强与公安刑侦预审部门的联系，对涉案人数多、涉案金额大、作案次数多的团伙犯罪案件，集中优势力量，严密组织，在把握事实和证据后，一周内审结提起公诉。全省全年共受理移送审查起诉22440人，经审查提起公诉18330人。全年起诉各类重特大刑事犯罪嫌疑人6547人，其中起诉杀人、抢劫、强奸、放火、爆炸、涉枪、伤害等暴力性犯罪嫌疑人5959人。

1998年，各级检察机关审查起诉部门集中力量，重点打击严重危害公共安全的暴力犯罪、带黑社会性质的团伙犯罪、直接侵害人民群众的人身与财产权利犯罪和"黄、赌、毒"犯罪。省检察院年初下发《关于加强审查起诉业务指导的通知》，要求各级检察院切实把业务指导作为提高办案质量的重要举措。针对莆田市检察院不起诉率偏高的情况，省检察院复查提出意见，莆田市检察院召开检委会研究，不起诉率偏高的情况得到抑制。11月，省检察院下发《关于加快案件消化工作的紧急通知》，要求各级检察院公诉部门设立专人对一审案件接案15日后、请示案件接案7日后，仍未审结的案件进行督办，促进及时消化案件。全省共受理公安机关移送起诉犯罪嫌疑人24638人，经审查提起公诉21048人。其中，起诉杀人、重大伤害、强奸、抢劫四类严重暴力犯罪5626人，起诉走私、贩卖、运输、制造毒品犯罪784人。

1999年，全省执行全国人大常委会《关于取缔邪教组织、防范和惩治邪教活动的决定》和最高法（最高人民法院）、高检院《关于处理组织和利用邪教组织进行犯罪案件具体适用法律的解释》，对触犯刑律的"法轮功"邪教组织骨干分子、组织策划者和其他依法应当追究刑事责任的人员，依法及时起诉。同时，坚持"严打"方针，参加打击涉爆、偷私渡、盗抢机动车犯罪等专项斗争和"扫黄打非"集中行动。与公安、海关、金融、税务、法院等部门协同，在打击走私联合行动中，加大打击力度，起诉走私犯罪嫌疑人57人。根据高检院的要求，11月省检察院抽调各级检察院审查起诉部门11位优秀公诉人，提前介入厦门远华特大走私案件的查办工作。年底，省检察院制定《试行主诉检察官制度的办法》，并于12月28日在三明市召开全省检察机关推行主诉检察官制度座谈会。全省全年共受理公安机关移送起诉犯罪嫌疑人30243人，经审查提起公诉25510人。其中，起诉重特大刑事犯罪嫌疑人6247人，起诉间谍、为境外非法提供秘密情报等危害国家安全犯罪嫌疑人31人，起诉杀人、伤害、强奸、绑架、抢劫、放火、爆炸等严重暴力犯罪嫌疑人9332人，起诉妨害国边境管理犯罪嫌疑人950人。

2000年，着重打击各种危害国家安全和"法轮功"邪教组织犯罪活动，从重从快打击严重危害社会治安犯罪是全省检察机关审查起诉部门工作的重点。全年依法起诉危害国家安全犯罪案件5件7人，起诉利用邪教组织破坏法律实施犯罪案件34件70人。全年起诉重特大伤害、抢劫、绑架、爆炸等严重暴力犯罪和非法制造买卖、运输或非法持有、私藏枪支弹药犯罪嫌疑人3006人。其中包括一起跨国绑架案，一起12名犯罪嫌疑人持枪杀人、抢劫、伤害、强奸案，一起29名犯罪嫌疑人拐卖妇女182人及儿童2人、强奸妇女案等一批有重大社会影响的案件。在中央专案组和高检院领导下，省检察院坚持依法办案和特案特办的原则，抽调全省44名办案骨干参加厦门远华特大走私案件的审查起诉工作，共完成35件涉及24个单位147人、偷逃应缴税额300多亿元走私犯罪案件的审查起诉工作。2月，省检察院下发《关于主诉检察官办案责任制的实施细则》，4月2日在福州举行全省主诉检察官上岗资格考试，216人取得主诉检察官任职资格。全省有64个检察院实施主诉检察官办案责任制，任命主诉检察官166名。全省全年共受理公安机关移送起诉犯罪嫌疑人32337人，经审查提起公诉27055人。

2001年，根据中央开展"严打"整治斗争和整顿规范市场经济秩序活动的部署，全省检察机关审查起诉部门投入"打黑除恶"、治爆缉枪以及打击走私、骗税、"六合彩"等专项斗争。对高检院、省检察院挂牌督办的4批53起黑恶势力犯罪和破坏市场经济秩序犯罪案件，共提起公诉犯罪嫌疑人323人。其中，福州市、漳州市、南平市检察机关分别起诉了一起黑社会性质组织案。省检察院与省公安厅、省法院成立"打黑除恶"案件协调小组，加大对办理涉黑涉恶案件的督促指导力度，联合制定下发《关于退回补充侦查案件有关问题的意见》，配合法院召开宣判大会215场，对2074名犯罪分子公开宣判，一批黑恶势力团伙成员和杀人、抢劫、绑架等犯罪分子被依法判决。在整顿规范市场经济秩序中，4—12月共受理移送起诉破坏市场经济秩序的经济犯罪案件713件1266人，经审查提起公诉523件894人。全省全年共受理公安机关移送审查起诉案件23903件37119人，经审查提起公诉20711件30951人。

2002年，针对"法轮功"邪教组织的犯罪活动，各级检察机关共起诉"法轮功"邪教组织犯罪案件24件41人。同时，配合公安机关开展破大案、打现行、挖团伙、追逃犯、禁毒、反偷私渡、"扫黄打非"、打击"两抢"犯罪和查禁"六合彩"等专项斗争。全省受理"六合彩"赌博犯罪案件616件992人，经审查，提起公诉540件850人。福州市、县（区）两级公诉部门参加打击偷私渡犯罪专项斗争，共起诉偷私渡犯罪案件323件565人。全省加大对挂牌督办的"涉黑涉恶"案件的督办力度，由部门负责人亲自抓，在案件侦查阶段，派员提前介入案件侦查活动，在案件移送起诉后，指定主诉检察官或办案骨干承办，建立逐级备案审查制度，对所有挂牌督办的案件逐一梳理，制作"挂牌督办案件进展情况一览表"。全省共受理移送起诉各类刑事案件23245件35576人，经审查提起公诉20560件30426人。

2003年，根据省检察院公诉处下发的《关于充分发挥公诉职能作用严厉打击与"非典"有关的犯罪活动的通知》和《关于充分发挥公诉职能作用全力维护社会稳定的通知》，全省公诉部门在"非典"期间，充分发挥公诉职能作用全力维护社会稳定。全省公诉部门严密防范和严厉打击境内外敌对势力危害国家安全犯罪以及"法轮功"邪教组织犯罪。各地按照省检察院要求对该类案件注意把好事实、证据和适用法律关，加强对"实际神"等其他邪教组织犯罪活动的预防和打击力度。各地公诉部门把挂牌督办案件作为重中之重，加强组织领导。三明市检察院在提前介入高检院挂牌督办的一起虚开增值税专用发票特大案中，福州市检察院在切实办理、依法起诉高检院挂牌督办的一起黑社会性质犯罪团伙案中，都充分发挥了公诉引导侦查的机制作用，确保案件快审快诉。在整顿和规范市场经济秩序活动中，全省公诉部门重点打击制售假冒伪劣产品、制贩假币、金融诈骗、走私和传销等严重破坏市场经济秩序的犯罪活动，并结合"打黑除恶"，打击一批严重扰乱市场经济秩序的"鱼霸""笋霸""沙霸"等黑恶势力。全省共起诉破坏市场经济秩序犯罪案件719件1175人。南平市延平区检察院在办理"南孚"公司商标被假冒案中，协助和引导公安机关调查取证，使案件在移送起诉前即达到公诉标准，快审快诉。全省共受理公安机关、国家安全机关移送审查起诉各类刑事案件23598件35709人，经审查提起公诉20526件29902人。

2004年，各级检察机关公诉部门把打击重点指向严重危害社会治安和人民群众安全的犯罪活动，继续加大对爆炸、杀人、抢劫、绑架等严重暴力犯罪，黑恶势力犯罪，盗窃、抢夺等多发性侵财犯罪以及涉及毒品犯罪的打击力度。全省共起诉杀人、抢劫等严重暴力犯罪案件7252件10458人，起诉盗窃、抢夺等多发性犯罪案件6019件8655人，起诉涉及毒品的犯罪案件859件1255人，起诉黑社会性质组织犯罪案件7件63人。如南平市检察院在审查一起黑社会性质组织案中，认为该案涉及故意伤害，组织卖淫，容留他人吸毒，赌博，合同诈骗，非法拘禁，寻衅滋事，虚报注册资本，偷税，行贿，以及隐匿、故意销毁会计凭证与会计账簿等12个罪名，犯罪成员达21人，属于重特大案件，向法院提起公诉后，一审法院判决主犯死刑。针对高检院挂牌督办的一起"聋哑帮"黑社会性质组织案，检察机关以盗窃、强奸、强制猥亵妇女、故意伤害、非法拘禁等7个罪名提起公诉后，该组织17名主要成员被判刑。各级检察院公诉部门与公安机关、法院密切配合，形成打击犯罪合力。如福州市检察院公诉部门共配合法院召开宣判大会11场，对45名严重刑事犯罪分子公开宣判。全省检察院公诉部门严惩破坏市场经济秩序犯罪，重点打击制售假冒伪劣商品、金融诈骗、侵犯知识产权、走私等严重破坏市场经济秩序的犯罪活动。全年共起诉破坏市场经济秩序犯罪案件659件1093人。各地相继起诉了一批有影响的经济犯罪案件。如福州市检察院起诉了一起涉案金额2亿元的虚开增值税专用发票案，一起涉案金额3000多万元的犯罪嫌疑人伙同他人伪造金融票证案等。厦门市检察院起诉的一起走私普通货物案件中，有涉案人员和涉案单位66个，偷逃应缴税额3000多万元。7月，在打击淫秽色情网站专项行动中，全省公诉部门快审快诉，集中起诉一批淫秽色情网站犯罪案件，其中包括公安部挂牌督办的淫秽色情网站犯罪案件 5 件 13 人以及省检察院挂牌督办的 5 件 8 人。打击"六合彩"赌博犯罪专项斗争中，全省共受理"六合彩"等赌博犯罪案件 750 件 1107 人，提起公诉 695 件 1042 人。此外，各地检察机关还积极参加和配合相关部门开展的打击手机短信息诈骗犯罪、打拐等专项行动。全省检察机关全年共受理公安机关、国家安全机关移送审查起诉各类刑事犯罪案件 24864 件 36876 人，提起公诉 22148 件 31877 人。

2005 年，围绕省委建设"平安福建"的部署，全省检察机关公诉部门继续重点打击黑恶势力犯罪、严重暴力犯罪和盗窃、抢夺等多发性侵财犯罪。全省共起诉组织、领导、参加黑社会性质组织犯罪案件 8 件 41 人，起诉杀人、抢劫等严重暴力犯罪案件 7973 件 11815 人，起诉盗窃、抢夺等多发性犯罪案件 6196 件 9109 人。各地对重大案件，组织精干力量，适时介入侦查活动，坚持快审快诉。如宁德市检察机关公诉部门在办理高检院挂牌督办的一起组织、领导、参加黑社会性质组织，强迫交易，故意伤害一案中，及时派员介入，跟踪监督，确保及时审结起诉。福州市检察院公诉处派员介入高检院挂牌督办的一起 27 人"聋哑帮"黑社会性质组织案，帮助及时固定证据，顺利对该案提起公诉。此外，各地公诉部门还密切配合有关部门，集中开展打击赌博犯罪、打击涉及毒品犯罪、打击拐卖人口犯罪等专项行动。全省共起诉网络赌博等各类赌博犯罪案件 530 件 840 人，起诉涉及毒品的犯罪案件 846 件 1197 人。福州、厦门、莆田、泉州等地相继顺利起诉高检院挂牌督办的"新宝盈"网络赌博系列犯罪案件。全省公诉部门贯彻实施省检察院《关于为建设海峡西岸经济区服务的意见》，积极参与整顿规范市场经济秩序工作，共起诉破坏社会主义市场经济秩序犯罪案件 886 件 1303 人。在公安部、国家税务总局督办的"夏都专案"中，晋江市检察院审查认为犯罪嫌疑人协助他人虚开增值税专用发票 205 份，税额达 300 多万元，以虚开增值税专用发票罪向法院提起公诉，最终 6 名被告人被法院分别判处 4 至 11 年有期徒刑并处罚金。福州市检察院相继起诉涉案金额 1300 多万元的 6 名犯罪嫌疑人票据诈骗、金融凭证诈骗案和偷税金额 1300 万元的走私普通货物案。各级检察院公诉部门根据省检察院和高检院公诉厅的部署，参与打击制假售假、侵犯知识产权犯罪专项行动，集中力量办理此类案件。漳州市检察院公诉处明确提出在 5 日内答复此类案件的请示。云霄、漳浦等地指定专人承办此类案件。各级检察院公诉部门贯彻"宽严相济"的刑事政策，对轻微犯罪、未成年人犯罪、初犯、偶犯和过失犯，采取宽缓的刑事政策，依法适用相对不起诉，或者依法向法院提出从轻、减轻或者免除处罚的量刑建议。石狮市检察院在对轻伤害案件进行调研的基础上制定《轻伤害案件协调处理意见》，该市政法委组织公、检、法三家协商后，下发《关于处理轻伤害案件的协调意见（试行）》，对轻伤害案件分不同情况作撤案、不起诉处理或判处缓刑、免予刑事处罚。尤溪县检察院、漳平市检察院针对未成年人犯罪制定《关于对未成年犯罪嫌疑人适用相对不起诉的规则》，具体细化对未成年犯罪嫌疑人适用相对不起诉的条件。全省全年共受理公安机关、国家安全机关移送审查起诉各类刑事犯罪案件 26267 件 39687 人，提起公诉 23352 件 34201 人。

二、职务犯罪案件审查起诉

1993 年，各级检察机关刑检部门贯彻党中央反腐败的部署，集中力量，突出抓好贪污贿赂大要案的审查起诉工作。全省全年起诉大案要案犯罪嫌疑人 262 人，其中处级以上干部 18 人。起诉 10 万～50 万元贪污贿赂犯罪嫌疑人 40 人，50 万元以上贪污贿赂犯罪嫌疑人 4 人。针对省外贸中心集团矿产部科长贪污 344.4 万美元、26.8 万元人民币，挪用公款 17.6 万美元特大案，福州市检察院刑检部门派员提前介入，该案移送起诉 10 天即提起公诉。4 月，省检察院发出《关于重申严格执行〈最高人民检察院关于贪污受贿案件免予起诉工作的规定〉的通知》以规范起诉权，严格掌握条件，正确行使免诉权。此外，全省各级刑检部门还加强对贪污贿赂大要案的排查督办、备案审查和请示汇报。厦门市检察院对疑难复杂、久拖不决的大要案，通过与有关部门积极协调，主动清理一批积案。福州市检察院刑检一处召开疑难经济案件研讨会。南平检察分院刑检部门在办理大要案中，针对每个案件的具体情况，制定相应的办案方法，把好案件质量关。全省全年刑检部门共受理本院自侦部门移送审查起诉和免予起诉的犯罪嫌疑人 2196 人，经审查提起公诉 893 人，免予起诉 1010 人。

1994 年，全省检察机关刑检部门把办案的重点放在危害大、影响坏的贪污贿赂大案要案上，共决定起诉重特大贪污贿赂犯罪嫌疑人 571 人，起诉副处级以上干部贪污贿赂犯罪嫌疑人 39 人。三明市梅列区检察院在办理三明钢铁厂要案时，在立案初期刑检部门派员提前介入反贪部门，熟悉案情，掌握证据，快审快诉，收到移送起诉的 3 天内起诉到法院。刑检部门把降低贪污贿赂案件免诉率作为加强检察机关内部制约、严格执法的一项重要工作，严格免诉案件审批程序，省检察院刑检处从第二季度开始，每月通报各地免诉情况，促使各地积极采取措施。全年全省贪污贿赂案件免诉率达 17.2%。全省全年受理自侦部门移送起诉犯罪嫌疑人 2315 人，经审查提起公诉 1864 人。

1995 年，全省全年共决定起诉重特大贪污贿赂犯罪嫌疑人 577 人，其中决定起诉县处级以上干部要案犯罪嫌疑人 29 人。在审查起诉贪污贿赂大要案中，刑检部门坚持集中力量，优先办理。全省刑检部门加强与法纪部门配合，加大对司法人员徇私舞弊犯罪的打击力度，为法纪部门提供徇私舞弊犯罪线索 29 条，并查清原案，证实犯罪。如南平市延平区检察院刑检科在法纪部门查办南平市公安局南山派出所所长徇私舞弊案同时，及时依法追究对犯罪嫌疑人作以罚代刑处理的 3 名传播淫秽物品犯罪嫌疑人和 1 名盗窃犯罪嫌疑人的刑事责任，进一步证实犯罪嫌疑人犯有徇私舞弊罪和受贿罪。全省刑检部门继续执行高检院对贪污贿赂案件免诉的有关规定，使全省贪污贿赂案件免诉率季季递减，全年免诉率为 10.6％。全省全年共受理自侦部门移送起诉犯罪嫌疑人 2495 人，经审查提起公诉 1975 人。

1996 年，严惩现职党政领导干部经济犯罪要案是全省检察机关刑检部门工作的重点。三明市检察院、福州市检察院、厦门市检察院、漳州市检察院在办理当地几起党政领导干部受贿大案中，组织精干办案力量，介入侦查，做好讯问、取证工作，及时提起公诉。全省依法查办司法人员徇私舞弊、贪赃枉法等犯罪案件，特别是"严打"斗争暴露出来的内外勾结犯罪案件。永安、连城、南安、仓山等地检察院刑检部门与自侦部门密切配合，相继对 4 名法庭庭长依法决定起诉。全省全年共受理自侦部门移送起诉犯罪嫌疑人 2194 人，经审查提起公诉 1897 人。决定起诉贪污、受贿等经济犯罪案件 1295 件 1586 人，其中重特大犯罪嫌疑人 716 人，副处级以上干部要案 23 人。

1997 年，各级起诉部门组织专人或办案组审查国家工作人员职务犯罪大案要案，注意加强与自侦部门的配合，形成打击职务犯罪的整体合力。全年依法起诉贪污贿赂犯罪嫌疑人 739 人，占起诉职务犯罪人数的 61.6％。其中重特大贪污、贿赂犯罪嫌疑人 349 人，副处级以上干部犯罪要案 12 人。宁德检察分院起诉处办理华闽公司宁德分公司副总经理受贿 9.7 万元案件，在批捕后即提前介入审查主要证据，提出 10 条补查意见，受理移送起诉后又补足涉及定罪量刑的重要材料，提起公诉。全省起诉部门还突出办理司法和行政执法人员徇私舞弊、玩忽职守、刑讯逼供犯罪案件，全年共起诉犯罪嫌疑人 73 人。各级检察院审查起诉部门注意在审查案件中及时发现司法腐败案件的线索，并提供给自侦部门。泉州市检察院审查起诉部门先后提供 4 条司法人员徇私舞弊的立案线索，交由法纪部门立案侦查，起诉后法院均作出有罪判决。全省全年共受理检察机关反贪部门移送起诉贪污贿赂等职务犯罪嫌疑人 1728 人，经审查决定起诉 1183 人、不起诉 182 人、退回补充侦查 487 人。受理检察机关法纪部门移送起诉徇私舞弊、玩忽职守等渎职、侵权犯罪嫌疑人 404 人，经审查决定起诉 218 人、不起诉 89 人、退回补充侦查 130 人。

1998 年，根据中央反腐败斗争的部署，全省检察机关起诉部门加大打击职务犯罪力度，重点严惩国家工作人员利用改革之机进行贪污、贿赂、挪用公款、私分国有资产等经济犯罪和国家机关工作人员滥用职权、玩忽职守、徇私舞弊等渎职犯罪案件。全年起诉国家工作人员贪污犯罪 421 人，起诉贿赂犯罪 331 人，起诉挪用公款犯罪 179 人。对职务犯罪的大案要案的审查起诉工作，起诉部门主要负责人亲自抓，选派办案骨干审查，集中研讨，充分准备。福州市检察院起诉处办理福州电子职业中专学校副校长兼福州测试设备厂厂长贪污挪用公款案，组织两名办案骨干共同审查，查清犯罪嫌疑人贪污、挪用 160 万元的犯罪事实，追加认定贪污数额 15 万元。省检察院起诉处 4 月下发《今年第一季度我省检察机关直接侦查案件不起诉情况分析及今后工作意见》，强调对自侦案件不起诉要严格坚持报批制度和备案制度，实行严格把关。各基层检察院组织对不起诉案件的复查，确保依法适用不起诉，全年检察机关自侦案件不诉率为 7.5％。全省全年共起诉各类职务犯罪嫌疑人 1029 人。

1999 年，全省全年起诉的职务犯罪大案要案比上年增加，起诉 10 万元以上大案 161 件，起诉县处级以上干部贪污贿赂犯罪要案 19 人，其中厅级干部 2 人。福州市检察院审查起诉处在办理省检察院交办的一批大案要案中，坚持实行专案专办，多次召开处务会研究案情，深入调查取证，在全面查清事实、落实证据的基础上，迅速提起公诉。漳州市检察院审查起诉诏安县法院院长受贿 7 万元案，从事实和证据方面严格把关，3 天内即提起公诉。各级审查起诉部门在严惩贪污贿赂等经济犯罪的同时，自觉为国有企业改革和发展服务。建瓯市检察院审查起诉科在办理该市烟草公司批发部负责人职务侵占一案中，发现该公司在安全防范中存在漏洞，及时向该公司提出检察建议，并与公司的有关人员召开座谈会，帮助该公司健全整改措施。安溪县检察院审查起诉科在办理一起违法发放贷款、贷款诈骗案中，发现该县某些金融机构存在违法发放贷款行为，及时向相关部门发出检察建议，人民银行安溪支行转发检察建议并提出具体落实意见。全省全年共受理自侦部门移送起诉犯罪嫌疑人 1194 人，经审查提起公诉 830 人、不起诉 133 人。

2000 年，各级起诉部门集中精力，确保在法定时限内审查起诉有震动、有影响的大案要案。起诉的职务犯罪案件中，10 万元以上大案 231 件，100 万元以上大案 32 件，县处级以上干部 64 人。共起诉与厦门远华特大走私案相关联的职务犯罪案件 192 件 267 人，涉案金额约折合人民币 1.5 亿元。起诉了一批原职位高、社会影响大、为群众所关注、为走私分子的走私活动提供便利或与走私分子相勾结的职务犯罪案件。同时，加强与侦查部门的联系配合，完善证据体系，形成打击合力。南平市检察院起诉处受理审查起诉政和县县委书记受贿 50 多万元案，该案共作案 72 起、有案卷 55 册，起诉处及时派员提前介入了解案情，协同侦查部门完善相关证据。全省全年共受理自侦部门移送起诉犯罪嫌疑人 1446 人，移送审查不起诉 56 人，经审查决定起诉 1026 人、决定不起诉 171 人。

2001 年，全省全年起诉职务犯罪案件中，10 万元以上大案 230 件，100 万元以上 31 件，县处级以上干部 46 人，其中厅级 8 人。各级检察院起诉部门注意打击与刑事犯罪相交织的国家工作人员职务犯罪案件，打击黑恶势力"保护伞"。如福州市检察院在审查起诉闽侯县一起黑社会性质组织犯罪团伙案件的同时，派办案骨干抓紧审查起诉充当"保护伞"的 14 名国家工作人员。南平市检察院起诉部门在办理顺昌县一起黑社会性质组织犯罪案件中，审查出充当"保护伞"的国家工作人员涉嫌职务犯罪案件 18 件 19 人，其中有处级干部 3 人，涉案总金额 200 万余元。全省全年共受理自侦部门移送起诉 1269 件 1516 人，审结 1050 件 1241 人，提起公诉 840 件 991 人，不起诉 210 件 250 人。

2002 年，各级检察机关公诉部门及时审结起诉一批职务犯罪大要案，共起诉县处级干部 41 人，厅级干部 1 人，起诉 100 万元以上职务犯罪案件 18 件。公诉部门在办理职务犯罪案件中，注意深挖细查，发现职务犯罪线索，及时移送有关部门查处。福清市检察院起诉科在办理一起挪用公款案件中，发现该市外贸公司科级调研员挪用公款犯罪线索，即移送反贪部门查处。省检察院和各设区市检察院公诉部门高度重视大案要案指导工作，上级院及时派出骨干人员直接参与大案要案的办理。如省检察院公诉处指派专人参加厦门市委书记受贿案专案组工作，协调、指导审查起诉工作，还派员参加由省委政法委牵头的"95·7·17"专案复查组工作，参与案件复查。全省全年共受理自侦部门移送起诉 1115 件 1276 人，经审查，提起公诉 753 件 847 人。

2003 年，各地切实抓紧抓好国家工作人员贪污贿赂、渎职侵权等职务犯罪案件的审查起诉和出庭公诉工作，共起诉各类职务犯罪案件 766 件 938 人，其中起诉贪污贿赂职务犯罪案件 685 件 847 人，起诉渎职侵权职务犯罪案件 81 件 91 人。各地及时审结起诉一批有震动、有影响的职务犯罪大案要案。全省共起诉科级干部 141 人、县处级干部 39 人、厅级干部 4 人，起诉 100 万元以上职务犯罪大案犯罪嫌疑人 20 人。全省公诉部门还对挂牌案件中涉及的职务犯罪案件进行重点督办。如南平市检察院审查起诉了充当黑社会性质组织"保护伞"的邵武市公安局局长、副局长、刑警大队副大队长等人徇私枉法案。同时，注意在有关案件，尤其是司法不公案件的审查过程中发现职务犯罪线索，移送有关部门查处。如仙游县检察院在审查一起故意伤害、收购赃物案中，发现承办此案的刑警有玩忽职守的重大嫌疑，将该线索移送渎检部门查办。

2004 年，全省检察机关贯彻执行高检院《关于人民检察院办理直接受理立案侦查案件实行内部制约的若干规定》，在办理职务犯罪案件中加强与自侦部门之间的内部制约，不搞"内部通融"，确保办案质量。同时，注意加强与自侦部门的沟通配合，适时派员介入职务犯罪大案要案的侦查活动，共同研究新形势下职务犯罪的新情况、新问题，增强打击职务犯罪的实效。如龙岩市检察院公诉处会同自侦部门制定下发《公诉与自侦部门相互配合、制约制度》，该处在办理该院自侦部门移送起诉的案件和基层检察院提出抗诉及当事人上诉的自侦案件中，先后 11 次邀请该院自侦部门派员参加对 9 个案件的研究讨论，使公诉部门更透彻地掌握案情，也促使自侦部门对发现的问题及时补证，共同把好自侦案件质量关。宁德市检察机关公诉部门坚持对自侦案件一律提前介入，强化证据意识和程序意识，就证据收集和法律适用等问题提出建议和意见，使案件顺利交付审判。厦门市检察院公诉部门与自侦部门建立协商配合的工作机制，通过定期与自侦部门召开工作协调会，就证据规格、退补、赃款赃物移送等问题进行沟通协商。全省全年起诉涉嫌职务犯罪的县处级以上干部 88 人，起诉 100 万元以上职务犯罪案件 42 件，处理了一批有重大影响的职务犯罪大要案。各地公诉部门着力在提高办理职务犯罪案件质量和效率上下功夫，提高审查、判断证据的能力，把好自侦案件起诉关，快审快诉，对职务犯罪案件不起诉采取措施加以控制。在审结的 1064 件 1272 人中，不起诉 125 件 149 人，无罪判决率下降，起诉的职务犯罪案件中已有审判结果 857 件 1008 人，其中判决无罪 12 人。全省共受理各类职务犯罪案件 1189 件 1443 人，未结仅 46 件 58 人。全省全年共受理自侦部门移送起诉 1166 件 1419 人，提起公诉 939 件 1123 人。

2005 年，各级公诉部门加强与自侦部门的配合，及时派员介入侦查引导取证工作，确保职务犯罪案件办案质量。在审结的职务犯罪案件 963 件 1225 人中，不起诉 91 件 112 人。提起公诉的案件中，撤回起诉 14 件。受理的案件中，退回补充侦查 402 件。起诉的职务犯罪案件中判决无罪 6 人，无罪判决率为 0.6%。各地公诉部门在审查案件过程中，捕捉疑点，从中发现职务犯罪线索，及时向自侦部门移送。如福州市、县（区）两级检察院公诉部门先后向自侦部门移送职务犯罪案件线索 20 条。三明市检察机关公诉人员在办案中发现 3 条职务犯罪线索，按照市检察院公诉处制定的《职务犯罪线索发现和移送暂行办法》，及时移送自侦部门成案。莆田市检察机关公诉部门通过审查案件发现并移送职务犯罪线索 6 条，自侦部门从中立案 2 件。龙岩市检察机关公诉部门发现并移送职务犯罪线索 6 条。全省全年共起诉县处级以上干部 56 人，起诉 100 万元以上职务犯罪案件 41 件，其中 5 件在 1000 万元以上。全省全年受理自侦部门移送起诉 1063 件 1335 人，经审查提起公诉 872 件 1113 人。

第二节　出庭公诉

1993 年，省检察院开始实施《全省出庭公诉培训三年规划》，提高出庭公诉水平。漳州、厦门、泉州、福州、莆田、三明等市检察院分别举办公诉人对抗论辩赛。

1994 年，全省刑检部门继续落实《全省出庭公诉培训三年规划》。泉州全市 9 个县（区）、市检察院，有 8 个分管刑检的检察长出庭公诉大案要案。为提高出庭公诉水平，省检察院刑检处组织全省公诉人对抗论辩比赛，通过比赛锻炼队伍，提高法庭答辩能力。同时组织全省分、市检察院分管检察长和刑检科长观摩大案要案的出庭公诉。

1995 年是实施《全省出庭公诉培训三年规划》的第三年，各地采取措施，加强检察长带头出庭公诉。省检察院发出《关于加强检察长出庭公诉工作的通知》，各级检察院检察长和分管检察长带头出庭公诉大案要案，全省共有 113 名检察长和分管检察长出庭公诉，其中 80 个县、区检察院和 6 个分、市检察院做到至少有一名检察长或分管检察长出庭公诉。

1996 年，《刑事诉讼法》修改，刑事案件的庭审方式发生重大变革，形成法官居中裁判、控辩双方对抗的庭审模式，在法庭上控诉犯罪、追诉犯罪的责任主要由公诉人来承担。庭审方式改革在福州、厦门、三明、石狮等地进行试点后在全省推广，截至当年 12 月底，全省有 81 个检察院会同法院组织了 199 个试点庭。全省检察机关做好与修改后的《刑事诉讼法》的衔接工作，与公安、法院配合，及时清理一批久拖不决的积案。同时，做好机构分设工作。

1997 年，按照修改后的《刑事诉讼法》规定的庭审方式，各级检察机关采取多种切实有效的措施，积极适应新的庭审方式，保证出庭公诉的质量。全省全年共派员出席一审庭 9994 件，出席二审庭 100 件。泉州市 9 个县（市、区）检察院的第一庭均由起诉科负责人亲自出庭公诉。按照省检察院党组要加强对出庭公诉工作领导的要求，各级检察机关检察长积极带头出庭公诉，以促进出庭公诉工作。如福州市检察院副检察长陈天灯出庭公诉一起用硫酸报复毁容案。泉州市检察院检察长徐汉宗出庭公诉一起故意杀人案，并在庭上对被告人推脱罪责的辩解予以有据有节的反驳。全省起诉部门在适应新庭审方式中，对遇到的出庭难点和重点问题，注意有针对性地组织示范庭、观摩庭、模拟庭和考核庭。三明、泉州市检察院起诉部门注意抓好每个人第一庭的观摩旁听活动。宁德市检察院把观摩评议与评选优秀公诉人结合起来，解决起诉部门在出庭中有关出庭方式、讯问、举证、质证等难点和重点问题。

1998 年，全省检察机关审查起诉部门将出庭公诉"形象工程"作为工作的重点。全省组织分片观摩交流，在宁德检察分院组织抗诉案件观摩庭，在福州市检察院组织多名被告人犯罪案件观摩庭，在泉州市检察院组织运用证据制服被告人翻供案件观摩庭，在漳州市检察院组织上诉审案件观摩庭。省检察院起诉处分片组织其他分、市检察院起诉部门处（科）长和业务骨干到庭观摩并进行现场经验交流，提高庭上举证质证、对付被告人翻供、规范出庭和抗诉庭质量的能力。省检察院和福州、泉州市检察院配合省、市电视台的《走进法庭》和《现在开庭》栏目，开展出庭公诉现场直播庭工作，将其作为展现公诉人风采和检验队伍素质的一个重要窗口。为了保证直播庭的公诉效果，各级检察院起诉部门强化公诉人的责任感，精心做好庭前准备，坚持领导带头出直播庭。泉州市检察院起诉处处长车世景出庭公诉电视直播第一庭，给全市起诉部门干部起示范作用。省检察院起诉处结合出席二审庭的实践和外省、市检察院的出庭经验，下发《检察人员出席二审法庭的方法和步骤》和《我们出席二审法庭的几点做法》，先后印发三份抗诉庭和上诉庭的质证方案、出庭检察人员意见书和答辩提纲，充实全省出席二审法庭的经验。

1999年，各级审查起诉部门致力于提高出庭公诉工作的科技含量和广泛开展评议庭活动。年初，省检察院确定在泉州、石狮两市检察院进行电脑多媒体出庭举证、示证试点工作，并于8月3日在石狮组织多媒体技术示证第一庭的观摩评议活动，8月底省检察院下发《关于在各分市人民检察院开展利用电脑多媒体技术示证工作的通知》。福州、泉州、三明、漳州、宁德、龙岩、莆田等地市的十多个出庭公诉案件在省、市电视台进行直播。宁德检察分院组建公诉团，公诉团成员除了做好本职工作外，还承担分院组织、委派、调配的教育培训、示范指导、依法出庭重大特大案件等任务，并对公诉团成员出庭公诉的大案要案组织观摩、评议。此后，福州、厦门、泉州、漳州市检察院相继对一些重大复杂案件运用多媒体进行法庭示证。

2000年，全省对大案要案出庭公诉的观摩评议工作继续加强。莆田市检察院全年组织了4庭评议庭。福州市检察院实行领导跟庭评议，一庭一总结。泉州市检察院通过电视直播法庭，成功地出庭公诉社会影响大的抢劫工商银行晋江支行内坑分理所案，两被告人被法院当庭判处死刑。龙岩市检察院在市中级法院、市司法局的支持和配合下，下发《龙岩市刑事公诉案件证据展示规则》，为全省试行这项制度积累经验。厦门市检察院于7月率先对一起特大虚开增值税专用发票案件试行普通程序案件简易审。多媒体示证也直接应用于厦门远华特大走私案的出庭公诉。福州市检察院组织12件多媒体示证公诉案件。

2001年，各地相继开展"出庭公诉质量年"活动，全年共出庭支持公诉14969件。各级检察院检察长带头出大庭、难庭，起示范和表率作用，福州、龙岩、莆田、宁德等地检察长共出庭支持公诉52件。省检察院审查起诉处先后组织两次观摩庭，其中一次组织观摩全国十佳公诉人李永军的出庭公诉。

2002年，全省各级检察长带头出大庭、难庭，其中泉州市9名正副检察长出庭公诉17件当地影响大的案件；宁德市、县（区）两级检察院正、副检察长出庭公诉大案8件。省检察院将各地总结上报的开展"出庭公诉质量年"活动中的经验、做法进行整理、汇编，下发各地进行交流、推广。三明市检察院联合举办两地公诉人抗辩赛。龙岩市检察院与广东省梅州市、江西省赣州市检察院开展三地公诉人抗辩赛。

2003年，各地公诉部门大力推行刑事犯罪案件繁简分流。年初，省检察院公诉处转发"两高一部"《关于适用普通程序审理"被告人认罪案件"的若干意见（试行）》，以及高检院公诉厅《关于检察机关公诉部门贯彻执行"若干意见"的几点意见》。4月，高检院公诉厅在福州召开全国部分省市关于"若干意见"的研讨会，省检察院也组织省内部分公诉部门负责人参加会议，晋江市检察院作为高检院公诉厅的联络点和重要试点单位，在会上作了专题发言。会后，各地迅速贯彻落实，在保证办案质量的基础上，结合庭前证据交换，建议法院对被告人认罪案件适用普通程序简化审，对符合简易程序适用条件的案件大胆建议或同意法院适用。泉州市对 1232 件可能判处三年以下有期徒刑的案件适用简易程序，占起诉案件总数的 27.1％。全省全年适用简易程序审理案件 5588 件，占法院同期开庭审理案件总数的 46.3％，其中检察机关建议适用 4014 件，占适用简易程序审理案件总数的 71.8％。

2004 年，各级检察机关积极适用普通程序简化审理被告人认罪案件。各地在保障被告人合法权益的前提下，对符合适用条件的案件，向法院建议或同意适用普通程序简化审理。全省试行被告人认罪案件简化审理的公诉部门有 83 个，占全省公诉部门的 87.4％，试行案件数量为 3351 件，占提起公诉案件数量的 14.5％。省检察院和各设区市检察院加大对重大复杂公诉案件的交办、参办、督办力度，推进公诉资源的有效配置，提高对大案要案审查起诉和出庭公诉的水平。年初，在一起黑社会性质组织案中，省检察院从各地抽调多名包括"全国十佳公诉人"、"全国优秀公诉人"和"全省优秀公诉人"在内的公诉精英组成公诉组。公诉组由省检察院分管检察长直接领导，公诉处处长具体负责，公诉处一名副处长进驻办案点坐镇指挥，对庭上可能出现的情况进行全面预测，周密制定出庭方略。在庭审阶段，公诉组出庭公诉人员结合多媒体示证系统，密切配合，有的放矢运用证据，把握好庭审节奏，讲究举证技巧，庭上灵活应变，做到指控有力、语言简洁、规范，效果良好，一审法院对公诉机关的公诉意见全部采纳。宁德市检察机关在办理周宁县系列职务犯罪案件中，抽调由该市优秀公诉人组成的"闽东公诉团"成员，及时介入侦查活动，针对案件涉案人员多、时间跨度长、取证难度大的情况，在加强与侦查部门沟通的同时，发挥办案人员的主观能动性，自行补查，在审查起诉阶段收集、固定了大量证据，保证了案件的顺利起诉。

2005 年，利用检察机关上下级领导体制的优势，全省检察机关公诉部门发挥公诉一体化的积极作用，合理调配公诉资源，统筹运用公诉人才。省检察院和各设区市检察院相继设立本辖区公诉人才库，在此基础上建立对重大、疑难、复杂案件从公诉人才库中抽调人员参办制度。如龙岩市检察院公诉处在办理一起贪污、受贿专案时，从公诉人才库抽调基层检察院 5 名办案骨干组成公诉组，顺利完成此案公诉工作。各级检察院公诉部门对案件实行繁简分流，对适合适用简易审理条件的案件，依法建议适用简易程序。全省全年适用简易程序审理案件 8576 件，其中检察机关建议法院适用 7538 件，适用普通程序简化审理共 4142 件。庭审观摩评选活动继续开展，省检察院开展全省优秀公诉人评选活动，并在全省多地组织开展分片庭审观摩评议活动。

第三节　审判监督

1993年，全省检察机关公诉部门依法履行公诉职能，在指控犯罪、维护国家安全和社会稳定的同时，加强诉讼监督的力度，对人民法院的判决、裁定中有罪不究、以罚代刑、重罪轻判、有罪判无罪等突出问题以及审判活动中的违法行为，依法提出抗诉或纠正意见，维护法制统一和司法公正。厦门市检察院刑检处在工作中还加大对经济案件的审判监督力度，当年对经济案件提出抗诉5件7人，占该市抗诉案件总数的62.5％。

1994年，针对贪污贿赂等经济犯罪判缓刑多的情况，省检察院于8月组织力量进行专题调查，发现上半年全省就有35名涉案金额万元以上贪污贿赂案犯被判缓刑，其中引用《刑法》第五十九条第二款判缓刑的有21名。调查情况引起中央、高检院领导的重视，当年对5件判缓刑明显不当的案件向法院提出抗诉，经抗诉对5件经济罪犯判缓刑案件改判实刑。

1995年，按照高检院《关于加强刑事抗诉工作的通知》、《关于抗诉案件向同级人大常委会报告的通知》的要求，全省检察机关加强刑事抗诉工作。4月，省检察院刑检处召开全省检察机关抗诉工作会议，讨论通过《福建省检察机关办理抗诉案件的有关规定》。各级检察机关刑检部门加大审判监督力度，省检察院刑检处组织人员对一些地区贪污贿赂案件判缓刑以及无罪的情况进行复查，通过复查，依法提出抗诉8件，厦门市检察院起诉的一起贪污案，一审法院改变定性，以诈骗罪分别判处两被告人有期徒刑九年、七年，检察机关提出抗诉后，二审法院采纳抗诉意见分别改判两被告人有期徒刑十一年、八年。

1996年，围绕贯彻高检院和省委的工作部署，全省检察机关刑检部门参加"严打"集中统一行动，并将"从重、从严、从快"的"严打"方针落实到审判监督工作中。各地共成功抗诉5起该杀不杀的案件，在社会上引起较大的反响。厦门市检察院"严打"期间提出抗诉5件，其中3件法院一审判决死缓或无期徒刑，抗诉后均改判死刑，立即执行。其中一起利用麻醉药品抢劫案中，检察机关认为被告人犯罪主观恶性极深，犯罪情节特别严重，社会危害性巨大，依法应判处死刑，向省高级法院提出抗诉。省高级法院裁定发回重审，厦门市中级法院重审采纳检察机关抗诉意见，改判被告人死刑，立即执行。

1997年，以执行修改后的《刑法》和《刑事诉讼法》为契机，全省检察机关在履行审判监督职能中注意转变执法观念，拓宽视野，改变以往重实体轻程序、重打击轻保护的做法，抗诉范围基本上包括刑事案件裁判可能发生错误的各个环节，既依法打击犯罪，又保障无罪的人不受刑事追究，保护被告人的合法权利。各级检察院在抗诉工作中，以"两法"及"两高"解释为依据，该抗诉的坚决抗诉，以维护司法公正。三明市检察院收到中级法院对故意杀人犯罪嫌疑人的死刑临场监督通知后，认为罪犯在一审判决后有重大立功行为，不应当判处死刑立即执行，即通过省检察院向高级法院提出改判的建议。省高级法院采纳了检察机关的建议，改判死刑，缓期二年执行。在上杭县检察院抗诉的被告人贪污案中，一审法院以被告人系村主任，不符合贪污罪主体为由，以侵占罪定罪量刑。上杭县检察院认为根据"两高"司法解释，作为村主任的被告人属于"其他经手管理公共财物的人员"，符合贪污罪的主体特征，依法提出抗诉后，二审法院采纳抗诉意见，依法改判。

1998年9月，省检察院召开全省检察机关刑事审判监督工作座谈会。会议分析近几年抗诉案件存在的质量问题，总结工作中的经验和做法，讨论并制定《福建省检察机关刑事审判监督工作规定》，全省各地贯彻执行。厦门市检察院起诉部门采取专人严格审查抗诉案件、领导集体讨论研究的制度，做到敢抗、善抗、抗准，当年全市抗诉10件，法院改判9件。省检察院起诉处为强化抗诉案件的派员出庭工作，对当年开庭的10件抗诉案件均由起诉部门主要负责人带队出庭，二审法院当年改判3件。三明市检察院起诉的一起故意杀人案中，一审法院判决被告人死刑，缓期二年执行，市检察院认为被告人没有从轻情节，犯罪情节严重，应当判处死刑，立即执行。省检察院支持三明市检察院抗诉意见，并派员出席抗诉庭，二审法院经审理采纳抗诉意见，改判被告人死刑。

1999年，按照《福建省检察机关刑事审判监督工作规定》，全省检察机关起诉部门要规范抗诉工作，坚持抗诉案件上下级检察院加强沟通，通过检察委员会研究决定，坚持实行刑事抗诉案件向同级人大常委会备案报告制度。

2000年，全省检察机关审查起诉部门树立"该抗不抗就是失职"的思想，坚持以抗诉理由作为衡量抗诉质量的主要标准，只要法院的判决和裁定确有错误就坚决抗诉。省检察院加大抗诉力度，全年共支持分、市检察院抗诉8件。其中，省检察院支持福州市检察院抗诉的一起故意伤害案中，被告人由有期徒刑十五年改判为死缓。南平市检察院抗诉的一起故意伤害案中，经二审法院开庭审理，被告人由有期徒刑十三年改判死缓。在加大抗诉力度的同时，各级检察院还注意转变执法观念，扩大抗诉范围，特别加强对法院适用法律错误而导致判处附加刑不当或量刑畸重案件的抗诉，做到既依法打击犯罪，又保护被告人的合法权利。厦门市检察院抗诉的一起盗窃案中，一审判被告人有期徒刑六个月，罚金人民币1000元。被告人上诉后二审改判拘役三个月，未处罚金。省检察院提出抗诉后，省法院依法予以改判。莆田市检察院支持抗诉的一起3名被告人非法买卖枪支两支、子弹五发一案中，一审分别判处3名被告人有期徒刑十五年、十年、十年，经检察机关抗诉，法院二审分别改判3名被告人有期徒刑十年、四年、四年。全省各级检察机关在审判活动监督工作中，还善于灵活运用监督的方式，处理好监督和配合的关系，提高诉讼效率。

2001年3月，省检察院转发高检院《关于刑事抗诉工作的若干意见》，要求全省检察机关加大刑事抗诉工作力度，完善刑事抗诉工作制度，提高刑事抗诉工作水平，并要求突出抗诉工作的重点，尤其对严重刑事犯罪案件、重大职务犯罪案件的判决与裁定，以及人民群众对司法不公反映强烈的案件，应当坚决依法抗诉。

2002年，各级检察机关坚持以抗诉为龙头，加强刑事审判监督。省检察院按审判监督程序提出抗诉的两起无罪案件，省法院均采纳检察机关抗诉理由予以改判。省检察院还组织人员对2001年撤回抗诉和法院驳回抗诉的案件进行逐案分析，总结经验做法，并将典型案例汇编成册，下发指导。福州、龙岩等地也对本辖区内撤回抗诉案件情况进行分析，提出对策。

2003年，围绕"强化法律监督，维护公平正义"检察工作主题，各级检察机关树立"立检为公、执法为民"意识，严厉打击刑事犯罪、强化诉讼监督职能，按照"慎重、准确、及时"原则积极开展多种形式的审判监督工作，特别对严重刑事犯罪案件、重大职务犯罪案件及人民群众反映强烈的案件依法提出抗诉。全省全年共提出抗诉126件，其中属于判决确有错误的严重刑事犯罪案件、重大职务犯罪案件以及人民群众反映强烈的案件共76件。检察机关在履行审判监督职责中还注意保障未成年被告人的合法权益。如宁德市检察院提出抗诉的一起贩卖毒品案中，被告人犯罪时未满十六周岁，无前科，系在他人利用、教唆下参与犯罪，犯罪情节轻微、作用次要、主观恶性小，归案后认罪态度好，有悔罪表现，一审法院以贩卖毒品罪对其判处有期徒刑三年，量刑偏重。该案经抗诉后，省法院最终采纳检察机关抗诉理由，改判被告人有期徒刑三年，缓刑三年。省检察院公诉处对全省抗诉案件进行抽查，分析存在的问题，并选编部分抗诉成功的刑事案例下发各级检察院。同时，在大量调研的基础上，省检察院下发《关于进一步加强刑事抗诉工作的意见》，以规范抗诉工作。

2004年，在积极拓宽抗诉案源的同时，各级检察机关公诉部门着力提高抗诉案件质量，严把抗诉案件的证据关和适用法律关，把抗诉工作重点放在那些有重大影响、判决明显不公的案件上，确保抗诉效果。浦城县检察院办理的一起徇私舞弊案中，法院一审判被告人无罪，南平市检察院支持浦城县检察院提出抗诉，二审法院采纳检察机关意见改判被告人有期徒刑三年。各地检察机关在审判活动监督工作中既注重对法院判决的实体监督，又加强对程序的监督，注意深挖隐藏在刑事案件背后的国家工作人员职务犯罪线索，并及时移送反贪、渎职侵权检察部门查处。周宁县检察院起诉的一起强奸、妨害作证案中，一审判处被告人有期徒刑三年，检察机关提出抗诉后，二审依法改判为有期徒刑十二年。在办案过程中，检察机关发现该县法院刑庭庭长徇私枉法的线索，将其移送渎检部门后，一举查处了犯罪嫌疑人的犯罪行为，提起公诉后，犯罪嫌疑人被判处有期徒刑二年。

2005年，全省贯彻落实高检院公诉厅《关于进一步加强刑事抗诉工作，强化审判监督的若干意见》，履行刑事审判监督职能，正确把握刑事抗诉条件，突出刑事抗诉重点，提高刑事抗诉工作水平。各地公诉部门还注意改进工作方式，加强上下级的沟通、交流，充分阐明抗诉的理由和依据。如泉州市检察机关公诉部门对提出抗诉的案件，除按照规定程序报同级人大常委会备案，还注意加大对基层检察院抗诉工作的指导力度，基层检察院对重大、疑难、复杂案件，在抗诉之前均提前向市检察院报告，市检察院在作出不支持抗诉决定前也都事先与基层检察院沟通，从而形成抗诉工作合力，确保抗诉案件质量。

1993—2005 年，全省各级检察机关除通过行使抗诉权履行审判监督职责外，还依法对人民法院的刑事审判活动是否违反法律规定的诉讼程序进行专门法律监督。全省各级检察院在出庭支持公诉中，发现审判活动违法，共向法院提出书面和口头纠正意见 725 件次。全省各地公诉部门针对一些量刑偏轻或偏重，但又不符合抗诉条件的案件，采用检察建议的方式，建议法院再审。如 2000 年，省检察院以检察建议向省高级法院提出按审判监督程序，对原审被告人故意杀人案改判的意见，经再审开庭，原审被告人由死缓改判死刑。

表 2—1　　　　1993—2005 年福建省各级检察院办理抗诉案件情况表

单位：件

年份	抗诉情况			检察机关撤回	法院审理情况			
	提起抗诉	其中			已结	其中		改判率（%）
		二审程序抗诉	审判监督程序抗诉			改判	维持原判	
1993	50	42	18	0	14	8	6	57.1
1994	73	58	15	0	21	14	7	66.6
1995	91	67	24	0	22	12	10	59.0
1996	68	56	12	0	14	9	5	64.3
1997	121	90	31	0	29	18	11	62.1
1998	172	148	24	43	63	35	28	55.6
1999	121	116	5	27	36	22	14	61.1
2000	122	114	8	38	39	27	11	71.7
2001	203	177	26	29	46	16	25	34.8
2002	122	117	5	0	66	24	37	36.4
2003	126	117	9	33	68	22	42	32.0
2004	117	114	3	41	63	29	30	46.0
2005	95	91	4	18	51	19	28	45.1
合　计	1481	1307	174	229	532	255	254	47.9

第三章　职务犯罪侦查与预防

1993—2005 年，全省检察机关依法履行查办和预防职务犯罪职责，围绕涉及改革发展全局的重大问题、人民群众普遍关心的热点问题、关系社会和谐稳定的突出问题，整合侦查资源，推进侦查一体化、执法规范化、管理科学化、队伍专业化和装备现代化建设，依法查办职务犯罪案件，推进预防职务犯罪工作。

第一节　贪污贿赂检察

一、查处贪污罪案

1993 年，全省检察机关贯彻高检院"严格执法、狠抓办案"工作方针，以"一机关三部门"为重点，突出查办贪污贿赂大案要案。全年立案侦查贪污贿赂类案件 1876 件，其中万元以上大案 1119 件，要案 51 件，厅级干部 5 人，立贪污案 485 件。全省检察机关反贪部门根据高检院《关于在元旦春节期间集中组织追捕逃犯的通知》精神，首次在全省范围组织集中追逃行动，共抓获逃犯 61 名，成功引渡一名贪污 60 余万元后潜逃到汤加等地的犯罪嫌疑人。

1994 年，为配合实施《中华人民共和国公司法》，部分侵占公司财产案件也由检察机关负责查处。全省检察机关反贪部门围绕"抓住机遇，深化改革，扩大开放，促进发展，保持稳定"大局，继续贯彻"严格执法、狠抓办案"的工作方针，进一步加大办案力度，全年立案侦查贪污贿赂类案件 2269 件，其中贪污案 568 件。查办要案方面，共立案侦查县处级以上干部犯罪案件 73 件，其中厅级干部 2 件。查办一批重特大案，百万元以上 18 件，犯罪总金额达 1.6 亿元，涉案金额突破千万元的 2 件。查办一批新型犯罪，如查办一些破坏国有企业转换机制、侵吞国有资产、损公肥私的"蛀虫"，全省共立此类案件 492 件，其中贪污案 143 件。配合整顿金融秩序，查办以贷谋私案件 160 件，涉及各专业金融机构。配合税制改革，查处涉税案件 292 件，挽回损失 1284 万余元。查办一批农村干部利用改革开放中出现的漏洞进行犯罪的案件共 245 件，涉及农村干部 328 人。

1995 年，全省检察机关反贪部门传达贯彻高检院《关于在反腐败斗争中进一步抓紧查办大案要案工作的通知》精神，结合张思卿检察长关于深入查办大要案的七个方面意见，集中力量查办大案要案。各级检察院反贪部门主动加强上下级的协调、联系与合作，发挥侦查上的整体优势，突破一批疑难案件，立案查处了多起大案要案。全年立案侦查贪污贿赂类案件 2393 件，其中贪污案 580 件。查办要案方面，共立案侦查县处级以上干部犯罪 73 件，厅级以上干部犯罪 4 件。全省检察机关反贪部门注意研究市场建立和运作过程中出现的问题，深入税收、金融证券、国有企业、房地产开发、土地批租、引资合资等领域查办经济犯罪，查办了包括 89 名厂长、经理在内的国有企业改革过程中化公为私、侵吞国有资产犯罪案件 605 件，查处了农村基层干部利用土地开发、旧城改造、先行工程、企业发包等进行贪污、贿赂案件 273 件。

1996 年，修订后的《刑事诉讼法》对检察机关自行侦查案件的范围进行调整，偷税、漏税、假冒注册商标等侵犯知识产权犯罪案件和非国家工作人员职务犯罪案件不再由检察机关直接受理。全省检察机关反贪部门立案查处贪污贿赂等经济犯罪案件 1995 件，其中贪污案 461 件，追回赃款赃物总值 1.24 亿元。查处万元以上大案 1680 件，占立案总数的 84.2%，要案 41 件。

1997 年，修订后的《刑事诉讼法》和《刑法》开始全面实施。全省检察机关反贪部门立案查处贪污贿赂等经济犯罪案件 2082 件，其中贪污案 660 件，通过办案挽回直接经济损失 1.44 亿余元。查办了一批现职党政领导干部和国有企事业单位工作人员的经济犯罪要案。

1998 年是检察机关的教育整顿年。在高检院的统一部署下，全省检察机关反贪部门开展以端正执法作风、切实履行检察职能为主题的集中队伍教育整顿活动，历时一年。从这年起，由于管辖范围调整等原因，全省反贪部门每年立案数从原来的 2000 多件下降至 1000 件左右。这一年全年立案 1033 件，其中贪污案 389 件。涉案犯罪总金额 1.33 亿元，通过办案为国家挽回直接经济损失 6015.2 万元。在办案中，集中查办了一批数额特别巨大的经济犯罪大案、国有企事业单位和农村基层干部犯罪案件。

1999 年，全省检察机关反贪部门落实党的"十五大"确定的反腐败领导体制，加强同纪检监察、公安、法院、审计等部门的协调配合，全年立案侦查贪污贿赂犯罪案件 1073 件 1218 人，其中贪污案 385 件，通过办案为国家挽回经济损失 1.84 亿元。同时配合中纪委牵头中央各职能部门办理厦门远华特大走私案，反贪部门从中立案 58 人。查办要案及重特大案件工作取得突出成效，查处县处级以上领导干部要案 51 件 53 人，其中厅级要案 5 件 5 人。有计划有步骤地查办了一批危害改革实施的职务犯罪案件。如配合整顿金融秩序，依法查办发生在银行、证券、保险等金融系统的案件 101 件。配合国有企业改革和发展，查办发生在国有企业中的案件 304 件。全省检察机关反贪部门通过研究某一行业的发案规律，发现和查办窝串案，分别在粮食、卫生、工商、教育等系统查办了一批窝串案件。如泉州市、县（区）两级检察院反贪部门从全市医疗系统先后深挖出贪污贿赂等职务犯罪案件 35 件 37 人。

2000 年，省检察院反贪局制定下发《全省反贪工作百分制考评标准》，从案件侦查、综合指导、预防犯罪、队伍建设四个方面细化出 55 个具体项目，定出考评标准，对全年的反贪工作进行全面考评。省检察院根据高检院关于加强反贪污贿赂工作一体化机制组织领导的指示精神，成立了职务犯罪大要案侦查指挥中心。指挥中心办公室作为指挥中心的日常办事机构，设在省检察院反贪局内。全省九个设区市检察院也相继成立了类似机构。全省共立案侦查贪污贿赂案件 1180 件 1293 人，涉案总金额 3.1 亿元，为国家挽回经济损失 2.34 亿元，立贪污案 462 件。反贪部门本着围绕大局、立足本职的方针，以查办"4·20"案件为"龙头"，先后从"4·20"案件中立案 98 件 101 人，其中要案 46 件，百万元以上案件 21 件。各地反贪部门在抽调部分办案骨干参办"4·20"专案的同时，注意因势利导地激发群众的举报热情，利用专案牵出的线索和暴露出来的行业及部门犯罪规律，相继在本地查办了一批大案要案。

2001 年，高检院首次和公安部联合在全国开展集中追捕在逃职务犯罪嫌疑人专项行动。全省检察机关全年共立案侦查贪污贿赂类犯罪案件 1076 件 1208 人，涉案总金额达 2.78 亿元，其中贪污案件 365 件 438 人。4 月，中央作出开展"严打"整治斗争的重大决策，全省检察机关反贪部门贯彻落实中央、省委以及高检院、省检察院的工作部署，重点查办了一批与黑恶势力犯罪和破坏经济秩序犯罪相关联的贪污贿赂等职务犯罪案件，共查处充当黑恶势力"后台"、"保护伞"的职务犯罪案件 30 件 30 人，查处与制假贩假、走私等经济犯罪相关联的职务犯罪案件 31 件 35 人。其中，福州市检察院从闽侯县一起黑社会性质组织犯罪案件中，深挖查处了多名领导干部的贪污贿赂等职务犯罪案 14 件 14 人；顺昌县检察院从一起黑社会性质组织犯罪案件中，查处了国家机关人员犯罪案件 13 件 13 人。省检察院成立追逃专项行动领导机构，确定 50 名重特大犯罪嫌疑人为省检察院督捕对象并逐人制定方案，展开追捕行动。省检察院大要案侦查指挥中心在追逃专项行动中，充分发挥职能作用，通过派员督导、落实责任、帮助研究对策、协调解决困难等方式，成功指挥协调了这次大规模的专项行动。至年底，共抓获和敦促 128 名在逃犯罪嫌疑人归案，占历年在逃人员总数的 51.2％。成功缉获了高检院、省检察院督捕涉嫌挪用公款的多名案犯。省检察院获得高检院、公安部联合授予的"追逃专项行动工作先进单位"称号。省检察院反贪局修改完善《全省反贪工作百分制考评标准》，使考评标准更适合全省反贪工作实际。

2002 年，各级检察机关反贪部门进一步推进侦查机制改革，探索建立以省检察院为指导、设区市检察院为主体、以基层检察院为基础的查办重大疑难案件工作运行机制。全省检察机关全年共立案侦查贪污贿赂类犯罪案件 985 件 1068 人，其中贪污案 398 件。查办要案 44 件 44 人，5 万元以上案件 406 件，所办案件涉案总金额 1.51 亿余元，为国家挽回经济损失 7761.65 万元。6 月，全国检察机关侦查工作会议之后，省检察院反贪局与渎职侵权检察处根据高检院《人民检察院侦查检察官办案责任制暂行规定》，结合全省检察机关职务犯罪案件侦查工作实际，制定了《福建省检察机关侦查检察官办案责任制暂行规定》和《福建省检察机关侦查部门试行侦查检察官办案责任制方案》，成立了试行侦查检察官办案责任制领导机构，决定在漳州和龙岩两地的市、县（区）两级检察院侦查部门进行侦查检察官办案责任制试点，通过选拔，确定了 122 名检察人员获得主任侦查检察官资格。泉州市、县（区）两级检察院从责任、权利、待遇、奖惩等方面不断摸索科学、规范的办案责任制，并在 32 件案件中尝试主任侦查检察官办案责任制。按照省检察院制定下发的《福建省检察机关侦查人才库设立方案》的要求，各地检察机关选拔一批政治素质好、业务能力强的侦查人员，组建三级人才库，在此基础上省检察院研究并确定全省检察机关二级侦查人才库人员 70 名、一级侦查人才库人员 20 名。

2003 年，各地反贪部门以"整合侦查资源，形成整体作战机制，提高侦破大要案的能力和水平"为目标，结合各地区、各单位的实际，进一步加大反贪侦查工作的力度，建立集中使用侦查力量、合理整合侦查资源、建立侦查一体化机制的有效反贪侦查途径。全省检察机关全年共立案侦查贪污贿赂类犯罪案件 1031 件 1176 人，其中贪污案件 423 件 510 人。所办案件涉案总金额 2.26 亿元，为国家挽回经济损失 9129.8 万元。福州市检察院通过整合侦查资源，运用"统一指挥、要素组合、统分结合、整体突破"的办案模式，突破了该市交警贪污贿赂窝串案和审判人员受贿枉法窝串案，从中立案 50 余人。全省全年共立案查办国有企业人员贪污、挪用、私分国有资产等职务犯罪案件 191 件 220 人。龙岩市检察院与新罗区检察院密切配合，查办了国有大中型企业工作人员贪污、受贿、挪用公款窝案 18 件 21 人，涉案金额近 300 万元，通过办案为国家挽回经济损失 70 多万元。南平市检察院和邵武市检察院查办了国有商业银行贪污、挪用公款、私分国有资产窝案 6 件 6 人，涉案金额 530 万元，为国家挽回经济损失 502 万元。

2004 年，围绕全国、全省检察长工作会议精神和反贪污贿赂总局工作要求，全省各级检察机关不断加大查办贪污贿赂犯罪案件力度。全省全年共立贪污贿赂等职务犯罪案件 986 件 1129 人，其中贪污案件 349 件 441 人，贿赂案件 476 件 505 人，所办案件涉案总金额 2.67 亿元，为国家挽回经济损失 8210 万元。其中，贪污贿赂大案 474 件，查处厅处级以上干部要案 74 人，包括厅级干部 5 人、省部级干部 1 人。全年共查办司法和行政执法人员 211 人，突破 102 起行业系统窝串案。南平市检察院在查办医疗系统窝串案中，通过对行贿人长期跟踪调查，取得大量证据，统筹安排调度全市侦查力量和侦查资源，快速出击，在短时间内突破了该系统窝串案 26 件。全省检察机关反贪部门重视办案法律效果和社会效果的有机统一，在办案的同时加大追逃追赃力度，全年共追逃 23 人。省检察院反贪局与有关部门协作配合，通过上网追逃、边防布控等方式先后抓获挪用公款 577 万元、潜逃长达 8 年的犯罪嫌疑人和潜逃 3 年的 2000 年"4·20"案件涉案人员归案。

2005 年，围绕高检院提出的"业务工作是全部检察工作中心"的思想，全省检察机关反贪部门从加强反贪办案工作入手，把贯彻上级检察院要求和全省反贪工作实际结合起来。全省全年共立贪污贿赂等职务犯罪案件 941 件 1138 人，其中贪污案 286 件。所办案件涉案总金额 3.4 亿元，为国家挽回经济损失 1.01 亿元。省检察院根据高检院确定的重点部门，结合实际，将查办窝串案件和系统类案作为加大办案力度的重要措施，确定医疗卫生、交通、国土管理、金融证券、教育、电力等行业为重点领域，从年初开始进行部署落实，并对这些重点行业领域的犯罪特点和侦查规律进行分析研究。6 月，为贯彻反贪总局"泰州会议"精神，省检察院在南平市召开全省检察机关"抓系统、系统抓"工作经验现场交流会，传达高检院会议精神，总结、交流和推广了南平、武夷山等检察院的一体化作战机制等深入查办有影响、有震动的大案要案的典型经验，对全省"抓系统，系统抓"工作提出具体要求。全年共查办行业系统窝串案件 371 件 504 人，占立案人数的47％。其中，在六个重点行业查办贪污贿赂案件 224 件 249 人，占立案总数的 21.9％。在制度规范方面，省检察院反贪局和法警总队共同制定并落实了《省院机关司法警察协助执行追逃追赃任务时检警协同办法（试行）》。省检察院制定《反贪部门内勤工作规定》、《考评各设区市院反贪内部工作细则》、《关于加强执法规范化管理确保自侦案件质量的意见》、《反贪办案文书、综合资料和其他公文行文规定》等文件，并下发全省贯彻落实。省检察院反贪污贿赂局与反渎职侵权局联合制定了《福建省检察机关安全办案防范细则》，对办案安全防范工作进行规范，强化安全防范机制建设，严格落实安全防范工作预案审批、提醒制度，安全防范责任制度、安全防范检查制度和安全防范考核机制等相关制度。

二、查处贿赂罪案

1993 年，省检察院首次启动了全省联合侦查机制，全省多个地方检察机关有针对性地就具体案件同时展开侦查行动，不断发展完善侦查一体化工作机制。全年立案查处贿赂案件 643 件，占当年贪污贿赂案件数的 34.2％，挽回经济损失 6845 万元。全省各级检察机关反贪部门注重深挖窝案、串案，全年共深挖窝串案件 70 多起，从中立案 400 余件，其中不少是特大窝串案。如龙岩市检察院查办的一起涉及 42 名干部的受贿 28 万元案件，从中立案 22 件 22 人。同时，针对特大案件和要案涉及面广、侦查难度大的特点，各地有目的地筛选一批社会影响大、有深挖价值的案件作为阶段的侦查重点，实行全院、全区以至全省一盘棋，从领导精力、办案力量和后勤保障等方面予以倾斜。当年侦破了一批贿赂大案要案，其中大案 1119 件、要案 51 人。

1994 年，全省检察机关反贪部门从各地实际情况出发，抓住群众反映强烈的热点问题，突出打击重点，查办党政司法行政机关和经济管理部门贿赂案件。中央纪律检查委员会三次全会和高检院"3·7"电话会议后，各级检察院反贪部门根据省检察院提出的五点贯彻意见，加大初查和侦查力度。全年共查处贿赂案件 1052 件，占立案总数的 46%。全省全年共查处党政机关干部案件 228 件，内有掌握实权、担任实职的党政机关领导干部犯罪要案 21 件。针对一些案犯利用职权，在本单位内部上下勾结或在不同部门、单位间互相串通的情况，全省检察机关反贪部门为更好协调办案、排除办案阻力，注重组织联合侦查。三明市检察机关在办理一起钢铁厂经济犯罪窝案中，发现该案涉及面广、涉案人员多、取证工作量大，就组织多个区、县检察院参战，形成在市检察院反贪局统一指挥协调下的反贪会战，查办包括 6 名处级干部在内的 17 起受贿窝案。全年全省跨地区协查案件共 87 件次，协捕犯罪嫌疑人 9 人。

1995 年，全省全年立贿赂案件 1042 件，占贪污贿赂案件立案数的 43.5%。各级反贪部门进一步加强上下级之间的协调、联系与合作，发挥侦查整体优势，突破了一批疑难案件，突出查办了一批窝串案。如宁德检察分院在办理一起党政领导干部受贿案中，遇到干扰阻力较大，省检察院随即介入立案侦查，并抽调宁德检察分院人员共同办理，较快突破了该案。泉州市检察院和晋江、石狮两市检察院在办理涉及省、地、县三级保险公司人员受贿串案中，考虑牵涉面较广，泉州市检察院决定由该院反贪局牵头，抽调晋江、石狮两市检察院反贪局人员组成专案组，采取联合侦查与分级办理相结合的办法展开侦查工作，形成立体侦查网络，经过一个月审查，查清了包括 3 件要案、14 件大案在内的 17 件保险系统受贿案。

1996 年，修改后的《刑事诉讼法》试点工作在各地全面开展。全省全年立贿赂案件 738 件，占贪污贿赂案件立案数的 37.1%。突出查办一批党政机关领导干部受贿大案要案，其中县处级领导干部犯罪要案 41 件，内有万元以上大案 35 件，涉案金额 3191 万元。结合专项斗争，在卫生系统查获贪污贿赂等案件 61 件，其中利用药品回扣案件 43 件。各地检察机关反贪部门结合当地实际，重点查处了一批群众反映强烈的问题部门的贿赂犯罪案件。上杭县检察院对群众反映的一条线索进行调查，从金融部门的不正常现象入手，成功查处一起国有银行行长、副行长窝串案。各级检察机关还注重查处工程领域的党政领导干部以权谋私案，结合各地情况查处一批土地批租、先行工程中的犯罪。如惠安县检察院查处了该县螺阳镇一起村委会副主任和副书记利用职务便利，挪用铁路征地补偿款近30万元案。全省检察机关反贪部门继续发挥优势搞好协查工作，全年全省各级反贪部门协查各类经济案件185件。

1997年，面对修改后的《刑事诉讼法》，全省检察机关反贪部门转变观念、调整方法，提高新形势下的侦查水平，查办了一批司法机关和行政机关少数工作人员利用执行法律、管理社会的职便，从中受贿的犯罪活动。全省全年共立贿赂案件632件，占贪污贿赂案件立案数的48.5％。其中立案侦办数起涉及"三机关一部门"的情节严重、影响恶劣、社会关注度高的司法人员犯罪案件，查处公安人员47人，审判人员12人，检察人员2人。查处的处级以上干部的经济要案中，厅级干部2件。

1998年，各级反贪部门深入群众反映强烈、举报线索多、问题突出的部门或单位，深挖窝串案。全年共立贿赂案件377件，占贪污贿赂案件立案数的36.4％。重点查办了一批有影响、有震动的领导干部犯罪要案。集中查办了一批数额特别巨大的经济犯罪大案，所立案件犯罪总金额1.33亿元，全年共查办百万元以上案件16件。查办了一批破坏国家重大改革措施实施的犯罪案件，查办发生在金融部门的经济犯罪案件共63件，其中贪污23件、贿赂12件、挪用21件。查办了一批群众反映强烈的司法和行政执法人员犯罪案件。如省检察院反贪局会同公安等部门成功侦破了交警部门的一些公务人员在车辆年检、报牌、事故处理等环节，利用职务便利收受贿赂，为社会不法分子提供便利的一批窝案串案，全案涉案金额高达1700万元。

1999年，全省贯彻落实高检院检察改革部署，各级检察机关反贪部门将检务公开的各项措施落实到办案工作的各个环节，反贪管理工作逐步规范化、制度化。龙岩、宁德、福州等地检察院反贪部门开始实行证人及犯罪嫌疑人权利义务告知制度，将侦查活动置于人民群众和社会各界的监督之下，增强了司法透明度，促进了公正执法。一些地方反贪部门在推行主办检察官办案责任制方面进行了积极的探索和尝试。全省全年共立贿赂案件363件，占贪污贿赂案件立案数的33.7％。其中多数是从中纪委查办远华走私案中发现的。各级反贪部门加大追赃力度，注意实现办案的综合效果，共挽回经济损失9135.6万元，其中直接追赃挽回906.4万元。漳州市龙文区检察院在查办一起国有商业银行分理处主任涉嫌挪用公款4400多万元、受贿40万元的特大案件过程中，抽调专门力量负责追赃，挽回了1000多万元的经济损失。

2000年，全省立案查办贿赂案件474件，占贪污贿赂案件立案总数的40％。随着中央纪检监察机关查办远华走私案的深入，一些受贿大案、要案相继移送检察机关办理，全省全年共立案查办厅处级领导干部要案 81 人，其中厅级干部 14 人、处级干部 67 人。案犯层次高、涉及面广，包括市委副书记、政法委副书记、副市长、人大常委会副主任、政协（中国人民政治协商会议）市委员会副主席、海关关长、银行行长等一批身居要职的领导干部。大案在全年立案数中占较大比例，共立案查办 50 万元以上大案 90 件，占立案总数的 7.6%，其中百万元以上案件 44 件。在全国人大常委会关于《刑法》第九十三条第二款解释出台后，全省检察机关反贪部门发挥职能作用，严厉查处反映强烈的农村基层组织人员贪污贿赂等职务犯罪案件 136 件 150 人，加大追逃追赃工作力度，通过办案为国家挽回经济损失 2.3 亿元。

2001 年，各级检察机关共立贿赂案件 348 件，占贪污贿赂案件立案总数的 32.3%。查办有影响的大案要案，查办"三机关一部门"贪污贿赂等职务犯罪案件 363 件，其中党政领导机关案件 120 件，行政执法机关 110 件，司法机关 69 件，经济管理部门 64 件。省检察院反贪局从三明、南平、泉州等地抽调精干力量，组织、指挥查处了曾经轰动全国的中央电视台"焦点访谈"栏目曝光的"猪案"中涉及的一系列司法腐败犯罪案件，从中立案查处福州市市、县（区）两级党政机关领导干部受贿案等大案要案 7 件 7 人。各地相继查办了一批多次行贿、数额巨大、拉拢腐蚀党员领导干部的行贿案件，全年共立此类案件 91 件 97 人。

2002 年，各地共查办贿赂案件 289 件，占贪污贿赂案件立案总数的 29.3%。全省检察机关紧密结合"严打"整治斗争，查办了一批与黑恶势力犯罪和破坏经济秩序犯罪相关联的贪污贿赂等职务犯罪案件。以开展查办"保护伞"专项行动为主线，查办"黑后台"、"保护伞"等相关职务犯罪案件，共立案涉黑"保护伞"案件 33 件 33 人。福州市市、县（区）两级检察院在深挖"哑巴帮"黑恶势力背后有关职务犯罪案件过程中，查处了闽侯县党政领导干部等受贿案 5 件 5 人。南平市检察院立案查处了充当黑恶势力团伙"保护伞"的党政领导干部受贿案 6 件 6 人。各地紧紧围绕高检院、省检察院确定的办案重点，查办县处级以上要案 44 件 44 人，突出查处了一批大案要案。

2003 年，围绕高检院、省检察院确定的办案重点，全省检察机关反贪部门集中精力查办有震动、有影响的贪污贿赂大案要案，特别是人民群众反映强烈的窝案串案。全省全年共立贿赂案件 363 件，占贪污贿赂案件立案总数的 35.2%。省检察院突破一批有影响的大案要案，查办 28 名党政领导干部贪污贿赂犯罪的大案要案。以大案要案侦查指挥中心为"龙头"，整合侦查资源，加强各级院、各部门之间的协作配合，全年共立贪污贿赂大案 462 件，其中查办厅处级干部 64 人。

2004 年，全省检察机关反贪部门不断加强对新形势下贪污贿赂犯罪的分析研究，不断增强发现犯罪和深挖犯罪能力，努力提高独立突破案件能力。全省全年立案贿赂案件 392

件，占贪污贿赂案件立案数的 39.7%。各级检察机关相继突破了一批有影响、有震动的贿赂犯罪大案要案。在参加查办省委"5·22"专案等大案要案过程中，充分发挥善于攻坚克难、深挖扩大的特点。泉州市检察院在查办福州市鼓楼区一名党政领导干部受贿案中，办案人员在突破行贿人口供和追查赃款去向上下功夫，把一起受贿 10 万元的案件深挖至受贿 300 万元。各地反贪部门针对群众普遍关注的司法腐败和执法不公等热点问题，充分发挥检察机关职能作用，不断加大查办司法人员和行政执法人员的职务犯罪案件力度，全年共查办司法机关、行政执法机关工作人员职务犯罪 211 人，占立案总数的 8.7%，所查办人员中有县处级以上干部 33 人。

2005 年，全省全年共立贿赂案件 414 件，占贪污贿赂案件立案数的 43.9%。各地围绕高检院、省检察院提出的办案重点，加大工作力度查办大案要案，全年共立案侦查贪污贿赂犯罪大要案 480 件。查办县处级以上要案 54 人，其中厅级干部 5 人。省检察院反贪局将查办窝串案件和系统类案作为加大办案力度的重要措施，将"办一案，端一窝，带一串"的侦查思路贯彻于整个办案过程，在高检院确定的六个重点行业共查办案件 224 件，并首次查办副部级干部受贿案。全年共立案查办司法和行政执法人员 163 人，其中司法人员 43 人、行政执法人员 120 人，分别占立案总数的 4% 和 11.2%，查处了福安市部分民警收受贿赂放纵赌博窝案等一批在当地有影响、有震动的案件。在查办案件的过程中，省、市两级检察院侦查指挥中心充分发挥在查办大案要案中的平台作用，综合调配使用辖区内各种侦查人力、案件线索、技术装备资源，灵活运用各种行之有效的办案新方式，突破案件的整体能力得到提升。全年省、市检察院侦查指挥中心运用交办、参办、提办、督办等方式参与查办贪污贿赂案件 409 件，占立案总数的 46.3%。

三、查处挪用公款罪案

1993—2005 年，全省检察机关反贪部门共立案查处挪用公款犯罪案件 3017 件，占同期立案查处贪污贿赂案件的 16.9%。查办了漳州市原人大常委会主任、市长挪用公款案，这是福建省检察机关 1978 年恢复重建后办理的首例正厅级干部挪用公款案。还查处了省闽发证券公司高桥营业部总经理挪用公款 9.1 亿元案，省华兴财政证券公司营业部"共同基金组"组长挪用公款 1.5 亿元案等一批重特大案件。

四、查处其他经济罪案

1993—1996 年，偷税、抗税、假冒商标案件仍然由检察机关反贪部门负责侦查，全省检察机关反贪部门共立案查处偷税、抗税罪 1205 件，占同期全省贪污贿赂案件立案数 14.1%。查处假冒注册商标犯罪案件 235 件，占同期全省贪污贿赂案件立案数 0.025%。

1997年后，由于《刑事诉讼法》修改，检察机关自行侦查案件范围缩小，原来承担的偷税、抗税、假冒商标案件侦查工作划归公安机关管辖。

第二节 渎职侵权检察

1993年，全省检察机关贯彻落实中央关于推进反腐败斗争的部署要求，依法履行法律监督职责，加强查办渎职侵权犯罪工作，重点查办徇私舞弊、玩忽职守、刑讯逼供、非法拘禁、重大责任事故五类案件。在办案过程中按照"一要坚决，二要慎重，务必搞准"的原则，严格区分罪与非罪的界限，提升执法效果。各级检察院按照省检察院的部署要求，检察长带头抓办案，定期听取办案工作情况汇报，强化对查办重大复杂案件的组织指挥，保障办案所需的人员、经费、物资、装备，推进办案工作。省检察院和各分、市检察院派员督办、参办基层检察院查办有困难的重大复杂案件30件。11月，省检察院在福州市举办渎职侵权检察工作回顾展，宣传检察机关查办渎职侵权犯罪的职能作用、管辖范围、办案成效和举报电话，增进社会各界对检察工作的了解，发动人民群众支持检察机关依法查办渎职侵权犯罪案件。全省各级检察机关全年共立案侦查渎职侵权犯罪案件433件593人。其中，针对一些司法人员徇私舞弊、渎职失职、刑讯逼供的问题，查办司法人员渎职侵权犯罪案件33件，包括南安市检察院查办的南安市公安局3名干警涉嫌刑讯逼供致人死亡案和建阳县检察院查办的建阳县公安局民警涉嫌刑讯逼供致人死亡案。针对城乡经济发展过程中，经济合同或债务纠纷增多，一些人员为逼还债款非法扣押人质的问题，查办非法拘禁案件145件，解救人质100多人。针对一些单位和人员忽视安全管理，违章操作，导致发生重大责任事故的问题，查办重大责任事故案件150件。针对个别地方县、乡两级人大换届选举中出现威胁选民、涂改选票、捣乱会场的问题，查办破坏选举案件3件。

1994年，各级检察机关以查办徇私舞弊犯罪案件为重点，带动其他案件的查办，推动渎职侵权检察工作开展。6月和8月，省检察院先后召开全省检察机关查办徇私舞弊犯罪问题研讨会和侦查工作经验交流会，总结分析徇私舞弊犯罪的特点和规律，交流查办案件的经验，研究部署推进查办徇私舞弊等渎职侵权犯罪的意见和措施。省检察院将省内外查办徇私舞弊犯罪的典型案例汇编成册，印发给各级检察机关参考借鉴。全省检察机关围绕办案工作重点，结合当地实际，深入问题比较突出、群众反映强烈的领域排查线索，强化初查和侦查工作，依法查办一批渎职侵权犯罪案件。省检察院和各分、市检察院定期分析通报各地办案情况，开展分类指导，对重大复杂案件挂牌督办、派员参办。全省全年共立案侦查渎职侵权犯罪案件 472 件 631 人。其中，查办重特大案件 45 件，查办涉嫌犯罪的县处级干部 4 人。所查案件中，徇私舞弊、玩忽职守、刑讯逼供、非法拘禁、重大责任事故五类重点案件 399 件，包括莆田市检察院查办莆田市政法委副书记涉嫌非法拘禁案、厦门市检察院查办厦门市公安局滨北派出所 4 名民警涉嫌刑讯逼供致人死亡案。各级检察院针对经济交往和商贸活动中，因合同、债务纠纷引发的非法拘禁案件较多的问题，加大查办非法拘禁案件的力度，并注意及时解救人质。省检察院和福州市郊区检察院在查办一起涉嫌非法拘禁案过程中，由省检察院法纪处领导带队前往云南，成功解救了一名被非法扣押长达一年零九个月的儿童。

1995 年 2 月，省检察院召开全省检察长工作会议，就查办徇私舞弊犯罪作出专题部署。6 月，省检察院又召开查办渎职侵权案件侦查工作会议，总结上半年查办徇私舞弊等渎职侵权犯罪案件情况，分析工作中存在的问题，研究部署推进办案工作的意见和措施。7 月，省检察院向省人大常委会专题汇报查办徇私舞弊犯罪案件情况。各级检察院检察长加强对查办徇私舞弊犯罪工作的领导，切实把查办徇私舞弊犯罪案件作为反腐败的重中之重来抓，推动渎职侵权检察工作开展。全省检察机关按照省检察院的部署要求，开展法制宣传，发动群众举报，并定期召开法纪、刑检、反贪、监所、民行、林检、控申等业务部门负责人联席会议，加强相关业务部门之间的配合协作，从诉讼活动中的不正常、不正当现象背后，深挖严查徇私舞弊犯罪案件。省检察院和各分、市检察院定期检查、通报各地办案情况，总结推广办案工作开展较好地方的经验做法，对办案工作进展缓慢的地方进行重点帮促，并挂牌督办，派员参办重大复杂案件 96 件。全省检察机关全年共立案侦查渎职侵权犯罪案件 590 件 750 人，其中查办重特大案件 62 件，查办涉嫌犯罪的县处级干部 7 人。通过办案挽回经济损失 1100 多万元。所查案件中，徇私舞弊案件 121 件，玩忽职守案件 60 件，刑讯逼供案件 7 件，非法拘禁案件 151 件，重大责任事故案件 170 件。其中包括泉州市检察院查办泉州消防支队支队长涉嫌徇私舞弊案，宁德地区分院查办屏南县委常委、纪委书记兼公安局局长涉嫌徇私舞弊案等影响较大的案件。

1996 年，各地加强对国家机关及国家机关工作人员的监督，重点查办党政机关、司法机关、行政执法机关和经济管理部门人员渎职侵权犯罪案件。省检察院发挥带头作用，在自行立案查办一起重大案件的同时，派员帮助下级检察机关查办案件 10 件。各分、市检察院加强对下级检察机关办案工作的分类指导，对受理线索较少的地方，帮助拓宽侦查视野，排查案件线索；对办案力量不足、办案能力较弱的地方，派出侦查骨干，帮助攻坚突破；对办案干扰阻力较大的地方，视情况挂牌督办或异地交办，帮助排除干扰阻力。同时，全省各级检察机关主动向党委和人大常委会报告工作。泉州市检察院两次向泉州市人大常委会专题汇报渎职侵权检察工作，泉州市人大常委会专门组织检查组到南安、惠安、德化等地检察机关开展检查渎职侵权检察工作情况，就进一步加强渎职侵权检察工作提出意见和建议。全省检察机关全年共立案侦查渎职侵权犯罪案件 502 件 635 人。其中，查办重特大案件 65 件，查办涉嫌犯罪的县处级干部 2 人。所查案件中，徇私舞弊、玩忽职守、刑讯逼供、非法拘禁、重大责任事故五类重点案件 425 件。涉案犯罪嫌疑人中，党政机关、司法机关、行政执法机关和经济管理部门人员 131 人。其中包括漳州市检察院和南靖县检察院查办的南靖县公安局局长等 4 人涉嫌徇私舞弊案、龙岩市检察院查办的龙岩矿务公安分局局长等 5 人涉嫌徇私舞弊案等影响较大的案件。

1997 年，《刑法》和《刑事诉讼法》修订施行后，检察机关管辖的渎职侵权犯罪案件范围由国家工作人员渎职犯罪，检察院直接受理的侵犯公民民主权利、人身权利犯罪，重大责任事故犯罪案件，变更为国家机关工作人员渎职犯罪，国家机关工作人员利用职权实施的非法拘禁、刑讯逼供、报复陷害、非法搜查的侵犯公民人身权利的犯罪以及侵犯公民民主权利的犯罪案件。全省检察机关针对这种情况，调整工作部署，把查办国家机关工作人员滥用职权、玩忽职守、徇私舞弊和侵权犯罪案件作为工作的重点，组织全体检察人员学习修改后的《刑法》和《刑事诉讼法》，领会立法修改的精神实质，掌握新增罪名的犯罪构成要件，并采取开展法律咨询、在新闻媒体刊登宣传报道文章、发放宣传资料等方法，宣传修改后的《刑法》和《刑事诉讼法》以及检察机关的职能作用和举报电话，动员社会各界支持检察机关查办渎职侵权犯罪案件。各级检察院检察长加强对查办渎职侵权犯罪工作的领导，强化对办案工作的组织、指挥和协调。全省检察机关全年共立案侦查渎职侵权犯罪案件 418 件 520 人，通过办案为国家挽回经济损失 550 多万元。其中，查办重特大案件 118 件，查办涉嫌犯罪的县处级干部 7 人。所查案件中，徇私舞弊案件 71 件，玩忽职守案件 162 件，非法拘禁案件 58 件，刑讯逼供案件 8 件，破坏选举案件 2 件。涉案犯罪嫌疑人中，党政机关、司法机关、行政执法机关和经济管理部门人员 198 人。其中，包括龙岩市检察院查办龙岩市消防支队政治处主任涉嫌徇私舞弊案，福州市检察机关查办福州市马尾区公安分局刑警大队大队长等 7 人涉嫌刑讯逼供案等影响较大的案件。

1998 年，按照"精读两法，强化素质，练好内功"的要求，全省检察机关组织全体检察人员深入学习修改后的《刑法》和《刑事诉讼法》，掌握新增罪名的犯罪构成要件，加大查办新罪名、新领域案件力度。省检察院举办学习修改后《刑法》和《刑事诉讼法》培训班，编发《刑法"402"与行政执法》、《渎职侵权案件立案标准（讨论稿）》等学习资料，帮助干警提高业务素质。各级检察机关开展队伍教育整顿活动，查找执法思想、执法行为和执法作风中存在的问题和不足，有针对性地加以整改，端正执法思想，规范执法行为，改进执法作风，提升执法效果。全省检察机关全年共立案侦查渎职侵权犯罪案件 121 件 121 人。其中，滥用职权案 6 件，玩忽职守案 26 件，失职致使在押人员脱逃案 10 件，国家机关工作人员签订、履行合同失职被骗案 3 件，徇私舞弊案 28 件，徇私枉法案 12 件，民事、行政枉法裁判案 5 件，徇私舞弊不移交刑事案、放纵走私案、故意泄露国家秘密案各 1 件，非法拘禁案 9 件，刑讯逼供案 8 件，虐待被监管人案 3 件，国家机关工作人员利用职权实施的其他重大犯罪案件 8 件。

1999 年，各级检察院重视渎职侵权检察工作，把组织查办渎职侵权犯罪案件作为履行职责的重要内容。上级检察机关加强业务指导，支持下级检察机关依法办案。9 月，《人民检察院直接受理立案侦查案件立案标准的规定（试行）》颁布施行后，全省检察机关组织检察人员学习立案标准，掌握渎职侵权犯罪的构成要件和立案标准，严格区分罪与非罪、此罪与彼罪的界限，提高办案能力。省检察院在中央和省委的领导下，对厦门远华特大走私案件背后的渎职犯罪问题开展调查，先后立案查办了一批有重大影响的放纵走私、受贿、滥用职权案。全省检察机关全年共立案侦查渎职侵权犯罪案件 87 件 87 人。其中，滥用职权案 12 件，玩忽职守案 22 件，失职致使在押人员脱逃案 4 件，徇私舞弊案 4 件，徇私枉法案 10 件，民事、行政枉法裁判案 2 件，徇私舞弊不征、少征税款案 1 件，违法发放林木采伐许可证案 2 件，私放在押人员案 1 件，非法拘禁案 12 件，非法搜查案 2 件，刑讯逼供案 3 件，虐待被监管人案 4 件，国家机关工作人员利用职权实施的其他重大犯罪案件 8 件。

2000 年，根据省检察院《关于进一步加强渎职侵权检察工作的意见》，全省各级检察机关贯彻落实《最高人民检察院关于加强渎职侵权检察工作的决定》，在加大办案力度、完善工作机制、规范执法行为、加强队伍建设上下功夫，推动渎职侵权检察工作开展。省检察院针对《刑法》和《刑事诉讼法》修改后，一些地方对新罪名、新领域案件不熟悉，一些基层检察院查办案件较少，甚至整年未查办渎职侵权犯罪案件，以及个别地方立案把关不严、执法不规范等问题，编写《渎职侵权犯罪案件罪名与立案标准》、《渎职侵权案例汇编与适用指导》等业务书籍，引导各级检察机关研究分析渎职侵权犯罪，特别是新罪名、新领域案件的特点和规律。组织开展办案"空白"问题专题调研，派员到 1999 年未查办渎职侵权犯罪案件的基层检察院开展调研，帮助查找工作中存在的问题和不足，研究加强和改进工作的措施。开展渎职侵权案件执法检查活动，对 1999—2000 年立案的案件特别是撤案和不起诉案件进行检查，针对检查中发现的问题，制定《渎职侵权案件报告、请示和备案审查制度》，加强对基层检察院办案工作的指导和监督，促进办案工作规范开展。福州、三明、龙岩、南平、宁德等地分别建立渎职侵权检察工作考评制度，对查办案件、规范执法、信息调研、队伍建设等工作进行考评。全省检察机关全年共立案侦查渎职侵权犯罪案件 156 件 179 人，其中重特大案件 45 件，新罪名、新领域案件 70 件。涉案犯罪嫌疑人中，司法人员 65 人，行政执法人员 41 人。省检察院组织查办涉嫌犯罪的厅级干部 1 人、县处级干部 2 人。通过办案，为国家挽回经济损失 1300 多万元。

2001 年，按照贯彻落实中央和高检院关于开展"严打"整治斗争的部署要求，各级检察机关依法查办国家机关工作人员充当黑恶势力"保护伞"犯罪案件，以及行政执法人员打假护假、打私放私、以罚代刑、徇私舞弊不移交刑事案件等与破坏社会主义市场经济秩序犯罪相关联的渎职犯罪案件。各级检察院加强与相关执法部门的联系协作，对重大复杂的涉黑涉恶案件和破坏社会主义市场经济秩序犯罪案件联合挂牌督办，先后查办了顺昌县公安局副局长涉嫌徇私枉法案、闽侯县公安局祥谦派出所所长涉嫌帮助犯罪分子逃避处罚案等国家机关工作人员充当黑恶势力"保护伞"犯罪案件 5 件 5 人，以及与破坏社会主义市场经济秩序犯罪相关联的渎职犯罪案件 33 件。全省检察机关全年共立案侦查渎职侵权犯罪案件 191 件 217 人。其中，查办重特大案件 57 件，查办涉嫌犯罪的县处级干部 3 人。所查案件中，新罪名、新领域案件 99 件。涉案犯罪嫌疑人中，司法人员 77 人，行政执法人员 59 人。

2002 年 5 月，全省检察机关渎职侵权检察部门由法纪处（科）更名为渎职侵权检察处（科）。6 月，省检察院召开全省检察机关职务犯罪侦查工作会议，学习贯彻全国检察机关职务犯罪侦查工作会议精神，总结回顾自 2000 年起全省检察机关查办渎职侵权、贪污贿赂等职务犯罪案件情况，就加强和改进查办职务犯罪工作进行再动员、再部署。全省检察机关按照省检察院的部署要求，开展查办黑恶势力"保护伞"案件专项行动，在配合公安机关严查涉黑涉恶犯罪案件的同时，依法查办国家机关工作人员充当黑恶势力"保护伞"犯罪案件，以及与破坏社会主义市场经济秩序犯罪相关联的渎职犯罪案件。开展清理积压线索、清理久侦不结案件和案件质量大检查专项行动，对 2000 年以后久查不结、久侦不结以及撤案、不起诉案件进行逐一检查，查找工作中存在的问题和不足，并有针对性地建立健全案件线索管理、办案期限监督、撤案和不起诉案件复审及案件质量考评制度。省检察院建立全省检察机关渎职侵权检察部门"二级侦查人才库"，并组织漳州和龙岩两市检察机关开展主任侦查检察官办案责任制试点工作，按照"政治坚定、业务精通、作风扎实"的要求，培养选拔一批侦查业务骨干。全省检察机关全年共立案侦查渎职侵权犯罪案件 155 件 159 人。其中，查办重特大案件 46 件，查办涉嫌犯罪的县处级干部 4 人。所查案件中，黑恶势力"保护伞"犯罪案件 7 件，与破坏社会主义市场经济秩序犯罪相关联的渎职犯罪案件 32 件，重大责任事故背后的渎职犯罪案件 12 件，新罪名、新领域案件 58 件。涉案犯罪嫌疑人中，司法人员 58 人，行政执法人员 53 人。

2003 年 1 月，省检察院召开全省检察机关渎职侵权检察工作座谈会，总结查办渎职侵权犯罪案件，特别是查办司法和行政执法人员渎职侵权犯罪案件的情况和经验，研究部署渎职侵权检察工作加强和改进的具体措施和办法。全省检察机关突出办案重点，依法严肃查办司法和行政执法人员渎职侵权犯罪案件。完善工作机制，提高发现线索、突破案件和证实犯罪的能力。加强内合外联，提高惩治和预防渎职侵权犯罪的整体合力。10月，省检察院召开全省检察机关查办职务犯罪案件工作会议，学习贯彻全国检察机关查办职务犯罪案件工作会议精神，就加强查办渎职侵权等职务犯罪工作进行再动员、再部署。省检察院选择一批重特大案件挂牌督办，并多次派员到基层进行面对面指导，帮助下级检察机关解决办案中遇到的困难和问题。制定下发《福建省检察机关渎职侵权检察部门内勤与综合指导工作细则》、《主要法律文书和工作文书格式（样本）》，就线索管理、备案审查、撤案和不起诉案件复审、案件报告与请示、文书制作等进行规范。各设区市检察机关在带头查办案件的同时，发挥主体作用，加强对办案工作的组织协调、分类指导和审查把关，带动基层办案工作开展。全省检察机关全年共立案侦查渎职侵权犯罪案件161件166人。其中，查办重特大案件35件，查办涉嫌犯罪的县处级干部5人。所查案件中，黑恶势力"保护伞"犯罪案件6件，重大责任事故背后的渎职犯罪案件15件，新罪名、新领域案件81件。涉案犯罪嫌疑人中，司法人员74人，行政执法人员55人。先后查办了三明市烟草专卖局局长涉嫌滥用职权、贪污、受贿、挪用公款1亿多元案，三明市国税局副局长涉嫌滥用职权、贪污、受贿案，南安市翔云镇党委委员、武装部部长联合翔云镇企业办干部涉嫌非法拘禁致人死亡案，闽侯县"7·31"烟花爆炸案背后的渎职犯罪案件等一批社会影响较大的案件。

2004年3月，省检察院召开全省检察机关查办和预防职务犯罪工作会议，研究部署加强查办和预防渎职侵权等职务犯罪工作的意见和措施。5月，根据省检察院制定下发的《关于认真开展严肃查办国家机关工作人员利用职权侵犯人权犯罪案件专项活动的通知》，全省检察机关开展严肃查办国家机关工作人员利用职权侵犯人权犯罪案件专项活动，加大查办国家机关工作人员利用职权侵犯人权犯罪案件力度。针对开展专项活动中发现的问题，省检察院向高检院报送《查办侵犯人权犯罪案件"瓶颈"问题及措施》专题报告。8月，根据省检察院制定下发的《关于深入推进整合侦查资源机制探索的意见》，各级检察机关从整体上认识和把握检察职能作用，推进整合侦查资源机制探索，建立健全侦查一体化工作机制，加强对线索的统一管理、统一指挥侦查工作，整合侦查资源。省检察院与17家省直司法和行政执法机关召开预防国家机关工作人员渎职侵权犯罪座谈会，推动相关部门在系统内开展渎职侵权犯罪预防工作。各级检察院检察长带头抓办案，加强初查和侦查工作，依法查办一批侵犯人权犯罪案件，推动办案工作开展。全省检察机关全年共立案侦查渎职侵权犯罪案件160件181人。其中，查办重特大案件42件，查办涉嫌犯罪的县处级干部6人。所查案件中，国家机关工作人员利用职权侵犯人权犯罪案件58件，重大责任事故背后的渎职犯罪案件11件，新罪名、新领域案件66件。涉案犯罪嫌疑人中，司法人员 73 人，行政执法人员 52 人。查办了一些影响较大的案件。如宁德市检察机关针对少数国家机关工作人员渎职失职，致使伪劣奶粉流入市场，严重危害人民群众生命健康的问题，查办卫生、质监等行政执法部门人员渎职失职犯罪案件 5 件 6 人。莆田市检察机关从一起交通肇事案背后，发现一些司法人员贪赃枉法、颠倒黑白导致发生错案的问题，从中立案查办仙游县检察院检察长等 5 名公安、检察人员涉嫌徇私枉法、受贿行为。宁德市检察机关从周宁县公安局副局长强奸、妨害作证案重罪轻判问题背后，查办该县人民法院刑庭庭长等 3 名公安、审判人员徇私枉法案。南平市检察院查办南平市粮食局局长滥用职权案。

2005 年 4 月，省检察院召开全省检察机关查办和预防职务犯罪工作会议，研究部署加强查办和预防渎职侵权等职务犯罪工作的意见和措施。5 月，省检察院又分片召开全省检察机关渎职侵权检察工作座谈会，总结分析查办渎职侵权犯罪案件情况，就加强渎职侵权检察工作进行再动员、再部署。7 月，根据省检察院制定下发的《关于开展集中查办破坏社会主义市场经济秩序渎职犯罪专项工作的实施方案》，全省检察机关在依法查办国家机关工作人员利用职权侵犯人权犯罪案件的同时，开展集中查办破坏社会主义市场经济秩序渎职犯罪专项工作。省检察院与 21 家省直司法和行政执法机关召开座谈会，通报开展集中查办破坏社会主义市场经济秩序渎职犯罪专项工作情况，争取相关主管部门的支持。召开专项工作研讨会，总结分析《破坏社会主义市场经济秩序渎职犯罪的八种主要表现形式》，引导各地把握专项工作的重点和方向。编写《查办和预防破坏社会主义市场经济秩序犯罪适用指南》业务指导用书，组织干警学习相关法律法规，提高办案能力和水平。编发《专项工作简报》13 期、《渎职侵权案例交流》8 期，总结推广查办案件的经验、做法及典型案例，供各地参考借鉴；围绕专项工作重点，到问题比较突出、群众反映强烈的系统和领域排查线索，强化初查和侦查工作，依法查办一批专项工作重点案件。10 月，全省检察机关渎职侵权检察部门更名为反渎职侵权局。全省检察机关全年共立案侦查渎职侵权犯罪案件 158 件 192 人。其中，查办重特大案件 36 件，查办涉嫌犯罪的县处级干部 3 人。所查案件中，国家机关工作人员利用职权侵犯人权犯罪案件 28 件，破坏社会主义市场经济秩序渎职犯罪案件 85 件，重大责任事故背后的渎职犯罪案件 6 件。涉案犯罪嫌疑人中，司法人员 80 人，行政执法人员 67 人。查办了厦门市鼓浪屿区财政局局长玩忽职守造成国家损失 900 多万元案，松溪县公安局局长滥用职权、贪污、受贿案，霞浦县公安局刑警大队副大队长等 5 人刑讯逼供致人重伤案等一批社会影响较大的案件。各级检察院在加大办案力度的同时，认真贯彻落实高检院《关于省级以下人民检察院对直接受理侦查案件作撤销案件、不起诉决定报上一级人民检察院批准的规定（试行）》和《人民检察院讯问职务犯罪嫌疑人实行全程同步录音录像的规定（试行）》，建立健全撤案和不起诉案件报批、讯问职务犯罪嫌疑人全程同步录音录像制度，加强对自身执法活动的监督。

第三节 预防职务犯罪

1993 年，全省检察机关针对办案中发现的问题，采取发出检察建议等方法，结合办案开展预防犯罪工作。晋江市检察院针对个别行政执法部门举办"学习班"、变相限制公民人身自由的问题，提出检察建议予以纠正，并向当地党委作专题报告。

1994 年，各级检察机关坚持"标本兼治、惩防并举"，注重将办案与相关部门的工作联合对接，从源头开展职务犯罪预防工作。省检察院与省劳动局、省总工会联合举办 3 期安全生产管理工作研讨班，组织 1993 年度曾发生过安全生产事故的相关单位负责人，学习安全生产和劳动保护法规，分析发生事故的原因，提出预防对策，促使相关单位增强安全意识。同时，省检察院与省劳动局、省总工会联合制定下发《关于加强建筑施工企业安全生产工作的通知》，使建筑市场中存在的非法转包、越级承包、私招乱雇、以包代管等问题得以解决。

1995 年，结合办案，各级检察机关不同程度地开展预防职务犯罪工作，主要通过法制讲座、结合案例以案释法、廉政警示教育、检察建议和经济犯罪案件调研等形式，促使国家工作人员遵守宪法和法律。

1996 年，针对办案中发现的问题，全省检察机关共发出检察建议 120 份，帮助发案单位建章立制，堵塞漏洞，遏制和减少渎职侵权犯罪发生。根据中央关于惩办和预防相结合的精神，省检察院于 7 月在反贪局内成立预防处，专门负责职务犯罪的预防工作。厦门市检察院成立预防职务犯罪处，福州市检察院、龙岩市检察院成立预防职务犯罪处筹备组。

1997 年，省检察院反贪局结合查办的省外贸运输总公司香港分公司工作人员贪污 545 万元港币一案，向该总公司发出检察建议书，并召集有关人员召开座谈会，通报有关情况，分析发案原因，帮助总结经验教训。福州市检察院围绕金融系统中容易出问题的环节与福州市工商银行签订预防协议，同时成立预防犯罪工作部，通过编发预防工作简报等形式，开展系统预防。

1998 年，省检察院反贪局制定《福建省检察机关反贪预防工作规则（试行稿）》和《福建省检察机关预防职务犯罪工作暂行规定》，加强对预防工作的规范和指导。龙岩市、永定县两级检察院在棉花滩水电站和梅坎铁路工程开展同步预防，分析基建工程案件特点和规律，协助制定廉政规定等规章制度。龙岩市检察院以市委预防职务犯罪领导小组的名义举办预防职务犯罪展览，以图文并茂的形式展出全国、全省和当地典型案例 44 例，有 1 万多名党政领导和党员干部参观展览。厦门市集美区检察院对集美区北部新区三期市政建设工程、湖里区检察院对道路建设工程，开展同步预防。罗源县检察院与电力部门共筑"阳光工程"，对该县"三乡十一村"农村电网改造实施同步预防。

1999年，省检察院总结出"一案一分析、一案一建议、一案一整改、一案一教育、一案一回访、一案一总结"的"六个一"的个案预防工作模式，在全省检察机关中推广。福清市检察院在龙田镇开展"村财镇审"试点工作，成立村财监督办公室，将村财监督上提镇一级审查，建立"龙田模式"的预防农村职务犯罪工作体系。

2000年，全省检察机关围绕改革和发展措施的出台与实施，对银行、证券、建筑、房地产等领域的职务犯罪进行调查，提出相应的预防对策。厦门市检察院预防处撰写《一九九〇年至一九九七年厦门金融系统犯罪剖析》。福州市检察院预防处撰写《当前我市科处级干部违法犯罪问题的调查与思考》。三明市检察院撰写《我市金融领域职务犯罪的现状、原因及防范对策》。漳州市检察院召开预防职务犯罪研讨会，专题讨论研究预防职务犯罪新途径。4月，根据高检院《关于在金融证券等八个行业和领域开展系统预防工作的通知》的要求，省检察院与省金融系统纪检监察特派员办公室、厦门海关、福州海关、省经贸委、省卫生厅、省计划委、省建设厅、省交通厅、省水利厅、省国税局等有关部门进行协商，联合签署发布《关于开展系统预防工作的通知》，建立共同开展预防职务犯罪的工作联系制度、信息交流制度、案件移送制度、检察建议落实制度、典型案例剖析制度和警示教育制度等，落实在八个行业和领域开展预防职务犯罪工作的各项任务。5月，省检察院与省金融系统纪检监察特派员办公室联合下发《关于在全省银行系统开展预防职务犯罪调研工作的通知》，加强联合调研工作，并撰写《关于福建省银行系统查处和预防职务犯罪情况的调查报告》。6月，省检察院成立职务犯罪预防处筹备组，编发了《贪污贿赂渎职侵权罪案警示》一书。全省各地检察机关加强重点项目、重点行业和领域的预防工作。龙岩市、永定县两级检察院在建筑行业开展系统预防中，继续对棉花滩水电站和梅坎铁路开展同步预防，先后派干警200多人次深入工程建设一线，针对容易滋生腐败的关键环节和部位，提出预防建议50多条，有效制止14起农村基层干部虚报、冒领补偿款及安置款行为的发生，共核减农村基层干部虚报、冒领补偿款及安置款880余万元。棉花滩水电站和梅坎铁路工程建设指挥部给龙岩市检察院和永定县检察院分别赠送"关口前移抓预防，检企携手创双优"和"预防犯罪，成绩显著"的锦旗。厦门市检察院在厦门电视台开办的《检察纵横》栏目，融宣传教育、案件跟踪、舆论监督、法律监督于一体，一年来共在电视台播放52期。同时，各地加强机制建设，规范预防职务犯罪工作。福州市检察院制定《预防职务犯罪工作暂行条例》。龙岩市检察院制定《检察机关预防职务犯罪工作经常化、制度化的意见》。福州、厦门、漳州、泉州、宁德、莆田等市检察院还与金融、海关、卫生等部门共同建立预防工作岗位责任制、联系协作、联席会议、联络员等制度，把预防工作纳入制度化、规范化轨道。

2002年1月，省检察院召开全省检察机关预防职务犯罪工作会议，贯彻全国检察机关预防职务犯罪工作会议精神，部署全省检察机关预防职务犯罪工作。3月，省检察院成立以检察长任组长，省检察院侦监处、公诉处、反贪局、渎检处、民行处、控告处、申诉处、研究室、监所处、法宣处为成员处室的预防职务犯罪工作领导小组，组织、领导、协调检察机关内部各业务部门开展预防职务犯罪工作。5月，省检察院职务犯罪预防处成立，配备预防干警6名。5月，省检察院与省国税局联合在全省国税系统开展了为期一个月的"预防职务犯罪宣传教育月"活动，活动分策划筹备、动员部署、组织学习、检查落实、总结提高五个阶段进行，通过参加电视电话动员会议、学习法律和中央有关文件、观看警示教育片、听取服刑人员现身说法、召开座谈会、撰写心得体会等活动，提高全省国税干部职工对预防职务犯罪工作重要性的认识，增强廉政意识和法律意识。8月13日，省检察院与龙岩市检察院、上海铁路检察院、福州铁路检察院、上海铁路局赣龙工程指挥部等24个单位进行预防职务犯罪签约。铁路检察院与赣龙铁路指挥部签订创"工程优质、干部优秀"协议，赣龙铁路指挥部与各设计、施工、监理单位签订《廉政协议书》。9月13日，省检察院承办的福建省职务犯罪预防网正式开通。10月，在中共福建省纪委、省直机关工委支持下，省检察院对省直机关109个单位开展预防职务犯罪问卷调查活动，共发放调查问卷5000份，收回4658份，内容涉及腐败与反腐败、职务犯罪治理措施和效果、开展预防职务犯罪工作情况、预防立法和举报等方面。各级检察院还推动预防立法，推进预防工作的法制化进程。省检察院和厦门市检察院专门派员对上海、江苏、无锡、南京、湖南等地的预防工作及立法情况进行考察，在广泛听取各方面意见和建议的基础上，省检察院向省人大常委会提交关于对福建省预防职务犯罪工作进行立法予以立项的建议报告，提请省人大常委会将预防立法工作列入第二年的立法计划。12月，厦门市第十一届人大常委会第四十七次会议讨论通过《厦门市关于加强预防职务犯罪工作的决定》。此外，省检察院制定《福建省检察机关预防职务犯罪工作规则（试行）》和《福建省人民检察院预防职务犯罪工作领导小组成员处室预防工作职责（试行）》，经省检察院预防职务犯罪工作领导小组会议讨论通过后下发到全省各地试行。永定县检察院、南平市延平区检察院、漳州市芗城区检察院、厦门市湖里区检察院制作的检察建议被评为全国检察机关首届预防职务犯罪优秀检察建议。

2003年，南平、莆田、漳州、三明四个设区市检察院相继成立专门预防机构，32个县（市、区）基层检察院成立专门的预防机构，并配备预防工作人员。厦门、龙岩、漳州、南平市市、县（区）两级检察院均成立预防处（科）。福州市所辖基层检察院也有86％争取到正式预防机构编制。福州、厦门、宁德、南平等设区市检察院成立党委领导下的预防职务犯罪领导小组。42个基层检察院成立党委领导下，各部门参与的预防职务犯罪工作领导小组。省检察院将预防立法作为预防工作的重中之重来抓，在厦门组织召开由高检院预防厅领导、省人大内司委干部、厦门大学法学院学者及各设区市检察院、部分基层检察院预防部门负责人参加的预防条例征求意见座谈会，根据参会者的修改意见，形成《预防条例（草案）》。省检察院随后派员随同省人大内司委干部对安徽、广东、海南三省的预防立法进行考察，听取当地人大常委会及检察院对《预防条例（草案）》的修改意见，同时，征求福州大学、省政法干部管理学院等高校法学专家及省检察院预防职务犯罪领导小组成员处室的修改意见。4月7日，《预防条例（草案）》经省检察院检委会讨论后正式提交省人大常委会，分别于5月、8月通过一审和二审，并向省委作了专题汇报。各级检察院结合办案，针对案件暴露出制度、管理、教育等方面的薄弱环节，采取多种形式开展个案、系统和工程建设专项预防工作。省检察院预防处会同福州市检察院、鼓楼区检察院、台江区检察院，针对交警系统车管所、驾管所的48名交警涉嫌职务犯罪案，通过召开座谈会，共同分析交警系统存在的体制上的缺陷，有针对性地提出预防对策建议，帮助健全防范监督机制，联合撰写的《福州市48名交警涉嫌受贿渎职犯罪被查处》被高检院《情况反映》转发。龙岩市市、县（区）两级检察院探索预防行政执法人员职务犯罪的新路子，制定下发《关于加强与行政执法部门联系开展执法告知活动的意见》，采取举办法制讲座、开辟预防宣传网站、组织参观警示教育基地等一系列活动，推动政务公开，促进依法行政。督促市烟草部门将1997年以来符合案件移送条件的70多起案件全部移送公安部门处理，防止烟草部门执法人员徇私舞弊不移交刑事案件等职务犯罪的发生。宁德市检察院派员深入福宁高速公路各沿线村和各总监代表处、项目部，对村主要干部和工程技术管理人员开展18场警示教育活动，受教育人数达8000多人次。6月，根据高检院预防厅下发的《关于检察机关不宜采取同有关部门单位签订协议、订立责任状等形式开展职务犯罪预防工作的通知》和《关于报送清理检察机关开展预防职务犯罪工作中同有关部门、单位签订协议、订立责任状等情况的通知》要求，全省检察机关预防部门对全省检察机关以签订各种协议、责任状形式开展预防工作这一现象进行清理，共清理出131份预防协议。此外，各级检察院还加强警示教育和预防宣传。龙岩市检察院在龙岩监狱和闽西监狱开辟警示教育基地，组织市直行政单位干部参观两大监狱的警示教育馆、犯人生活区、听取犯人现身说法。宁德市检察院在检察院内部建立预防职务犯罪警示教育基地，并结合基地图片展出内容，开展为期一个月的预防职务犯罪图片巡回展出活动，观展人员达11000多人次，其中厅处级128人次，科级以上2530人次，党员5866人次，离退休老干部及群众3000多人次。厦门市检察院在繁华地段开设预防职务犯罪宣传走廊。漳州市检察院举办由17个行政执法单位和金融部门参加的"预防职务犯罪电视大赛"，并在漳州电视台播出。

　　2004 年，各地共开展个案预防 175 件，发出检察建议 232 份，提出整改意见 826 条，90％以上被单位采纳。各级检察机关与海关、金融、工商、税务、医药卫生、建筑等部门和国有企业建立系统预防协调组织 430 个，召开联席会议 436 场，建立预防工作联系点 560 个，组织专题预防宣传活动 677 次，新建立预防警示教育基地 27 个，组织警示教育活动 602 次，编写预防教育教材 5 本，上法制课 344 次，受教育 27 万多人次。省检察院预防处与省检察院反贪局、渎检处联合发出《关于进一步加强预防和自侦部门协作配合，共同开展预防职务犯罪工作的规定》。各级检察院在预防工作过程中注意收集案件线索和侦查信息，及时移送自侦部门，或直接参与案件侦查，实现办案和预防职能的相互延伸、相互促进。全省检察机关职务犯罪预防部门共参与案件初查 137 件、协查 283 件、提供线索 87 件，其中成案 14 件。召开查办和预防工作联席会议 47 次，指定信息联络员 113 名。同时，按照"规范预防工作、增强预防实效"的总体要求，将工作重点放在规范化建设上。省检察院预防处制定下发预防工作文书 6 种和年季报表，统一预防工作文书格式；编辑出版《预防职务犯罪工作手册》（一）、（二）；结合预防工作实际，制定下发《福建省检察机关预防部门贯彻执行省人民检察院"六条禁止性规定"的实施意见》和《福建省检察机关预防部门关于贯彻落实〈福建省人民检察院关于为建设海峡西岸经济区服务的意见〉实施方案》；与反贪局、渎检处建立职务犯罪信息沟通和联络员制度、提前介入侦查工作制度、检察建议归口管理制度和联席会议制度；与厦门市检察院联办全省检察机关第一届预防职务犯罪业务培训班。5 月，根据高检院与国家建设部、交通部、水利部发出《关于在工程建设领域开展行贿犯罪档案查询试点工作的通知》精神，省检察院预防处收集 2002 年起在建设领域行贿人犯罪基本情况，建立行贿人档案查询系统，与省建设厅、交通厅、水利厅等部门联合发出《行贿人档案查询实施方案》。安徽阜阳劣质奶粉事件电视曝光以后，省检察院预防处与渎检处针对福鼎、霞浦、柘荣出现的劣质奶粉职务犯罪案件，专门成立调查组，深入当地调研，召开座谈会，探讨预防对策，撰写调研报告，促进工商、卫生、质检部门规范整改。为加强与有关单位在预防工作的联系和配合，省检察院预防处与控告处、渎检处组织召开"预防国家机关工作人员渎职侵权犯罪座谈会"，邀请 17 家司法机关和行政执法机关的有关领导参加，共同探讨开展预防渎职侵权职务犯罪工作的有效举措。8 月，全省检察机关与烟草系统开展"烟草系统预防职务犯罪宣传教育月"活动，通过参加电视电话动员会议、学习法律和中央有关文件、观看警示教育片、听取服刑人员现身说法、召开座谈会、撰写心得体会等活动，增强烟草干部拒腐防变能力。

　　2005 年，各级检察机关着重抓机制创新和预防工作规范化、专业化建设。4 月，根据省检察院制定下发的《福建省人民检察院关于贯彻预防工作"三抓三看"的实施意见》，全省检察机关开展预防工作"三抓三看"活动（"三抓三看"活动指：抓案前预防，看掌握案件线索的数量和质量；抓案中预防，看犯罪形成的轨迹和症结；抓案后预防，看整改对策的实施和效果）。9月，省检察院在霞浦县召开检察机关"三抓三看"经验交流会，总结当年全省检察机关预防工作"三抓三看"情况，交流典型经验。通过开展"三抓三看"活动，全省检察机关共发现线索211件，直接移送检察机关办案部门的147件，其中104件立案，开展案中预防203件，案后预防185件。进行专题致罪因素分析273次，提前介入侦查工作查阅卷宗了解发案原因204件，提讯犯罪嫌疑人了解作案主客观原因137人，走访发案单位179次，召开案件剖析会141次，提出预防对策534项。提出检察建议314件，被采纳289件。推动有关单位建立健全行业内控制度390项，防止经济损失3600多万元。省检察院预防处制定《预防部门职务犯罪线索处置表》和《预防部门案中预防呈批表》等"三抓三看"工作文书，得到高检院预防厅的肯定，并向全国检察机关预防部门推广。5月，省检察院预防处与反贪局、渎检处、监所处联合制定下发《关于进一步推进查办和预防职务犯罪工作"一体化"的若干意见》，建立健全线索移送、信息通报、检察建议归口管理、联席会议等侦查与预防紧密结合、优势互补的工作机制。其中对检察建议制度进行改革，采用新做法：对检察建议进行统一编号登记、集中管理；新式检察建议书封面印有检徽和"福建省人民检察院检察建议书"，编号为"闽检发建（年份）第N号"；送达形式采取当面送达，当场宣读，并递交受建议单位签收。3月，省检察院针对原福建教育出版社社长涉嫌受贿罪一案，向省教育厅发出检察建议书，提出开展一次财务专项清理活动、加强内部监督和加强警示教育等建议，得到省教育厅的采纳。省检察院针对近年来教育系统职务犯罪日趋严重的情况，向教育部门发出预警，并与中共福建教育工作委员会、省教育厅联合下发了《关于在教育系统开展预防职务犯罪工作中加强联系配合的意见》。全省检察机关和教育部门上下联动，共同开展预防工作，促进教育行业的廉政建设，并且联合成立教育系统预防职务犯罪工作协调小组，统一部署预防职务犯罪工作，并促成教育系统开展系统预防工作。

第四章　监所检察

　　1993—2005 年，全省检察机关监所检察部门贯彻高检院“严格执法，狠抓办案”的工作方针和监所检察厅提出“以办案为龙头，带动各项监所检察业务全面开展”的指导思想，加大查办监管场所职务犯罪案件工作力度，加强对刑罚执行和监管场所执法活动的监督工作。开展派驻检察室经常化、制度化、规范化建设，清理纠正超期羁押专项检察，减刑、假释、保外就医等专项检察活动。

第一节　刑罚执行监督

一、交付执行监督

　　1993 年，全省共纠正不按规定交付执行 436 人。

　　1994 年，全省共纠正不按规定交付执行 385 人、违法留所服刑 33 人。

　　1995 年，全省纠正不按规定交付执行 477 人。4 月，省检察院监所处按照高检院部署，组织开展对看守所已决犯投监情况专题调查，纠正看守所对已决罪犯不依法交付执行和监狱无理拒收问题。

　　1996—2001 年，全省检察机关检察发现未依法交付执行 1121 人，违法留所服刑 39 人，提出书面纠正 451 人，得到纠正 788 人。

　　1997 年 5 月，省检察院组织开展对看守所已决犯交付执行情况专题调查。调查发现，截至 1997 年 5 月底，全省看守所共关押已决罪犯 3471 人。其中余刑一年以下留所服刑 2150 人，余刑一年以上留所服刑 193 人，监狱拒收罪犯 116 人。监狱拒收罪犯中，罪犯病残符合保外就医条件 20 人，不符合的 84 人，其他原因 12 人。同时，在已决犯交付执行中发现存在的问题有：罪犯病残符合保外就医条件，但有的没有担保人，不能保外，有的对社会有危害，不得保外；监狱对不符合保外条件的老弱病残罪犯拒收；法律文书不全造成罪犯无法投劳；余刑在一年三个月左右的罪犯监狱拒收。监所检察部门针对发现的问题，向有关部门提出相应的纠正意见。

2000 年 7 月、9 月，全省检察机关监所检察部门贯彻高检院《关于对罪犯交付执行刑罚活动开展专项调查的通知》《关于开展对职务犯罪罪犯刑罚交付执行情况进行专项调查的通知》，组织开展专项调查，并对存在的问题，与省监狱管理局、省公安厅相关部门进行协调。

2002—2005 年，全省检察机关共纠正未及时交付执行 834 人，留所服刑不当 1 人。

二、减刑、假释、暂予监外执行监督

1993 年，全省检察机关共纠正减刑不当 5 人，假释不当 4 人，保外就医不当 12 人。

1994 年 3 月，全省检察机关开展对罪犯减刑、假释、保外就医和劳教人员减期、所外执行、所外就医专项检察。这次专项检查共对表现不好而被裁定减刑 6 人，身体无明显疾病而保外就医 9 人，保外就医没有审批手续 3 人，假释或保外就医在罪犯或当地群众中反映强烈 8 人，保外就医到期未收监 27 人，假释、保外就医脱管失控 19 人，提出检察纠正。

1996 年，按照省委政法委《关于对罪犯保外就医问题进行调查》的指示，全省检察机关对近三年来保外就医现状开展调查。省检察院针对发现的问题向省监狱管理局提出检察建议。

1997 年 7 月，全省检察机关对罪犯保外就医执法监督情况开展专项检察。发现越权审批现象突出，保外条件偏宽，保外手续不完备、不规范，保外超期现象严重、脱管漏管现象突出等问题。检察机关对不符合保外就医条件的 27 人，越权办理保外就医的 69 人，脱管漏管 89 人，保外期间涉嫌犯罪的 9 人，保外期满应续保未续保的 68 人，提出检察纠正。

1998—1999 年，按照高检院的部署，全省检察机关监所检察部门对 1998 年 1 月至 1999 年 6 月罪犯减刑、假释裁定情况进行专项调查。这期间，全省法院共裁定罪犯减刑 15819 人，假释 919 人。检察机关对法院办理减刑、假释案件办案时间长，法律文书送达不及时，对减刑、假释条件审查过分依赖罪犯百分考核，减刑幅度掌握不严等问题提出纠正。

2001 年 1 月，按照高检院《关于进一步加强刑罚执行监督工作的通知》的要求，全省检察机关监所检察部门开展对罪犯减刑、假释、暂予监外执行裁定、决定专项检察活动。共检察 11637 名减刑、541 名假释、488 名暂予监外执行罪犯呈报、裁定和决定材料。共发现呈报减刑不当 44 人，提出口头纠正 44 人次，发出书面纠正 1 份，纠正 43 人。发现呈报暂予监外执行不当 5 人，提出口头纠正 5 人次，发出书面纠正 4 份，纠正 5 人。发现暂予监外执行条件消失未及时收监 21 人，提出口头纠正 21 人次，发出书面纠正 2 份，收监执行 19 人。

2003 年 2 月，按照高检院统一部署，全省检察机关监所检察部门对 2002 年底在册的暂予监外执行罪犯呈报、批准和执行工作开展专项检察。检察发现不符合暂予监外执行条件而予以暂予监外执行的6人，没有省级人民政府指定医院鉴定的9人，暂予监外执行期间监督考察措施不落实的59人，暂予监外执行期间失控罪犯43人，应继续暂予监外执行未办理暂予监外执行手续的罪犯28人，暂予监外执行条件消失应收监执行而未收监执行12人，检察机关纠正违法暂予监外执行14人。

2004年5月至2005年1月，按照高检院统一部署，全省检察机关监所检察部门在全省检察机关开展减刑、假释、保外就医专项检察工作。共清查减刑案件36500人次、假释案件441人次、保外就医案件1076人次，清查率100%。清查出各类问题个案173件，提出纠正意见167次，纠正149件。发现案件线索7条，立案侦查监管人员职务犯罪案件6件5人（以事立案1件），起诉5件5人，做有罪判决5件5人。其间，省检察院先后制定《关于在看守所监房内设置检察信箱的通知》、《关于在清流等监狱监舍内试行设置流动检察信箱的通知》、《关于派驻监狱检察室试行服刑人员入监及刑满释放信息收集制度的通知》、《关于对保外就医服刑人员现状进行全面检查的通知》、《关于认真做好服刑人员减刑、假释检察工作的通知》等一系列文件，推进检察工作开展。探索总结保外就医检察的"六个必须"，减刑、假释个案实体性审查"八个重点"和工作方法上的"六查六核实"等有效的监督工作方法，相继制定《关于进一步规范减刑、假释检察监督工作的通知》、《关于进一步加强和规范暂予监外执行检察工作的通知》、《关于保外就医工作的补充规定》、《关于进一步规范〈收监（所）执行建议书〉的通知》等规范性文件，对减刑、假释、保外就医检察各阶段工作内容、工作方法和工作要求作出明确、细致的规定，规范对减刑、假释、保外就医监督工作制度和工作内容，使监督工作做到事前、事中、事后相统一，从监督程序上确保减刑、假释、保外就医工作全过程置于法律监督之下。

三、监外执行监督

1993年，全省检察机关将监外罪犯刑罚执行监督作为监所检察部门参与社会治安综合治理一项重要工作进行部署。上半年，检察机关针对监外罪犯帮教组织不落实、脱管失控、监外执行条件消失未及时收监情况向主管机关提出纠正意见25人次。

1994年，全省检察机关纠正脱管失控64人，对监外执行条件消失的15人，及时建议监管改造机关收监执行。

1996年12月，全省第九次监所检察工作会议就加强对监外罪犯执行监督提出具体工作意见。

1998年，全省检察机关共对20名监外罪犯应收监未收监提出书面纠正。

1999年，为迎接国庆50周年和澳门回归祖国庆典活动，全省各级监所检察部门在国庆节前组织力量对监外罪犯执行工作开展全面检察。当年共对10名监外罪犯应收监未收监提出书面纠正。

2000 年 5 月，根据高检院《关于进一步加强监外执行检察工作的通知》的要求，全省检察机关积极开展监外执行检察工作。

2001 年，共对 4 名监外罪犯应收监未收监提出书面纠正。

2002 年第一季度，省检察院对 2000 年以来被裁定假释、决定暂予监外执行和批准保外就医罪犯刑罚执行情况开展专项检察。共检察假释罪犯 608 名、保外就医罪犯 498 名、法院决定暂予监外执行 446 名。对监外执行中法律文书未送达以及执行机关未全面落实监管措施的提出纠正意见，对条件消失的 54 名监外罪犯向有关部门发出检察建议 48 人次，收监 25 名监外罪犯。

2003 年，共对 10 名监外罪犯应收监未收监提出书面纠正。

2004 年，共对 32 名监外罪犯应收监未收监提出书面纠正。

2005 年 9 月，省检察院根据高检院监所检察厅下发的《关于加强监外执行检察工作的意见》的要求，将监外执行检察工作作为监所检察业务考核的重要指标，列入年度考核范围，指定专人负责这项工作，未设立监所检察部门的县市区检察院指定公诉部门或相关部门负责这项工作，建立监外执行日常检察与定期检察相结合制度，各地年内开展至少两次监外执行专项检查。当年纠正监外罪犯应收监未收监 9 人。

第二节　监管执法活动监督

一、羁押期限监督

1993—1997 年，全省检察机关按照高检院、最高人民法院、公安部下发的《关于严格执行办案期限，切实纠正超期羁押问题的通知》，认真开展羁押期限监督。

1998 年 6 月，按照高检院《关于清理和纠正检察机关直接受理侦查案件超期羁押犯罪嫌疑人问题的通知》的要求，全省检察机关对本院超期羁押犯罪嫌疑人情况进行全面清理。省检察院根据省委领导的指示，对全省看守所超期羁押问题进行全面的调查，向省委政法委专题报告。

1999 年，全省检察机关贯彻高检院《关于继续清理和纠正超期羁押犯罪嫌疑人、被告人的通知》，要求于 8 月底前，对各地检察机关立案侦查和审查起诉阶段超期羁押案纠正完毕，对公安、法院等机关办案中超期羁押三年以上案件督促纠正完毕，于 11 月底前，对公安、法院等机关办案中超期羁押五年以上案件督促纠正完毕。5 月，省检察院就 3 名犯罪嫌疑人、被告人严重超期羁押问题报高检院监所检察厅协调。10月28日，省检察院向省委政法委专题报告，请求协调解决犯罪嫌疑人、被告人涉嫌强奸、杀人，严重超期羁押、久押不决案件。

2000年3月，省检察院对7名被告人抢劫、抢夺、故意伤害、盗窃案上诉省法院超期一案，向省法院提出书面纠正。6月，省检察院就3名被告人严重超期羁押问题向省委政法委专题报告。8月，省检察院针对省法院二审案件超期严重情况向省委政法委专题报告，建议专题研究省法院二审超期问题。9月，为了进一步贯彻落实中政委《关于严格依法办案，坚决纠正超期羁押问题的通知》和省委政法委《关于开展专项执法检查和治理工作的通知》，省检察院开展纠正超期羁押专项执法检查和治理工作。9月，省检察院对羁押超期一至三年的75人、三至五年的13人、五年以上的4人案件进行重点督办。

2001年3月，针对办案机关执行换押证制度不落实、不规范，影响超期案件统计、掌握和监督问题，省检察院在全省范围内开展办案部门执行换押证制度专项检察。3月7日，省检察院下发《关于进一步清理和纠正超期羁押问题的通知》，加强对超期羁押重点案件督办工作，对超期五年以上、三年以上的案件分别由省检察院和市检察院负责，督促纠正，并于2001年5月底以前全部纠正完毕。3月12日，省检察院就3名被告人涉嫌强奸、故意杀人一案久押不决十年的案件再次向省委政法委专题报告，建议省委政法委主持协调督促解决。至年底，全省纠正超期一年以下的585人、一至三年28人、三年以上7人。

2002年，省检察院针对全省超期羁押边清边超、前清后超现象比较突出的情况，把开展清理和纠正超期羁押专项行动作为省检察院重点督办事项，由分管检察长具体负责，并对三年以上超期羁押案件实行挂牌督办。5月23日，省检察院对2名犯罪嫌疑人超期羁押长期得不到解决情况向省委政法委作专题报告。11月11日，省检察院针对泉州市超期羁押一年以上个案问题突出成为全省清理纠正超期羁押案件工作难点的情况，向省人大常委会专题报告。1—9月，全省共有超期羁押犯罪嫌疑人、被告人3429人。其中公安机关超期1332人、检察机关超期340人、审判机关超期1757人。到当年9月，尚有超期羁押犯罪嫌疑人、被告人565人。其中公安机关超期190人、审判机关超期375人。超期不满一年530人，一至三年的18人，三至五年的17人。自开展专项行动起，全省检察机关全年共清理超期羁押三年以上案件13件21人，其中超期羁押五年以上案件得到全部纠正。惠安县看守所关押的4名犯罪嫌疑人，超期羁押长达十年，省检察院分管检察长带队3次深入当地协调解决，使这起案件得以进入审判程序。

2003年5月，根据高检院部署，全省检察机关开展清理纠正超期羁押专项行动。全省全年纠正超期羁押三年以上10件21人，一至三年19件32人，一年以下1137人。截至12月12日，全省尚余超期羁押个案5件16人，其中超期羁押一至三年1件5人，一年以下 4 件 11 人。2003 年 7 月、12 月和 2004 年 12 月相继实现和保持全省检察环节、公安环节、法院环节办案无超期羁押。

2004—2005 年，全省检察机关在清理纠正超期羁押工作基础上，重点加强预防和纠正超期羁押长效机制建设，从制度上、机制上巩固清理纠正超期羁押工作成果。全省检察机关相继建立羁押期限告知制度、羁押期限通报制度、羁押期限预警制度和催办制度、定期核对羁押期限制度，与省公安厅、省法院联合制定《关于羁押犯罪嫌疑人、被告人实行换押制度的实施细则》，细化换押范围、完善换押程序，解决因不及时换押造成假性超期问题，羁押期限监督工作步入良性发展轨道。这两年，超期羁押发生数大幅减少。

表 4—1　　　　　　**1993—2005 年全省检察机关纠正超期羁押情况表**

单位：人次

年份	当年首次超期	书面提出纠正	口头提出纠正	已纠正
1993	4282	1325	3698	2159
1994	4303	1637	4053	2469
1995	4219	1263	4279	1971
1996	4497	1902	4619	2876
1997	5470	2710	3554	2101
1998	4174	3999	0	4490
1999	2772	2801	0	2826
2000	4041	3921	0	3824
2001	4107	4137	0	4168
2002	3682	3679	0	3753
2003	2325	2435	0	2835
2004	109	109	0	131
2005	11	11	0	11

二、安全检察

1993 年，全省检察机关监所检察部门在经常性执法检察工作中，重视加强对监管场所安全防范检察，各级监所检察部门共发现隐患 759 起，提出检察建议 844 条，协助消除安全隐患 651 起。

1994 年，各级检察院监所检察部门积极协助监管改造部门加强安全防范检察，共检察发现安全隐患 1016 起，提出检察建议 1284 条，消除安全隐患 983 起。

1995 年，省检察院监所处与省公安厅、武警福建总队相关职能部门联合，历时两个月，对全省监狱执法活动、监所安全进行检查，对存在的问题联合通报给监狱管理局，促

2000 年 2 月，按照中央政法委和高检院部署，全省检察机关监所检察部门组织开展违法劳教和"先行劳教"检察，发现全省"先行劳教"24 人，纠正 17 人，其中公安机关转捕 12 人，立案侦查 5 人。

2002 年 3—4 月，按照高检院部署，全省检察机关监所检察部门开展对看守所通风报信、传递信件等影响刑事诉讼活动正常进行的违法情况进行专项检察。对易发生通风报信、传递信件的环节进行调研，向公安机关提出加强防范工作检察建议，督促看守所进一步完善各种规章制度，杜绝在押人员通风报信、传递信件。全年共查办 26 件 28 人违法犯罪案件，其中法院作出有罪判决 7 件 7 人。

2004 年 3—12 月，按照高检院和公安部的统一部署，省检察院在全省看守所和驻所检察室组织开展"加强监管执法、加强法律监督、保障刑事诉讼顺利进行、保障在押人员合法权益示范单位创建活动"。全省检察机关从实行检察信箱入监房制度，实行在押人员约谈检察官制度，实行检察官接待制度，实行对在押人员伙食、卫生、防疫、财物等情况的检察监督制度等四个方面，加强对在押人员合法权益保护。

2005 年 8 月，按照中央政法委《关于加强监所管理，防止在押人员非正常死亡通知》的要求，全省检察机关监所检察部门开展对监管场所执法活动专项检查。对 2004 年以后发生的在押人员非正常死亡案件逐案查摆，分析监管执法存在问题，向监管机关发出检察建议，促进监管机关严格执法、文明执法，确保监所安全稳定。

表 4—2　　　　　　　**1993—1997 年检察纠正监管改造活动违法情况表**

单位：人

	年份	1993	1994	1995	1996	1997
违法情况	无证收押收容	35	47	68	119	16
	法定文书不全	26	251	11	202	17
	混押、混管	5459	7092	5573	4238	4956
	不按规定交付执行	436	385	477	323	201
	违反规定取保候审监视居住	3	6	7	1	0
	违反规定暂予监所外执行	3	2	5	15	17
	违反规定减刑、假释、减劳教期	2	2	0	3	22
	违反规定释放解教	3	12	0	3	1
	不按规定释放解教	33	5	8	10	79
	违法监管致伤残	1	1	3	0	1
	其他	112	198	48	40	55
纠正情况	书面通知纠正	146	66	132	51	91
	口头通知纠正	829	1291	1338	1200	3522
	已纠正	396	449	294	361	218

表 4—3　　　　　　　**1998—2005 年检察纠正监管改造活动违法情况表**

单位：人

年份		1998	1999	2000	2001	2002	2003	2004	2005
违法情况	违法收押	20	5	7	8	9	5	24	17
	违反规定拒绝收押	0	0	0	0	0	0	0	0
	违反规定不交付执行	60	32	27	55	17	47	1	0
	违反规定留所服刑	2	4	0	0	0	0	6	0
	应释放未释放	39	47	14	1	2	0	0	0
	违规所外就医、所外执行	1	0	0	0	0	0	1	0
	违规使用戒具禁闭	1	0	0	0	0	13	5	0
	违法监管致伤残	0	1	0	0	0	0	0	1
	违法监管致死	0	0	1	0	0	0	0	0
	暂予监外执行不当	2	1	1	3	2	0	0	0
	违法保外就医	2	1	0	3	0	0	0	0
	减刑不当	0	0	17	8	0	0	0	0
	假释不当	0	0	4	2	0	0	0	0
	监外罪犯应收监未收监	20	10	0	4	3	10	32	9
	其他	65	7	12	11	29	78	139	218
脱逃死亡情况	罪犯逃脱	30	18	3	9	5	9	5	4
	非正常死亡	7	4	10	3	0	1	16	12
书面纠正违法	提出纠正	182	108	83	99	67	45	106	143
	已纠正	87	61	71	98	48	41	100	140

第三节　查办监管场所犯罪案件

一、查办监管场所职务犯罪案件

1993—1997 年，监管场所干警职务犯罪案件，包括贪污、受贿、侵权渎职案件均由监所检察部门管辖。

1993 年，根据高检院提出"严格执法，狠抓办案"的工作方针和"以办案为龙头，带动各项监所检察业务全面开展的指导思想"，全省检察机关监所检察部门加大查办案件工作力度。1993—1997 年，共立案查处监管干警职务犯罪案件 115 件 127 人。其中，1993 年 14 件 16 人，1994 年 15 件 15 人，1995 年 36 件 40 人，1996 年 26 件 26 人，1997 年 24 件 30 人。这一时期查办监管场所职务犯罪案件有两个特点：一是担任一定领导职务的干部犯罪案件占较大比例。如 1995 年查办的 40 名案犯中，有监狱政委、党委书记、监狱长、大队长、狱政科长、看守所所长等领导干部 13 人。他们利用职权，在负责监管改造场所的管理、生产、经营等活动以及干部、职工人事安排等过程中，进行徇私舞弊、受贿和私放罪犯等犯罪活动。二是受贿、玩忽职守、私放罪犯、徇私舞弊四类犯罪比较突出，占立案数的 69%。其中受贿占 28.7%、玩忽职守占 17.8%、私放罪犯占 12.4%、徇私舞弊占 10%。

1998 年，根据《最高人民检察院关于重新明确监所检察部门办案范围的通知》的要求，监管场所干警职务犯罪案件，包括贪污、受贿、侵权渎职案件，不再由监所检察部门管辖。监所检察部门只负责查办刑罚执行和监管改造活动中发生的虐待被监管人案，私放在押人员案，失职致使在押人员脱逃案，徇私舞弊减刑、假释、暂予监外执行案。当年全省检察机关监所检察部门共立案 14 件 17 人。其中体罚虐待 5 件 7 人，失职致使在押人员脱逃 6 件 6 人，受贿 2 件 2 人，非法拘禁 1 件 2 人。

1999 年立案 7 件 8 人。其中失职致使在押人员脱逃 3 件 4 人，体罚虐待 3 件 3 人，受贿 1 件 1 人。

2000 年，省检察院监所处加大对查办案件工作的领导，加大案件初查和案件线索发掘工作力度，突出对两个派出检察院办案工作的指导，查办案件工作取得新的进展。全年立案 16 件 18 人。其中体罚虐待 7 件 8 人，失职致使在押人员脱逃 4 件 5 人，受贿 2 件 2 人，贪污 2 件 2 人，徇私舞弊 1 件 1 人。

2001 年立案 11 件 11 人。其中体罚虐待 2 件 2 人，失职致使在押人员脱逃 4 件 4 人，私放罪犯 1 件 1 人，受贿 3 件 3 人，贪污 1 件 1 人，配合反贪部门查处监管干警职务犯罪 2 件 2 人。省检察院监所处还派人参加由省政法委、省纪委查办的某监狱犯人吸贩毒专案，查清该监狱 44 名罪犯在监内吸贩毒的犯罪事实，12 名监管干警受到不同程度的党纪政纪处分。

2002 年立案 3 件 3 人。

2003 年，针对自侦案件管辖调整后，监所检察部门对发生在监管场所内贪污贿赂案件没有管辖权，全省监所检察部门对监管场所职务犯罪案件立案数下降情况，省检察院监所处向院党组提交《关于进一步明确监所检察部门办案职责范围意见的请示》，提出整合优化监管场所职务犯罪侦查机制，明确将发生在监管场所内与刑罚执行和监管执法活动中有关干警职务犯罪案件交由监所检察部门立案侦查。5月，省检察院检委会第五次会议通过《福建省人民检察院关于监所检察部门案件管辖范围的意见》，规定监所检察部门除管辖原先案件外，对发生在监管场所内干警贪污、贿赂案件行使管辖权。全年共立案4件4人。

2004年，根据高检院对检察院直接受理案件侦查分工进行调整的规定，全省检察机关监所检察部门负责监管场所发生的贪污贿赂、渎职侵权等案件的侦查工作。除虐待被监管人案，私放在押人员案，失职致使在押人员脱逃案，徇私舞弊减刑、假释、暂予监外执行案继续由监所检察部门负责侦查外，原由反贪污贿赂部门和渎职侵权部门负责侦查的监管场所发生职务犯罪案件划归监所检察部门管辖。受自侦案件侦查分工的调整，全省检察机关监所检察部门办理自侦案件数开始增加，当年立案11件10人。其中失职致使在押人员脱逃1件1人，受贿3件3人，徇私舞弊减刑案1件1人，徇私舞弊假释案1件1人，徇私舞弊暂予监外执行1件1人，玩忽职守1件1人，虐待被监管人1件1人，帮助犯罪分子逃避处罚1件1人，挪用公款1件1人。

2005年，立案数比2003年、2004年有较大增加，共立案16件16人。其中虐待被监管人3件3人，受贿2件2人，贪污1件1人，失职致使在押人员脱逃1件2人，私放罪犯3件3人，滥用职权2件2人，玩忽职守1件1人，帮助犯罪分子逃避处罚2件2人，以事立案1件。

二、打击罪犯和劳教人员的犯罪活动

1993—2005年，全省检察机关共起诉被监管人员又犯罪案件988件1222人。其中1994年135件177人，1995年132件156人，1996年114件142人，1997年86件98人，1998年88件98人，1999年70件100人，2000年81件90人，2001年99件116人，2002年69件88人，2003年54件70人，2004年36件59人，2005年24件28人。

1996年4月"严打"以后，全省检察机关加大对"牢头狱霸"的打击，两个月内办理"牢头狱霸"案件28件。"严打"期间，各级检察院监所检察部门与监管单位密切配合，深入监房调查摸底，掌握重点对象情况，通过广播讲话、印发规劝书、个别谈话等形式，动员在押人员坦白检举。当年，有600多名在押人员检举揭发犯罪线索1436条，查证属实300多条，破获大要案68件，280名罪犯交代余罪。福清市看守所在押人员检举犯罪线索21条，从中破获刑事犯罪案件18起，其中大案12起，抓获案犯8人，有2起重大抢劫杀人案是省公安厅挂牌的案件。

2001年，全省检察机关监所检察部门配合有关部门召开"严打"动员会40多场，给在押人员上法制课90次，发放"严打"宣传材料5200份，在押人员共检举揭发犯罪线索2311条，其中查证属实338条，62名在押人员主动交代余罪，从重从快打击罪犯又犯罪案件83件95人。

1998—2005年，全省检察机关加强立案监督工作。1998—2001年，共对有罪不立、以罚代刑案件要求监狱说明不立案理由4件4人，通知监狱立案8件11人，监狱已立案6件9人。2002年，要求监狱说明不立案理由3件3人，监狱已立案1件1人。2003年，要求监狱、公安机关说明不立案理由13件21人，通知监狱、公安机关立案13件21人，监狱立案12件20人。2004年，要求监狱说明不立案理由2件2人，通知监狱立案2件2人，监狱立案2件2人。

三、办理被监管人员及其家属控告、申诉

1993—1997年，被监管人员及其家属提出的控告、申诉案件均由监所检察部门管辖。这一时期，全省各级监所检察部门共受理控告776件、申诉405件。其中，1993年受理控告163件，转办73件，立案11件。受理申诉55件，转办41件，立案14件，维持原裁决9件，提请纠正2件，改变原裁决2件。1994年受理控告67件、申诉47件，立案13件，提请纠正21件，改变原裁决3件，维持原裁决3件。1995年受理控告144件、申诉55件，建议纠正20件。1996年受理控告248件、申诉105件，按案件管辖转办272件，交办12件，建议纠正13件。1997年受理控告154件、申诉143件，按管辖转办193件，交办3件，提请纠正12件。

1998年，根据高检院下发《关于重新明确监所检察部门办案范围的通知》要求，全省检察机关监所检察部门受理申诉案件的范围为：服刑罪犯及其法定代理人、近亲属不服已经发生效力的刑事判决、裁定；劳教人员及其家属不服劳教决定向检察机关提出申诉，由监所检察部门负责受理，经立案复查，判决、裁定确有错误需要向人民法院提出抗诉的，移送刑事检察部门审查，提出抗诉。当年全省各级监所检察部门受理控告122件、申诉136件，立案复查27件，提请纠正6件，提出抗诉意见2件，驳回申诉10件。省检察院监所处当年受理3件不服刑事判决的申诉案，立案复查2件2人，提请审查起诉部门提请抗诉。

1999年，根据高检院下发的《关于进一步加强复查被监管人及其家属申诉案件工作的通知》要求，全省通过检务公开、检察长接待日、设立举报箱等形式，方便被监管人员及其家属举报与申诉。当年，共受理被监管人员及其家属控告62件、申诉536件。其中按案件管辖转其他部门办理139人、调档审查121件。经复查，驳回申诉95件，提请纠正41件41人。福州市通过办理控申案件，共纠正劳教人员先期羁押未折抵劳教期20人共

952 天，全省纠正刑期计算错误 19 人。

2003 年 3 月，高检院对服刑人员刑事申诉案件管辖进行调整，规定原由检察机关监所检察部门负责办理的服刑人员及其法定代理人、近亲属的刑事申诉案件，划归刑事申诉检察部门办理。派驻监管单位的检察人员接到服刑人员及其法定代理人、近亲属向检察院提出的刑事申诉案件后，移送本院控告申诉检察部门统一受理，由该部门转原审人民法院所在地的检察院刑事申诉检察部门办理。派出检察院仍负责办理其管辖内监狱服刑人员及其法定代理人、近亲属的刑事申诉案件。至此，监所检察部门不再承担服刑人员刑事申诉案件管辖职责。

第四节　派驻检察室建设

一、规范化建设

1987 年，全省检察机关开始对看守所实行派驻检察。1992 年，全省 4 个监狱、69 个看守所设置驻监、驻所检察室。当年，省检察院把驻所检察各项业务的开展和制度的落实进行量化，制定驻所检察标准，并开展达标检察室检查验收。1993 年，全省 67 个驻所检察室达标。

1993 年上半年，全省检察机关贯彻全国监所检察工作会议提出的在劳教场所实行派驻检察要求，先后对七个劳教所实行派驻检察，并挂牌办公。同期，福州市检察院监所处对新成立的福州儒江劳教所实行巡回检察。

1993 年，福州市检察院成立"福州鼓山地区人民检察院"筹建领导小组。1994 年 10 月，福州市人大常委会任命代检察长，11 月正式挂牌。1995 年，福州鼓山地区检察院完成组建工作，对所辖 11 个监狱、劳教所实行派驻检察。当年，莆田市涵江区检察院对 1994 年成立的莆田监狱正式挂牌驻监检察。至此，全省完成高检院提出的在 1995 年底前对监管场所全部实行派驻检察任务。1995 年底，全省 69 个看守所、18 个监狱、8 个劳教所全部实行派驻检察，实现派驻检察经常化、制度化、规范化。当年，全省有监所检察干部 297 人。其中驻看守所检察室 158 人、驻监狱检察室 56 人、驻劳教所检察室 14 人。

1996 年，全省检察机关狠抓派驻检察机构人员、时间、制度三落实，巩固提高驻监、驻所检察规范化水平，开展评选先进检察室、驻所先进个人活动。当年，为解决派驻检察交通工具问题，省检察院向省财政厅申请专项资金 50 万元，专款补助驻监狱、劳教所和离机关较远看守所检察室购买车辆，解决派驻检察室交通工具问题。

2000年1月，省检察院下发《派驻看守所检察工作规范（试行）》、《派驻监狱检察工作规范（试行）》、《派驻劳教所检察工作规范（试行）》。规范分为工作制度规范、业务工作规范、工作方法规范、纠正违法规范、办案程序规范等内容。6月，省检察院下发《关于加强监所检察工作的意见》，意见对加强工作领导、加强业务建设、加强队伍建设、加强和改进对派出院领导、加大经费保障等方面作出规定。7月，省安全厅管辖的福建省第二看守所投入使用。经省检察院党组研究决定，由福州市检察院承担对省第二看守所检察监督职责。

2003年5月30日，依照高检院下发《最高人民检察院关于加强派驻监管场所检察室规范化建设的意见》、《人民检察院派驻监管场所检察室等级标准和评定办法》，省检察院印发《派驻监管场所检察室规范化等级制式标准（三级）》，作为高检院检察室等级标准在福建省贯彻的具体依据。

二、网络化建设

派驻检察室网络化建设始于2002年。当年，全省73个看守所中有35个看守所安装有监控设备，但设施老化，许多设备都无法正常使用。23个看守所使用公安部部标管理信息软件，但大部分都是单机运行。监狱、劳教所未实行网络化管理，监舍及生产场所未安装监控设备。全省尚无一个检察室与监管单位信息系统联网。10月25日，省检察院下发《关于加强派驻监管场所检察室网络化管理和动态监督建设工作的通知》，要求将派驻检察室网络化管理和动态监督作为科技强检一项重要工作纳入全省检察机关三级信息网络建设范畴，认真落实派驻监管场所检察室电脑配备，为尽快与监管场所电脑网络联网创造条件，对尚未配备电脑的检察室，要求于年底前落实电脑配备工作，并规定享受省检察院2002年度办案经费专项补贴的基层检察院要在专项补助款中优先解决派驻检察室电脑及其应用软件的配置。

2003年2月，省检察院与省公安厅联合下发《关于看守所与驻所检察室联网工作有关问题的通知》，就信息共享范围、联网方式作出具体规定，并要求具备联网条件的福州、漳州两市24个看守所在当年4月份实现联网，并对检察室电脑联网所需配置进行了硬性规定。至2003年7月，全省有16个驻所检察室实现与看守所信息系统联网。

2004年4月，省检察院与省劳教局确定，省女子劳教所成为与检察机关驻所检察室电脑联网的试点单位，并于4月中旬联网成功。2004年上半年，全省90％看守所检察室实现了与看守所监管信息系统联网工作。由于驻所检察室与看守所联网采用的是驻所检察室计算机直接作为看守所一个客户终端，并使用看守所管理信息系统的客户端软件方式，这种联网方式一定程度影响公安监管信息安全。根据公安部门有关规定，全省驻所检察室已经与看守所信息系统联网的，于2005年上半年中断。2005年9月，省检察院监所处探索解决驻所检察室与看守所信息系统联网问题，决定启动看守所检察办公自动化软件设计、开发工作，并与省公安厅网监部门协调驻所检察室与看守所信息系统联网新方式。看守所检察办公自动化软件由省检察院监所处结合高检院最新的驻看守所检察工作流程以及社区矫正、监所检察统计报表进行设计，当年年底委托南京安威得电子科技有限公司开发，这家公司曾开发全省看守所监管信息系统软件。

第五章　控告申诉检察

1993—2005 年，全省检察机关控告申诉检察部门按照高检院确定的"严格执法，狠抓办案"的工作方针，依法受理公民的控告、举报和申诉，对检察机关管辖的性质不明、难以归口处理的举报案件线索进行初查，依法办理检察机关管辖的刑事申诉案件和刑事赔偿案件，并把复查刑事申诉案件作为实施法律监督制约职能的重要工作。

第一节　来信来访处理

1993 年，全省检察机关共受理群众来信来访 26583 件次。在 23308 件首次信访中，控告检举类 21076 件、申诉类 1177 件、其他信访 1055 件。检察机关妥善处理集体上访 38 批，缓解告急信访 188 件，处理信访老户 122 件，开展法律宣传及咨询 575 次 20084 人。各级检察长阅批来信 6838 件，接待来访 5473 人次，参与案件 535 件，组织 1716 人次下乡接待来访 15796 人次，受理信访 9885 件，当场解决问题 4703 件。

1994 年，共受理群众控告、申诉 29477 件，各级检察机关均按"归口办理，分级负责"的原则及时处理，对于不属于检察机关管辖的问题，也提供投诉渠道，做到件件有交代，事事有回音。采取疏导化解的方法，处理集体访和告急访 284 件。为民办实事 213 件，收到锦旗、镜框 15 面。至 1994 年底，全省检察机关都建立了检察长接待日制度。

1995 年，各地共受理群众来信来访 26067 件次，下乡接待群众 55268 人次，当场解决问题 669 人次，开展法制宣传及咨询 641 场，受教育群众达 172906 人次。检察长接待日工作逐渐制度化，各分、市、县（市、区）检察院检察长坚持批阅重要来信，定期接待群众来访，为群众解决问题，平息可能引起激化的矛盾。1994—1995 年，为规范接待制度，省检察院统一下发《文明接待公约》、《群众来访须知》、《接待人员纪律》、《投诉指南》、《处理来访工作程序》等工作规定，进一步促进来访工作制度化、规范化。

1996 年 1 月 1 日《信访条例》颁布施行后，全省检察机关开展宣传活动，落实"分级负责、归口办理"的信访工作原则，摸索出坐堂接待、巡回接待、联合接访等多种形式。全省检察机关结合省委政法委开展"敬业爱岗为民树形象"活动，把接访工作的重心放在处理告急访、集体访、上访老户、久诉不息和上告无门的群众来访上。全年共受理群众来信来访31577件次。其中，来信28845件、来访2732件。告急信访328件，信访老户75件，集体访201批2120人，下乡接待群众513场5157人次，当场解决问题674件，为民办实事948件。全省各级检察长批阅群众来信10507件，接待来访2834人次，参与办案436件，查办上级机关和检察长交办案件225件。

1997年，全省检察机关共受理群众来信来访20308件次。处理集体访110批2271人次，化解告急访106件，处理信访老户185件，为民办实事147件。各地坚持检察长接待日和检察长亲自批阅重要来信、接待重要来访等工作制度，逐步健全完善"三定"、"四亲自"制度，即做到定时间、定人员、定地点，坚持重要来信来访领导亲自接待、亲自交谈、亲自批阅、亲自听取办理情况。对可能出现的集体访、告急访和上访老户预先排查摸底。对属于检察机关管辖的当即受理，及时查办、交办、催办并及时反馈。结合普法宣传、"举报宣传周"活动，将窗口前移，动态接访，并开展省、市、县三级检察长联合接待日工作。全省落实2184个检察长接待日，检察长亲自批阅群众来信6438件，参与办理各类信访件643件。全省全年完成上级交办件18件，省检察院检察长交办115件，反馈80件。省检察院自行交办61件，反馈27件。

1998年，各级检察机关共受理来信来访38091件次。各地把检察长接待日工作作为主动接受群众监督、体察群众疾苦的措施来抓，各级检察院一把手带头接待群众来访，把信访工作的重点放在解决信访老户问题上。全年处理"两访一户"765件2300多人，为民办实事1042件，解决属于检察机关管辖的信访老户162件。为了使全省控申工作进一步制度化、规范化，省检察院根据高检院"检务十公开"规定，制定修改《群众来访须知》、《接待人员纪律》、《加强举报线索管理的规定》、《福建省人民检察院检察长接待日工作制度》等十几个规定，将有关制度挂在接待室，便于群众了解、监督。同时，省检察院控申处根据各地工作实践，制作了一系列相应表格，下发全省，推广使用。

1999年，全省检察机关共受理群众来信来访38223件次，基本上做到了事事有着落、件件有交代。通过检察长接待日活动，解决群众告状难问题，共落实检察长接待日2335个，接待来访群众13821批。省检察院与分市、基层检察院一起联合开展三级检察长接待日活动。6月22日，省检察院与泉州市检察院及鲤城、洛江、丰泽等区检察院在泉州开展三级检察长接待日活动，共接待群众240批700多人，对属检察机关管辖的案件均作交办，并做好督办、催办。依法妥善处理"两访一户"（即集体访、告急访和上访老户）2194件，切实解决群众告状难问题，为民办实事2103件。

2000年，按照"预防为主、教育疏导、依法处理、防止激化"的原则，各级检察机关认真处理群众信访。受理群众信访29700件次。省检察院制定《福建省人民检察院关于完善和规范检察长接待日工作的规定》，下发全省执行，进一步规范检察长接待日各环节的工作。全省开展检察长接待日活动 3216 次，接待来访群众 13233 人，批办案件 5671 件，办结 4598 件，妥善处理"两访一户"2540 件。根据中央和省委有关部门要求，全省排查信访老户和信访积案 73 件，办结 57 件，息诉息访 41 件。福州、南平市检察院，鼓楼、连江、上杭、连城等县（区）院试行首接（问）责任制，由首接（问）责任人负责来访件的督办、催办工作，实行查询、催办、反馈、息访负责到底的工作制度，缩短了办访周期。各地探索建立预警机制和信息网络，加强检察机关与当地党委、政府、公安协调与联系，加强预测和排查工作，提高处理和解决集体访和告急访的能力。

2001 年，全省检察机关共受理群众来信来访 34215 件次。集体访 75 批，受理控告举报"严打"案件 2788 件，其中破坏市场经济秩序、黑恶势力团伙、黑恶势力保护伞职务犯罪等三类案件 998 件。排查涉检信访 65 件，交办并及时办结反馈。在工作中，实行信访案件滚动管理办法和首办责任制，全省信访案件办结率提高，集体访、越级访、重复访下降。针对检察长接待日工作中存在的一些薄弱环节和突出问题，改进工作方式，全省大部分检察院实行了检察长预约接待制度，各地在检察长接待日前，认真拟订接待计划，预约来访人员，分析信访源情况，预测可能发生的问题，做好预案，抓好跟踪催办与督办工作，方便群众信访。落实 2472 个检察长接待日，接待来访群众 11347 人次，批办案件 3605 件，办结 3156 件，及时处理解决一批疑难复杂案件。开展对被害人不服公安机关不立案案件的监督工作，在检察环节解决群众"告状难"问题，重点抓好犯罪情节严重、有罪不究、以罚代刑等三类案件的办理，做好与侦查监督部门的衔接和协调工作，加强规范化建设。各地开展此项工作效果卓著，福州市市、县（区）两级检察院对此类案件提出纠正意见被公安机关采纳的有 72 件。

2002 年，全省检察机关受理群众信访 26887 件，协调"两访一户"案件 6369 件，落实检察长接待日 2472 个，共接待群众 11347 人次。在原有的首接责任制、首问责任制、首次信访责任制的基础上，经过实践探索，积极稳妥地推行首办责任制。4 月份，确定 3 个设区市检察院和省委宣传部确定的 9 个"创文明行业，建满意窗口"的基层检察院作为省级首办责任制试点单位。各设区市检察院确定 2～3 个县（市、区）检察院在上半年先行一步，积极探索，适时推广示范点的经验，并在下半年全面铺开，在全省形成了以点为主、点面结合，边试行、边探索、边总结、边提高的工作格局。

2003 年，"强化法律监督，维护公平正义"教育活动在全省开展，各级检察机关对群众来信来访坚持日清日结制度，做到当天分流。在"非典"期间，做好接待场所及信件的消毒工作，坚持每日开放接待室，接待来访群众。全省检察机关全年受理信访 24129 件，落实检察长接待日 2195 个，接待群众 3152 人次，受理群众控告申诉 1410 件，有 1280 件由检察长批阅后得到落实。省检察院推出下访接待和预约接待制度，即根据平时接访情况，定期整理，筛选典型案件，安排领导约访上访人。6—8月，各地开展集中清理上访老户活动，制定清理方案，确定排查重点，尤其是对上访老户和未结交办件，逐件排查，挂牌督办，解决一批上访老户反映的问题。年底，针对群众上访剧增的情况，省检察院对高检院9月以后通报的进京访、到省检察院的集体访，以及群众反映强烈的20件涉法信访问题派出三个督查组到重点地区逐件督办。各级检察院加强对交办案件的催办、督办，通过电话跟踪催办和派员督办，促使控告工作实现由转到办。省检察院全年办理交办、督办案件37件，其中高检院和全国人大常委会交办15件，省委、省政府和省人大常委会交办9件，省检察院领导交办13件，已办结35件。当年，省检察院在总结近年来试点工作经验基础上，全面推行首办责任制，对检察机关管辖内首次信访依"谁主管、谁负责"的原则明确具体承办部门和承办人，并在全省范围内建立控申举报台账制度。通过建立来访情况月通报制度，促进各地按照信访案件滚动管理办法及时上报省检察院，减少越级重复访。

2004年，各级检察机关开展集中处理涉法上访工作。省检察院对涉检上访案件多次进行排查清理，特别是对中政委通报的进京上访案件和比较突出的到省申访情况进行分析，两次排查148件，逐件建立台账，加大对重点案件督查力度。院领导包案协调督办高检院、中政委交办的6件重点案件，妥善处理2件进京上访案件。全省派出督查组120批479人到上访较多的重点地区和重点案件发案地区进行实地督办督察，多管齐下，解决一批重点案件。面对涉法上访越来越复杂的特点，各地探索推行信访导访、公开听证、案件回访等一系列工作方法，有针对性地做好涉法上访处理工作。"三定、四亲自"制度继续施行，全省检察长全年接待群众信访2382件，批办1277件。各级检察机关将工作重心下移、关口前移，变被动为主动、变群众上访为领导下访，推行预约接待、业务部门对口接待、巡回接待等制度，贯彻执行首办责任制，制定具体的实施细则和意见，把首办责任制具体运用到处理群众举报、控告、申诉中。省检察院制定《福建省人民检察院来信来访分工处理办法》，各级检察院也相继制定信访处理办法，明确各业务部门职责，提高一次性处理信访的能力。处置突发事件预警机制建立，《福建省人民检察院处置突发事件工作预案》出台，全省全年妥善处理集体访70批。

2005年，结合开展保持共产党员先进性教育活动和"规范执行行为，促进执法公正"专项整改活动，全省检察机关以深入开展集中处理涉检上访为工作重点。3月和7月，省检察院分别召开全省检察机关集中处理涉检上访工作会议，动员部署该项工作。各级检察院对本辖区内涉检信访案件全面摸底排查，逐件建档备案，分类处理，落实措施。全省排查重点涉检信访案件387件，办结355件，息诉317件。省检察院检察长倪英达包案协调仙游县杨小花信访问题，多次约访上访人，有关部门重新审查案件，抽调省检察院控告处干警与基层检察院组成专案组，具体办理约访、协调、稳控等事项，帮助上访人协调处理经济救助、子女安顿、落户原籍等问题，圆满解决了上访十年的老案。全省检察机关运用联席工作机制，通过党委牵头组织开展处理工作，加强与公安、法院等部门密切配合。中央政法委向福建省检察机关交办的 4 批 31 件进京上访案件，经审查有 7 件属检察机关管辖，各级检察院及时向党委报告，通过联席会议协调，将管辖外的案件转给有关部门处理，促使信访问题得到及时有效的解决。2005 年，"创文明行业、建满意窗口"竞赛活动继续开展，确定 20 个基层检察院控申部门作为窗口示范点，其中 5 个窗口作为"高质量文明窗口示范点"培育对象。

第二节　举报工作

1993 年，全省检察机关加强保护举报人和被举报人合法权益，查办 6 件打击报复举报人案件。4 月，省检察院在福州召开全省举报工作会议，传达全国第二次举报工作会议精神。决定三明、福州等市检察院调整充实人员，莆田市检察院由原来单设的举报中心改为与控申部门合署办公，在厦门市思明、鼓浪屿、开元和湖里 4 个区建立举报中心等事项。为推动全省举报宣传工作开展，4 月中旬，省检察院在南平市检察院召开全省举报宣传工作现场会。南平市检察院举报中心介绍 1991 年起运用典型案例图片开展举报宣传的经验和成效，并组织观摩南平市检察院制作的 80 幅举报宣传案例图片。省检察院向《中国检察报》报社订购案例图片 71 套，制作适合福建省特点的案例图片进行巡回展出，集中开展"举报月"、"举报周"活动，利用新闻媒介公布举报电话、举报方法、受案范围、保护举报人规定。全省 2/3 的基层检察院建立定期下乡接访制度，并在一些企业、商业、金融系统建立联系点，受理举报线索，主动提供法律服务，保障企业的生产、经营沿着法制轨道运行。全省 37 个控申、举报部门建立了 53 个联系点。

1994—1995 年，各级检察机关受理的举报件，经初查成案率为 50.5%，由举报立案的大案要案 1029 件，并促使 265 人投案自首。依据《最高人民检察院关于要案线索备案初查的规定》，省检察院部署各地对 1993 年以后上报的处级以上干部要案线索备案材料进行清理，完善备案制度，同时进一步建立健全保护、奖励制度，全省共奖励 103 名举报有功人员，奖金总额达到 13 万元。省检察院配备微机和软件，安装高检院《举报线索和控申检察计算机管理系统》，试点全国控申软件，并开始初步运用。

1996 年，省检察院制定《福建省检察机关举报中心初查工作规定》，下发全省施行。5

月 29 日至 6 月 1 日，全省检察机关第四次举报工作会议在晋江市召开，会上明确举报中心以"初查、线索管理、宣传"为三项重点工作，明确举报中心与控申部门合署办公、一个窗口对外的机构设置模式，要求省内少数举报中心不在控申部门的单位尽快统一归建，实现上下对口。全省检察机关认真清理 1993 年以后积压举报线索，计划至 1997 年底，将每半年清理一次积压线索形成制度，通过清理工作，加快线索消化。省检察院制定《福建省人民检察院关于加强举报线索管理规定》、《福建省检察机关奖励举报有功人员暂行办法》、《受理电话举报程序与文明用语》等多项制度，部署贯彻执行《最高人民检察院关于要案线索备案、初查的规定》，建立专人管理、严格保密、备案及时的工作制度。

1997 年，全省举报宣传工作在内容上突出《刑法》和《刑事诉讼法》、举报承诺制和党中央反腐败指示精神。11 月份，省检察院下发《福建省人民检察院关于加强检察机关举报线索管理的规定》，进一步加强对举报线索统一归口管理工作的监督。全省统一实施举报中心每半年清理一次线索的线索管理制度，各业务处室每季度向举报中心反馈一次举报线索查处情况，各级检察院控申部门对举报线索实行统一管理，纠正举报线索管理无序的不正常现象。各级检察机关开展举报初查工作，加快举报线索消化，衔接初查和侦查的关系，探索依法开展初查的策略和方法，实行保护和奖励并举。全省共查处打击报复举报人 13 件，利用举报诬告陷害 2 件。省检察院举报中心建立举报奖励基金 62 万元，全年全省奖励举报有功人员 520 人，发放奖金 28.8 万元。

1998 年，省内开通"96100"举报电话，各地通过印发举报联络卡、办专栏等方式及电视、广播、报刊等媒体渠道宣传"96100"举报电话。7 月 20 日，举报中心成立十周年，省检察院召开新闻发布会，开展三级检察院大规模法律宣传活动，拍摄举报宣传专题片，在省电视台、东南电视台播放，提高举报中心知名度，引导群众正确举报。各地均成立举报线索审查协调小组，建立健全线索审查协调制度，完善举报线索管理机制，加强保护和奖励举报人工作，在高检院集中奖励的举报有功人员中，省检察院上报 4 起案件 19 位举报有功人员均获奖励。

1999 年，省、市两级检察院加装并开通一部后四位数为"2000"的举报电话。全省举报工作重点放在线索管理和监督初查上，根据高检院《人民检察院举报线索审查协调小组工作规则（试行）》和省检察院《关于举报线索审查协调工作实施细则》，各地制定举报协调小组工作规则，规范举报线索管理。各地定期和不定期清理积压举报线索，建立待查、缓查制度。全省检察机关贯彻十五届四中全会和高检院关于检察工作必须为国有企业改革和发展服务的精神，通过法律咨询、上法制课等形式，为深化国有企业改革和发展提供服务。

2000 年，各地检察机关在坚持以往做法的同时，注重创新，利用互联网、举报箱、检察信箱等方式，开展举报宣传。在举报宣传周期间，全省318位正副检察长参加宣传活动，出动干警2310人次，设宣传点316个，制作展板102套，出动宣传车200辆，发放宣传资料19万份，接受群众法律咨询近1万人次，受理信访2374件。部分地方使用举报电话自动受理系统，实行"二次审查、二次分流"的审查协调制度。各地积极做好保护和奖励举报人工作，漳平市检察院试行了举报人人身保险制度，用不记名方式为举报人投保。

2001年，各地坚持做好经常性举报宣传工作，以"举报宣传周"活动为契机，多渠道、多形式开展举报宣传工作。各地普遍实行"二次审查、二次分流"的审查协调制度，有效减少分流举报线索随意性，提高举报线索分流准确性。各地还落实"署名举报，件件答复"制度，做好答复工作。各级检察机关严格按照《人民检察院举报工作规定》开展初查工作，并积极开展为经查举报失实的被举报人"正名"活动。省检察院制定《福建省人民检察院关于奖励举报有功人员暂行办法》，规范奖励制度。全年奖励18起大要案31名举报有功人员，颁发奖金近11万元。厦门湖里、集美区检察院和永安市检察院在做好保护举报人工作方面推出了"密码举报"制度。

2002年，围绕"预防职务犯罪，大家来参与"的举报宣传主题，全省检察机关采取形式多样的方式扩大宣传，全省正副检察长232人次和干警1490人次参加"举报宣传周"活动，设宣传点229个，制作展板1199个，出动宣传车170辆，接受法律咨询近万人，受理信访615件。省检察院与福州市、鼓楼区、闽清县检察院联合开展三级检察长接待日法律咨询活动，并与有关行政执法机关举行座谈会，邀请部分全国人大、省人大代表以及纪委、公安、工商、税务等15个部门领导参加座谈，增强查办和预防职务犯罪工作的合力。全省检察机关进一步规范举报线索管理，对举报线索实行统一管理，严格登记、移送和保密制度，对要案线索实行专人管理和备案制度，实行微机化管理。

2003年，由于"非典"原因，高检院不再统一部署开展"举报宣传周"活动，全省检察机关结合当地实际，开展形式多样的举报宣传活动。如石狮市检察院通过该市广播电台开设"检察之声"以现场热线方式向群众宣传，漳州市龙文区检察院推出"阳光短信工作"，通过短信平台向每一位手机用户发送举报宣传信息及举报号码。全省大部分检察机关都实行举报线索微机化管理，进一步规范举报线索统一管理，严格登记、移送和保密制度，对要案线索实行专人管理和备案制度，并加强对分流后举报线索的跟踪监督。许多检察院举报中心也承担一部分的初查任务，为自侦部门提供更准确的案件线索。各地在奖励范围、对象、标准、方式和审批程序方面积极探索切实可行的规章制度，争取财政支持，设立举报奖励基金。

2004年，各地围绕"依靠群众，反腐倡廉"主题开展举报宣传周活动，全省共有正副检察长 209 人次参加，出动干警 1116 人次，设宣传点 187 个，出动宣传车 128 辆次，发放宣传材料 33377 份，新闻媒体报道 352 次，深入国有企业和重点行业宣传 547 人次，有 25028 人次接受了宣传教育，受理群众信访 1136 件。省检察院开通网上举报，受理 96 件。在"举报宣传周"期间，省检察院召开新闻通报会，通报自 2003 年起全省检察机关举报工作成果，奖励举报有功人员情况。

2005 年，各级检察机关对所有举报线索坚持实行专人管理和备案制度，探索举报线索微机化管理，完善举报线索审查协调制度，加强跟踪督办，定期清理、催办，减少线索积压，增强制约功能。全省检察机关做好线索评估工作，开展线索初查工作，全省有 1/3 的基层检察院开通网上举报或是通过电子邮件形式受理举报，并与信息技术部门沟通联系，加强网络防火墙建设，增强网上举报线索的保密性，受理网上举报、控告和申诉 236 件。

表 5—1　　　**1993—2005 年福建省检察机关受理举报统计表**

单位：件

项目 年份	受理举报数	首次举报数	检察机关管辖的线索		其他经济犯罪线索	要案线索（人）	投案自首	举报中心初查	移送立案	奖励举报有功人员（人）	奖励金额（元）
			贪污贿赂	渎职侵权							
1993	15349	13239	6474	1966	2303	346	61	929	204	0	0
1994	13298	12614	7840	2004	3319	250	178	976	174	63	67800
1995	15665	13866	8184	1613	4069	269	90	1058	188	43	59200
1996	16500	15374	7209	882	5523	294	322	1607	210	223	190000
1997	17698	9286	9737	1022	2192	196	96	1482	216	520	288000
1998	18219	11256	7428	1022	0	224	20	1279	112	51	247500
1999	18046	15449	6019	1040	0	207	26	1407	157	82	226000
2000	14362	12172	6416	1161	0	218	20	958	139	3	1500
2001	13569	12417	10182	1605	0	154	22	940	105	31	109800
2002	19142	13665	9310	1525	0	138	5	832	113	0	0
2003	10321	9516	7523	1993	0	213	12	601	96	27	38000
2004	10814	9761	6852	2909	0	251	13	500	82	32	165900
2005	9906	8357	5993	2364	0	177	28	458	93	0	0
合　计	192889	156972	99167	21106	17406	2937	893	13027	1889	1075	1393700

第三节　刑事申诉案件复查

1993年，为规范全省检察机关控告申诉检察部门办案程序和法律文书制作，省检察院控告申诉检察处向全省检察机关转发高检院《复查刑事申诉案件法律文书格式（样本）》、《人民检察院复查刑事申诉案件规定》。各级检察机关在办案中，坚持实事求是、有错必纠的原则，严格区分罪与非罪的界限，坚持全面复查，追究遗漏犯罪，做到不枉不纵。如古田县检察院控申科在复查该县一副乡长受贿免诉案时，发现申诉人于1988年从他人处所分得的7000元现金，确系其合伙做木材生意所得的利润款，虽属违纪行为，但尚不构成犯罪，随即撤销原免诉决定。三明市检察院办理的一起案件中，由于犯罪嫌疑人诬告申诉人同其合伙盗窃，大田县检察院以诬告陷害罪对犯罪嫌疑人作了免诉。申诉人不服，认为犯罪嫌疑人尚有其他盗窃未处理，经过调查发现犯罪嫌疑人有盗卖价值4万余元煤炭的新犯罪事实，决定撤销原免诉决定，依法向法院提起公诉，经过法院审理，对被告人作出有罪判决。全省全年共受理刑事申诉案件182件，办结149件。不服检察机关处理决定的刑事申诉案件181件，维持111件，纠正37件。其中复查不服免诉申诉案件151件，已结121件，维持89件，纠正32件。

1994年，全省检察机关控申部门学习贯彻高检院新颁布的《人民检察院复查刑事申诉案件规定》，并举办全省控告申诉科（处）长培训班。各级检察院控告申诉部门在工作中坚持对申诉人负责，对法律负责，以事实为依据，以法律为准绳。厦门市检察院复查的一起不起诉决定案中，经复查得知原认定中的法医鉴定轻微伤存在问题，案件承办人查到被害人最原始的X光片后，会同公、检、法法医联合鉴定，并走访省检察院、省协和医院的专家，再次进行鉴定，最终作出轻伤的结论。据此检察院撤销原不起诉决定，依法向法院提起公诉，法院作出有罪判决。当年，全省共受理刑事申诉案件142件，其中属于不服检察机关处理决定的刑事申诉案件137件，不服法院生效的刑事判决、裁定的5件，依法纠正26件，向法院提出抗诉4件。

1995年9月，全省刑事申诉案件法律文书评选工作会议在莆田市召开。全省全年共受理刑事申诉案件447件，立案复查135件，审查不立案175件，其中不服免诉105件，纠正27件，维持71件，依法向法院提起抗诉2件，改判1件。

1996年，办理"两不一免"（不立案、不服法院生效判决裁定、免予起诉）的刑事申诉案件是全省检察机关控申部门办案工作重点。省检察院控告申诉检察处不仅加大复查刑事申诉案件的工作力度，而且加强对基层复查工作的指导，全年累计下基层300多天，先后组成 4 个办案小组深入龙岩、宁德、漳州、泉州等地现场调查取证。全省共受理刑事申诉案件 181 件，不服免诉 142 件，不服法院生效的刑事判决、裁定 22 件，立案 130 件，审查不立案 51 件，纠正 42 件，维持 66 件，抗诉 7 件。其中省检察院控告申诉检察处直接办理刑事申诉案件 52 件，经过复查，依法作出撤销原决定 13 件。省检察院还审查了分、市检察院上报的备案材料 45 件，并对其中存在定性、制作、格式等方面错误的及时提出纠正意见 13 件。

1997 年 1 月 2 日，针对少数检察机关不严格执行《人民检察院复查刑事申诉案件规定》的情况，省检察院控告申诉检察处转发高检院《关于复查刑事申诉案件有关问题的通知》，强调要统一思想认识，严格执法。4 月 24 日，高检院刑事申诉复查和刑事赔偿工作座谈会在福州召开，会议着重对 1995 年以后复查刑事申诉案件和开展刑事赔偿工作的情况、问题进行研究总结，对控告申诉工作如何贯彻实施修改后的《刑事诉讼法》提出意见，并结合修改后的《刑事诉讼法》，对《人民检察院复查刑事申诉案件规定》进行修改讨论。

1998 年 7 月 7 日，省检察院控告检察申诉处转发高检院《检察院复查刑事申诉案件规定》，各地检察机关遵照执行。11 月 16 日，省检察院向全省检察机关下发《关于加强刑事申诉案件复查工作的通知》，各级检察机关积极抓紧贯彻落实，结合全国检察机关深入开展教育整顿工作会议的精神，结合福建省实际，把复查案件、纠正错案作为加强法律监督一项重要措施和内容来抓。如省检察院复查的某县外贸公司职工因贪污罪不服法院判决一案，面对长达十年几经复查的申诉案件，承办人为了查清证据疑点远赴江苏大丰县偏僻的乡村寻找证人，省检察院依法提出再审意见后，省法院宣告被告人无罪。漳州市检察院根据省检察院的意见，组成复查组，对某县农业银行干部及其妻子不服检察机关不起诉决定申诉案进行全案复查，查明是一起错案后，撤销原不起诉决定，主动赔礼道歉，并责成该县检察院依照《国家赔偿法》有关规定，予以刑事赔偿。

1997—1999 年全省共受理刑事申诉案件 938 件，其中不服检察机关决定的刑事申诉 368 件，不服法院生效的刑事判决、裁定的申诉 60 件，已办结 252 件，其中立案复查 195 件。

2000 年 6 月 12 日，省检察院控告申诉检察处转发高检院《人民检察院刑事申诉案件公开审查程序规定（试行）》，并制定办案时限流程表，明确从受理、立案直到送达各个环节的时限。三明市某供销经理部某业务员因不服三明市检察院以投机倒把罪对其作免予起诉和没收财产决定，多次上访。三明市检察院复查后维持原决定，申诉人仍然不服。省检察院经过认真复查，认为原决定部分事实定性、适用法律不当，依法决定将没收不当的款项 10.831 万元和两台彩色电视机、一台录像机退还给申诉人。省检察院控告申诉检察处加强对刑事申诉案件公开审查制度执行的指导，不定期与设区市检察院联合召开刑事申诉案件公开听证会。各地也积极探索听证会外的公开审查形式，如座谈会、示证会、质证会等。省检察院于5月、8月分别在福州、三明主持召开一起申诉案公开审查听证会，组织所辖检察院控告申诉干部列席，以会代训，培训干部，各地也逐步开展试点工作。全省共受理刑事申诉案件506件。其中，不服检察机关处理决定的刑事申诉案件485件，立案复查113件，审查不立案40件。受理不服法院生效的刑事判决、裁定的申诉54件，立案2件，审查不立案6件。

2001年3月6日，针对各地检察机关受理的各类刑事申诉案件中，不服免诉决定的申诉占很大比例的问题，省检察院控告申诉检察处转发高检院《关于复查免诉申诉案件有关问题的意见》，强调复查免诉案件应当严格依法办理，并对涉及当事人财产等相关问题，要根据不同情况积极稳妥地做好善后工作。各地检察机关注意发挥主动性，积极受理，依法复查，基本实现刑事申诉工作"由转到办"的转变。南平市检察院控告申诉检察处认真审查被害人不服光泽县检察院对犯罪嫌疑人作出的不起诉申诉案，提出纠正意见，经过检察委员会决定撤销不起诉决定，追究被不起诉人及同伙的刑事责任。全省全年共受理刑事申诉案案件501件，立案复查128件，审查不立案113件，作其他处理196件，依法纠正20件，维持108件，提起抗诉7件，复查息诉148件。

2002年5月1日起，省检察院将刑事申诉检察工作从控告申诉检察业务中分离出来，成立刑事申诉检察处。全省各地成立以主管检察长为组长的清理积压刑事申诉案件工作领导小组，由刑事申诉检察部门具体抓，有关业务部门积极配合。全省共清理办结积压管辖内刑事申诉案件40件。其中，县级检察院12件，设区的市级检察院25件，省检察院3件。省检察院在三明、南平分别召开两场听证会，对一起贪污案和一起徇私舞弊案进行公开审查，通过公开质证、辩论，两个申诉人均表示接受维持原决定，不再申诉。全省全年共受理刑事申诉案件541件，立案复查136件，维持121件，纠正15件，作审查处理229件。

2003年，全省检察机关刑事申诉（控申）检察部门坚持实体监督与程序监督相结合，抓办案、抓改革、抓制度和队伍建设。突出重点，强化措施，积极开展不服法院生效刑事判决、裁定申诉案件专项清理工作。根据高检院的部署，全省检察机关开展服刑人员申诉专项清理工作，并学习贯彻高检院《关于调整服刑人员刑事申诉案件管辖通知》、《关于开展超期羁押和服刑人员申诉专项清理工作的通知》、《关于做好专项清理工作加大对不服法院生效刑事判决裁定申诉案件办理力度的通知》、《关于不服同级法院生效刑事判决裁定申诉案件办理程序的答复》和《人民检察院办理交办控告申诉案件暂行规定》等文件。省检察院结合福建省实际制定下发《开展专项清理工作加大对不服法院生效刑事判决裁定申诉案件办理力度的实施方案》，明确专项清理工作指导思想和目标，确定工作范围和重点。全省全年共清理和受理服刑人员刑事申诉案件 115 件，立案复查 23 件，提出抗诉意见 2 件，作审查处理 81 件。清理和受理刑满释放人员申诉案件 27 件，立案复查 6 件，作审查处理 18 件。清理和受理被害人申诉案件 40 件，立案复查 11 件，作审查处理 25 件。受理不服检察机关处理的刑事申诉案件 110 件，立案复查 76 件，作审查处理 34 件。省检察院申诉处共办理高检、省政法委和省检察院领导交办件 7 件，对其中 4 件，由处领导带队，深入基层，督促办理。

2004 年，根据高检院《关于开展不起诉案件专项复查活动的通知》要求，省检察院制定下发《福建省人民检察院开展不起诉案件专项复查活动实施方案》，成立专项复查领导小组，并组成复查小组，确定不起诉案件专项复查的重点地区和重点案件，深入案件数量较多的基层检察院集中阅卷审查，对有争议的案件进行调卷复查，加强对基层检察院复查工作的指导和信息反馈。全省共清理 2003 年不起诉案件 1026 件 1388 人。其中，公安机关移送 793 件 1088 人，检察机关自侦 233 件 300 人，绝对不诉 107 人，相对不诉 742 人，存疑不诉 539 人。在清理的案件中被不起诉人申诉 20 件，被害人申诉 57 件，公安机关提请复议 15 件。经审查已经作出纠正的有 33 件。其中，当事人提出申诉的 7 件，公诉部门自行纠正的 26 件。各级检察机关在复查中注重严把事实、证据、法律关，坚持与申诉人"两见面"制度（即承办人在办案过程中要与申诉人、被申诉人见面，与原审法官、律师代理人沟通，充分听取各方陈述意见）。全省共立案复查不服检察机关处理的刑事申诉案件 72 件，改变原处理决定 15 件，作维持决定的 49 件。立案复查不服法院生效的刑事判决、裁定申诉 83 件，提出抗诉意见 2 件，提出再审建议 5 件，法院已改判 2 件。4 月 20 日，为规范不服法院生效刑事判决裁定申诉案件的复查工作，省检察院制定下发《复查不服刑事判决、裁定申诉案件办案细则（试行）》，要求对不服法院生效刑事判决裁定需要按照审判监督程序抗诉的，由刑事申诉检察部门出庭支持公诉。

2005 年，为贯彻《全省检察机关开展"规范执法行为，促进执法公正"专题整改活动实施方案》的工作部署，全省刑事申诉检察部门查找和解决当前控告申诉检察业务工作和队伍建设中存在的突出问题，解决群众反映强烈的突出问题，省检察院刑事申诉检察处会同控告检察处制定具体实施意见。在专项整改活动中，各级检察机关重视加强完善各项办案制度和管理制度的制订和执行落实工作，着重在办理案件权利与责任的定位、办案期限以及决定的执行等制度、规定的建立、健全上下功夫。省检察院刑事申诉检察处制定《不服人民检察院处理决定的刑事申诉案件办案流程》、《不服人民法院生效的刑事判决、裁定申诉案件流程》、《交办案件办理流程》等四个办案流程，下发全省执行。根据高检院《关于对不服检察机关处理决定的申诉案件办理情况开展质量检查活动的通知》，各地把开展质量检查活动作为专项整改活动的重要载体，加强领导，精心组织，强化措施，有步骤、分阶段地开展不服检察机关处理决定的申诉案件质量检查，共复查2004年度不服检察机关自侦案件作不起诉的申诉案件9件9人，维持原不起诉决定4件4人，相对不起诉改绝对不起诉2件2人，撤销不起诉决定的3件3人。各级检察机关通过对不服自侦案件作不起诉的申诉案件的质量检查，清理纠正不起诉处理错误的案件，总结分析自侦案件在侦查、批捕、起诉和申诉复查等环节上存在的问题和原因并提出相应的整改意见，有效推进全省刑事申诉检察工作的发展。龙岩市检察院注重完善和丰富监督方式，提高监督水平，通过复查不服法院生效刑事裁判申诉案件，不仅查清原审案件存在的错误，而且发现原案办理中职务犯罪的线索并移送给专案组，经专案组进一步调查，对涉嫌职务犯罪的法院系统、公安系统原承办人分别立案侦查4件，对涉嫌非法买卖爆炸物品犯罪移送公安机关立案侦查5件。全省全年共受理不服检察机关处理决定的刑事申诉案件85件，立案复查51件，审查处理14件。受理不服法院生效刑事判决、裁定申诉案件182件，立案复查24件，审查处理59件，提出抗诉6件，法院改判3件。

第四节　刑事赔偿工作

1995年1月1日，全省检察机关正式开展刑事赔偿工作。省检察院转发高检院《人民检察院刑事赔偿工作办法（试行）》、《关于印发刑事赔偿文书格式样本（试行）的通知》。各级检察院控告申诉检察部门组织学习贯彻全国人大常委会颁布的《国家赔偿法》，省、市检察院均建立刑事赔偿机构，成立赔偿委员会，下设办公室，至少配备2名工作人员，各县（市、区）检察院也有专人负责刑事赔偿工作。

1996年2月10日，省检察院启用福建省检察院刑事赔偿工作办公室印章。6月5日省检察院刑事申诉检察处向各分、市检察院控告申诉检察科（处）发出《关于报送刑事赔偿工作情况材料的通知》，对各地报送设立赔偿机构、人员配备、开展《国家赔偿法》宣传活动情况以及受理刑事赔偿申请、案件处理情况进行调查。8月7日，省检察院对各地1995年开展刑事赔偿以来的工作情况进行通报。全省全年受理赔偿请求9件，办结2件。

1997年1月14—21日，省检察院刑事申诉检察处派员赴福州、厦门、泉州、莆田等地，就1996年以后办理刑事赔偿案件的情况、经验以及工作中存在的问题进行调查，并将《对福州等四地刑事赔偿工作的调查情况》下发各分、市检察院。全省各级检察院刑事申诉（控告）检察部门贯彻执行《国家赔偿法》和全国检察机关刑事申诉、刑事赔偿工作座谈会精神，提高刑事赔偿案件的质量和结案率。全省全年受理赔偿请求10件，办结7

件，赔偿 0.188025 万元。南平市检察院在受理一起错捕刑事赔偿复议案中，经审查确定原案中犯罪嫌疑人没有犯罪行为，决定按照《国家赔偿法》的规定，由原作出决定的建瓯市检察院赔偿 0.188025 万元。

1998 年 1 月 19 日，省检察院转发高检院《人民检察院刑事赔偿工作暂行规定》和《人民检察院刑事赔偿诉讼文书样式》。全省全年受理赔偿请求 26 件，办结 13 件，赔偿 1.0997 万元。

1999 年，省检察院和分、市检察院多次派员深入基层，就刑事赔偿工作中遇到的新情况、新问题，进行深入的调查研究和加强个案指导。各地主动探索，把贯彻执行《国家赔偿法》落实到办案上，办理一批刑事赔偿案件。全省全年受理赔偿请求 24 件，办结 18 件，赔偿 57.3116 万元。

2000 年全省共受理刑事赔偿案件 21 件，办结 8 件，赔偿 2.4702 万元。

2001 年 2 月 23 日，省检察院转发高检院《人民检察院刑事赔偿工作规定》以及《人民检察院刑事赔偿法律文书样式》。3 月 7 日转发《最高人民检察院刑事赔偿工作办公室关于建立刑事赔偿案件备案审查制度的通知》，进一步规范刑事赔偿工作的整体运作。全省全年受理赔偿请求 28 件，办结 18 件，赔偿 13.971 万元，返还财产 22.5 万元。

2002 年，全省检察机关严格按照高检院《人民检察院刑事赔偿工作规定》，树立有错必纠、依法赔偿的观念，严格办案程序，提高办案质量，努力把赔偿案件解决在首办环节，降低复议机关和法院赔偿委员会改变不予赔偿的比例。泉州市、晋江市检察院探索赔偿案件公开审查有关业务，出席全省首例法院赔偿委员会对赔偿请求人申诉赔偿请求听证会。全省全年受理赔偿请求 35 件，办结 20 件，赔偿 18.7 万元。

2003 年，省检察院刑事申诉检察处下发《刑事申诉、刑事赔偿工作办案责任制》，量化考核，量化管理，将工作任务分解到人，责任落实到人，强化刑事赔偿工作效能建设。申诉人就其涉嫌放火一案申请国家赔偿，泉州市中级法院赔偿委员会作出赔偿决定后，晋江市检察院作为赔偿义务机关，自觉维护法律尊严，积极理赔。全省全年受理赔偿请求 46 件，办结 8 件，赔偿 4.3 万元。

2004 年，省检察院党组决定从 3 月至 6 月在全省检察机关开展未执行刑事赔偿案件及财产申请的刑事申诉、刑事赔偿案件专项清理工作，省检察院刑事申诉检察处及时制订实施方案，明确专项清理工作的时间、步骤和具体要求。同时利用纪念《国家赔偿法》颁布十周年活动的契机，与省人大常委会、省法院联合召开座谈会，回顾总结执行赔偿法工作情况和经验，探索遇到的问题和解决的办法。专项清理活动共清理 11 件，其中 2 件提请省人大内司委协调。针对宁德市检察院以爆炸罪对申诉人提起公诉一案，省法院以事实不清、证据不足，改判其无罪。申诉人向宁德市检察院和法院提出共同赔偿申请，宁德市检、法两院作出共同赔偿决定书，决定两院共支付赔偿金 5.053275 万元。全省全年受理赔偿申请 46 件，办结 8 件，赔偿 8.633275 万元。

2005 年，为配合"规范执法行为、促进执法公正"专项整改活动，规范执法行为，省检察院刑事申诉检察处制定下发《刑事赔偿案件办案流程》。11 月 30 日至 12 月 1 日，组织召开全省检察机关刑事赔偿工作座谈会，研究分析全省检察机关刑事赔偿工作情况，探索建立刑事赔偿案件听证制度。德化县检察院对申诉人因其子在羁押期间死亡要求刑事赔偿一案，在县财政困难、刑事赔偿金一时无法到位的情况下，先从办案经费中列支 1.8 万元送交赔偿请求人。全省全年受理赔偿申请 43 件，办结 12 件，赔偿 13.71 万元。

第六章　民事行政检察

1993—2005 年，全省检察机关民事行政检察部门以办理民事、行政申诉案件的抗诉工作为主要监督渠道，陆续探索开展执行监督、刑事附带民事诉讼、支持起诉、督促起诉等监督模式，将查办审判人员职务犯罪案件作为民事审判、行政诉讼监督的重点工作之一，推动民事行政（以下简称"民行"）检察工作深入发展。

第一节　抗　诉

1993 年，省检察院提出全省"要办案，办大案，抗一案，准一案"的工作思路。3月，省检察院在福州召开全省民行检察工作会议，根据全省各地办案经验总结出"五个主动精神"：主动协调检法两家关系，积极解决办案程序问题；主动办案，采取以再审建议方式移送法院或以执行和解直接结案，尽快体现办案成果；主动"进攻"，办好重点案件，从根本上解决判案不公问题；主动调研，解决工作进程中出现的新情况、新问题；主动参与综合治理，使之具有业务部门的特色。省检察院制定下发《关于贯彻最高人民检察院〈关于民事审判监督程序抗诉工作暂行规定〉和〈关于执行行政诉讼法第六十四条的暂行规定〉的实施意见》，规范民事、行政申诉案件的办理程序，统一法律文书格式及季报表，建立民事行政诉讼档案管理制度。4月，省检察院转发高检院民行厅《关于进一步加强民事行政检察工作的通知》，各地按通知要求切实加强抗诉工作。全省全年共受理民事行政申诉案件 541 件，立案审查 121 件，提出抗诉 24 件，法院再审改判 4 件，为当事人挽回直接经济损失 544.86 万元。在机构建设方面，漳州、莆田、南平、宁德等地区新成立业务机构 8 个，挂牌 6 个。三明有 8 个基层检察院民行科从控申、法纪检察部门中分设出来。全省 77.7％的基层检察院成立民行业务机构，共 63 个。

1994 年，根据高检院民行厅提出福建要多办一些抗诉案件的要求，省检察院分组划片指导分、市检察院抓好办案工作，抓好三个环节，"三个一起抓"（即一审、二审生效的申诉案件一起抓；大案、小案一起抓；民事、经济、行政案件一起抓）。各地按省检察院要求，只要符合抗诉条件的申诉案件，都提出抗诉，并加快办案速度，加强个案指导，做到及时立案、及时审结、及时抗诉，把握好法定抗诉条件。全省各地主动理顺检察院、法院（以下简称"检法"）两家关系，改善执法环境，把监督工作引向深入。龙岩、福州、厦门、漳州、宁德、莆田等分、市检察院配合省检察院做好出席再审庭审工作，得到法院支持，提出抗诉的案件得到及时的审理和改判。龙岩、厦门检察机关主动向政法委、人大法工委汇报工作，提出加强民行工作法律监督建议，得到当地党委和人大常委会的肯定。12月，省检察院在龙岩市举办第三期全省民行检察干部培训班，对新调入的处、科长及干部进行业务培训。到年底，全省已建立民行检察业务机构达85个。全省全年共受理民行申诉案件504件，立案审查101件，提出抗诉41件，法院作出再审判决7件，全部获得改判。

1995年，按照"两个突破，一个提高"（即在办理抗诉案件和徇私舞弊案件数量上有新的突破，全省民行检察干部素质有新的提高）的工作目标，省检察院加强对基层业务指导，全省按照办公场所、人员配备、办案数量的标准，确定福清、永安等25个基层检察院作为分、市检察院的指导联系示范点。25个示范点民行科全年共办理提请抗诉案件90件，占全省基层检察院办案总数的2/3。2月，省检察院在福州召开全省民行检察工作会议，研究解决全省民行检察工作中存在的突出问题以及如何开展示范点工作问题，并表彰先进集体及先进个人。12月，全省已成立民行检察业务机构86个，配备干部227人。全省全年共受理申诉案件712件，立案205件，提出抗诉82件，法院作出再审判决27件，其中改判20件。

1996年，全省检察机关将该年作为"民行年"。各地在办理抗诉案件中，采取请示、汇报、联办等办法，加强办案指导，对决定不抗诉的案件，省检察院采取"请上来"、"走下去"的办法，与下级检察院共同分析不抗诉理由，总结如何把握抗诉条件。25个基层检察院发挥"示范点"作用，推动全省基层检察院办案工作的开展，并将抗诉书报送同级人大常委会备查，接受人大监督。1月，全省检察长会议召开，要求加强民行检察工作，积极推进严格执法。5月，省检察院制定《关于办理民事行政抗诉案件程序问题的几点意见》。6月，省检察院民行处向省检察院党组书面报告全国民行检察工作座谈会情况，并在7月召开全省民行检察工作座谈会，传达全国会议精神。8月底，宁德检察分院四个基层检察院成立民行科，至此，全省基层检察院全部完成民行业务机构的设立。12月，全省民行检察理论研讨会暨全省民行检察经验交流会在厦门召开。全省全年共受理民行申诉案件964件，立案335件，提出抗诉157件，法院作出再审判决60件，改判43件。

1997年，民行检察工作思路为"抓基层、抓规范、抓协调"，围绕办理抗诉案件这个重心，把查办审判人员职务犯罪案件纳入民行检察工作中，抓好办案"三个基本环节"（即抓办案效率、抓办案质量、抓办案效果）。4月，全省民行检察工作会议在福州召开，传达全国部分省市民行检察工作座谈会精神，研究如何进一步做好全省民行检察工作。全省共受理申诉案件 1400 件，立案 602 件，提出抗诉 321 件，法院再审判决 148 件，改判 99 件。

1998 年，省检察院提出全省"执法监督工作要上新水平"的民行检察工作思路，明确"总体工作要有较大发展，且具有区域性特点"的工作目标。全省共受理民行申诉案件 1628 件，立案 719 件，提出抗诉 386 件，法院审结 255 件，其中改判 157 件。省检察院提请高检院抗诉 3 件，提出抗诉 131 件，办案数量居全国省级院第一。

1999 年，根据高检院制定的《人民检察院办理民事行政抗诉案件公开审查程序试行规则》，各地深化"检务公开"，试行办理抗诉案件公开审查程序，逐步做到立案公开、审查公开、结论公开。10 月，高检院在福州召开全国检察机关民行抗诉案件公开审查现场会，总结推广福州市检察院作为全国试点单位取得的经验。11 月，省检察院下发《关于充分发挥民事行政检察职能作用，依法保障国有企业合法权益的通知》，要求在实践中探索以国家原告的身份对涉及国有资产保护、侵害社会公共利益案件向法院提起民事、行政诉讼的途径。全省全年共立案民行申诉案件 1215 件，提出抗诉 679 件。法院作出再审判决 240 件，其中改判、发回重审、调解 117 件。

2000 年，各级检察机关以提高办案质量为重点，明确办案质量责任，进一步推动民行检察抗诉工作。福州、龙岩、泉州按照省检察院部署，试行主诉检察官办案责任制。各地加强业务规范化建设。漳州市检察院制定《人民检察院民事行政检察申诉案件办案规则（试行）》。惠安县检察院与法院在调卷、审级、审限、执行和解等问题上达成共识，共同出台《关于加强民事行政审判、检察工作协作配合的若干意见（试行）》。龙岩市检察院根据省检察院"关于积极探索利用检察职能防止国有资产流失有效途径"的要求，发挥民行检察职能，开展支持国有资产管理部门提起民事诉讼工作，办结三起国有资产流失案件。省检察院集中精力办理一批抗诉案件。寿宁县犀溪乡仙峰村 95 户消费者要求返还财产纠纷申诉一案，在当地影响大，省检察院及时提出抗诉后，再审法院予以改判，维护了 95 户农民的利益；对大田县矿产开发公司与江苏华西集团公司购销合同纠纷申诉一案，省检察院提出抗诉后得到改判，为申诉人挽回近 80 万元经济损失。12 月，省检察院与省法学会、省律师协会联合召开民行检察监督研讨会，全省共 53 篇论文参加研讨，10 篇获优秀论文奖。全省全年共立案审查 1369 件，提出抗诉 529 件，法院再审审结 385 件，改判、发回重审及调解 212 件。

2001 年，全省检察机关把抗诉作为民行监督的主渠道，突出办案重点，优先办理四类案件：涉及国家公共利益、国有资产流失的案件；因地方保护主义、部门保护主义导致错判的案件；媒体和人民群众关心的热点案件；审判人员徇私舞弊、枉法裁判的案件。全省组织学习高检院颁布的《人民检察院民事行政抗诉案件办案规则》，对办案流程、抗诉案件范围、审查方式、抗诉标准、结案方式等方面进行规范。全省加强再审出庭工作，强化抗诉案件的跟踪监督。厦门海发投资实业股份有限公司股票侵权纠纷41件系列申诉案，涉及38位申诉人，省检察院提出抗诉后，厦门市检察院做好出席再审法庭工作，与厦门市中级人民法院审判监督庭法官进行沟通，将案件全部作调解处理，为申诉人挽回经济损失20万余元。根据省检察院3月下发的《关于查报国有资产流失案件的通知》的要求，各地加强与国有资产管理局、房管局、土地局等单位联系，了解国有资产流失情况，排查相关线索，同法院进行沟通、协调，探索提起民事诉讼、支持起诉等监督新途径。4月，省检察院制定下发《福建省检察机关民事行政部门内勤工作规则》和《福建省检察机关民事行政案件立卷归档工作细则（试行）》，规范民行部门内勤及立卷归档工作。全省全年共受理申诉案件2445件，立案1061件，提出抗诉311件，法院审结438件，其中改判、发回重审、调解203件。

2002年，各级检察机关以提高办案质量为重点，以规范办案为主线，强化民事审判、行政诉讼监督。1月，省检察院下发《福建省检察机关民事行政检察工作量化考核暂行办法》，加重办案质量在工作考评中的分量。9月，省检察院下发《福建省人民检察院关于受理民事行政申诉案件的若干规定》，规范申诉案件受理工作。全省坚持抗诉、息诉并举，对不符合抗诉条件的案件，与控申部门一起做好释法息诉工作，平息纠纷，维护社会稳定。如福州摩托车厂返还不当得利纠纷一案，申诉人不服检察机关决定，多次到省检察院申诉。省检察院在按申诉受理规定做好解释工作的同时，根据其请求调取的相关证据材料，均证明原判决正确，申诉人表示接受并服判息诉。全省全年共受理申诉案件2018件，立案审查878件，提出抗诉266件，法院再审审结217件，改变原判决113件。

2003年，侵害国家和社会公共利益、因地方保护主义和部门保护主义导致错判、媒体和人民群众关心的热点和审判人员枉法裁判导致显失公平的案件，是全省检察机关抗诉工作重点。省检察院办理一批涉及国有资产利益的案件。厦门市检察院提请的一起借款合同纠纷案，省检察院抗诉后法院再审予以改判，为国家挽回经济损失129万元。对宁德提请的16人与福鼎市康庄房地产开发公司房屋代建合同纠纷16件申诉案，省检察院抗诉后法院再审全部予以改判。全省检察机关立足保护国家和社会公共利益，稳步开展支持、提起民事诉讼试点工作。福州、泉州市检察院分别办理支持起诉4件、18件，为国家、集体挽回经济损失329万元和120万元。龙岩市检察院制定并贯彻实施《检察机关以民事起诉方式保护国有资产的意见》。3月，省检察院和省法院联合下发《关于办理民事、行政抗诉案件若干问题的意见》，对办理民行抗诉案件的审级、审限、调卷、开庭、检察建议等问题作出规定，弥补民行抗诉工作在立法上可操作性不强的缺陷，规范全省检法两家在办理民行抗诉案件中的协作配合机制。龙岩、泉州、三明、南平等地检察机关加强与同级法院的沟通联系，就民行抗诉工作等相关问题与法院达成共识。6月，省检察院汇编《民事行政检察工作实用手册》，下发指导各级民行部门。全省全年共受理申诉案件1739件，立案审查645件，提出抗诉144件，法院再审审结256件，改变原判决163件。

2004年，按照"强化法律监督，维护公平正义"工作主题，各级检察机关加大对民事审判、行政诉讼的监督力度，加强民行检察工作宣传，扩大民行检察社会影响，有针对性地提高抗诉质量。福州市检察院实行案件质量评价机制，注意加强抗诉案件出庭工作和与再审法庭的沟通。厦门市检察院发挥专家咨询委员会在办理疑难案件中的"智库"作用。泉州市检察院提出"质量为先"的工作目标，确定2004年为民行抗诉案件综合评比年。莆田市检察院加强抗诉书的说理和其他文书的规范工作。同时，全省检察机关发挥民行检察法律监督职能，拓展监督领域。永安市检察院对一起因失火罪造成国家和集体财产损失案件提起附带民事诉讼，这是福建省检察机关首例依职权提起刑事附带民事诉讼案件，法院采纳了检察机关意见。泉州市鲤城区检察院针对一起因危险物品肇事罪造成公共财产损失的案件提起附带民事诉讼。7月，漳州市检察院与法院率先出台全省设区市检、法两家《办理民事、行政抗诉案件若干问题的意见》，建立受理案件互相通报、调阅案卷、个案再审检察建议、检察机关支持公益诉讼等制度。全省全年共受理申诉案件1828件，立案756件，提出抗诉164件。法院再审审结141件，其中改判、调解、撤销原判发回重审89件。

2005年，各地坚持"立检为公、执法为民"，突出"强化法律监督，维护公平正义"工作主题，以抗诉书说理改革为切入点，提高案件质量，以全面推行抗诉案件会审制度，提高办案效率。5月，省检察院印发《民事行政检察法律文书说理要点》，指导抗诉书说理改革工作。6月，省检察院下发《关于加强业务指导的若干规定（试行）》和《关于加强办案管理的若干规定（试行）》，建立案件流程管理制度和案件集中会审制度，规范办案程序，改进业务指导工作的方法。7月，省检察院向省人大常委会作关于法律监督工作专题报告，省人大常委会对民行检察工作提出"当前和今后一段时期，要创造性地开展民事行政诉讼监督工作"的要求。12月，省检察院与省法院联合下发《关于进一步规范办理民事行政抗诉案件工作座谈会的纪要》，进一步规范调（借）阅案卷和再审检察建议工作，明确规定经人民法院复查维持的案件、审判委员会研究决定的案件以及行政案件等三类案件，检察院提出抗诉后，由受理抗诉的人民法院提审。全省全年共受理申诉案件1744件，立案734件，提出抗诉165件。法院再审审结98件，其中改判、调解、发回重审61件。

第二节 检察建议

2001年以前，全省检察机关主要针对法院存在错误判决、裁定以及法院违法作出决定的案件，或发现审判工作需要改进的问题，通过提出检察建议进行监督，并且把检察建议逐步纳入民行检察工作中。

2001年，按照高检院出台的《人民检察院民事行政抗诉案件办案规则》要求，全省检察机关以明确检察建议的内容、方式及程序为契机，拓展监督内容，重点针对以下四种情形发出检察建议：法院裁判确有不妥，但检察机关不宜或不能提出抗诉的，如标的小的案件、执行案件等；对检察机关认为法院裁判有误的案件，经与同级法院协商一致，通过发检察建议，建议由法院直接进行再审的；办案中发现有关部门、单位有违法行为的；在参与整顿市场经济秩序中，发现有关单位有违反市场经济秩序的。龙岩市检察院建立"同级再审建议"制度，向同级法院发出检察建议，直接启动再审程序。全省全年共发出检察建议80件，被采纳51件。

2002年，全省全年共提出检察建议132件，被采纳101件。各地在巩固检察建议原有监督渠道基础上，深入挖掘检察建议新的监督层面。晋江市检察院针对法院在审理抗诉案件中存在的裁而不审、审而不判的审限问题，采用检察建议促使法院在一个多月内开庭审理6起抗诉案件。莆田等地通过运用检察建议保障国有企业、集体经济利益。莆田市检察院在审查莆田市综合福利厂转让国有资产纠纷案件时，发现莆田市综合福利厂的主管部门莆田市民政局，未经国有资产管理部门批准，也未办理合法手续，擅自将国有资产转让给他人，莆田市检察院向市国资委、涵江区房管处发出检察建议，获得采纳，为国家挽回经济损失近150万元。

2003年，各级检察机关共提出各类检察建议194件，其中个案再审检察建议51件，法院采纳38件。省检察院针对再审法院在4个抗诉案件中，对抗诉理由中提出的问题不予审理的问题，向省法院发出检察建议要求提审，省法院对2个案件进行提审，对2个案件进行复查。各地还积极运用检察建议促进有关单位依法办事和堵塞工作中的漏洞。莆田市检察院在审查案件中发现该市某公司未经依法审批、评估和拍卖就将以400余万元取得一块价值上千万元的国有土地使用权后，及时向市国土局、国资委发出检察建议并得到采纳，避免1000余万元国有资产的流失。

2004年，在省检察院的协调带动下，各地加强与法院立案、审判监督部门就再审检察建议具体运用程序和效力的工作协调，一些地方以两院联合发文或会议纪要的形式就再审检察建议的运用作出规定，规范和推动再审检察建议工作，强化同级监督，使全省民行检察办案结构更趋合理。全省全年共提出再审检察建议 102 件，法院采纳 58 件。清流县检察院与法院达成《关于民事行政案件应用检察建议办法》。三明市检察院召开现场会推广清流县检察院的工作经验，高检院、省检察院分别转发相关经验材料。长汀县检察院与法院形成《关于民事行政申诉案件同级建议再审问题的座谈会纪要》，就检察建议的具体运用达成共识。莆田市城厢区检察院、邵武市检察院等检察机关针对办案中发现的人民法院执行活动和行政机关执法行为不规范、国有资产管理单位管理制度不健全造成国有资产流失等问题，运用检察建议开展监督。全省检察机关民行部门共发出其他检察建议 88 件。莆田市城厢区检察院对一起判决生效 8 年、法院在被执行人有可供执行财产情况下随意裁定中止执行的案件，向法院发出检察建议，要求撤销中止执行裁定，法院采纳检察建议并及时执行。邵武市检察院针对离任法官违反规定代理诉讼问题，向法院和司法局发出检察建议，使问题得到纠正。

2005 年，再审检察建议被明确作为抗诉监督的主要辅助手段，各地规范建议文书制作和工作程序，对部分符合抗诉条件的民行申诉案件，以检察建议的形式督促人民法院再审，从而节省诉讼环节、诉讼周期，实现对人民法院的同级监督。全省全年共提出再审检察建议 44 件，法院裁定再审 26 件。厦门市、区两级检察院全年提出再审检察建议 12 件，法院全部采纳，其中针对厦门市海沧区农村外嫁女的征地补偿纠纷系列案件提出的 11 件再审检察建议，法院再审后全部改判。全省各地还注意运用检察建议对法院在民事行政案件执行中存在的不当执行或违法执行行为进行监督。漳州市市、县（区）两级检察院全年共向法院发出执行监督检察建议 34 件，被采纳 30 件。惠安县检察院与法院达成将刑事附带民事判决列入再审检察建议对象以及加强工作协作的意见，相关经验材料被高检院转发。

第三节　查办审判人员职务犯罪案件

1993 年，全省检察机关注重将办理抗诉案件同查办徇私舞弊案件结合起来，从明显判决不公案件中发现司法人员贪赃枉法、徇私舞弊犯罪案件。8 月，省检察院下发《关于贯彻查办徇私舞弊犯罪案件决定有关问题的通知》，各地突出抓好民事、行政诉讼中的审判人员徇私舞弊案件的查办，把查处司法人员贪赃枉法、徇私舞弊犯罪案件摆在第一位。全省全年共查办案件 2 件 3 人。平潭县检察院在审查一起借贷合同纠纷申诉案中，成功查办该县某法庭副庭长、助理审判员索贿 2 万余元及滥用诉讼保全和查封等职权的徇私舞弊犯罪行为，两人均被判处有期徒刑一年六个月，同时检察机关对该民事案件提出抗诉，这是全省检察系统查办此类案件第一例。龙岩、武平两级检察院从 100 元的受贿线索入手，成功查办武平县法院某法庭庭长受贿、强奸案。

1994 年，以查办工作和重大民行抗诉案件为工作重点，各级检察机关按照发现一案查办一案原则，一查到底。全省全年共初查线索 15 条，立案 2 件 2 人。龙岩、三明市等检察院通过加强宣传，挖掘相关案件线索。连城县检察院在办案中成功查办该县法院一法官在担任民事庭和执行庭副庭长期间，利用职务之便收受 27 个当事人贿赂 6720 元、贪污执行费 2300 元的违法行为，被告人被依法惩治。

1995 年，查办工作是民行检察工作的重中之重，各级检察机关注意从申诉案件审查中发现线索。全省全年共初查线索 27 条，立案 11 件 11 人。6 月，省检察院召开全省检察机关查办徇私舞弊案件协调联席会，明确民行部门查办徇私舞弊案件管辖范围，并就如何进一步深入开展查办徇私舞弊案件工作作出部署。福州市检察院在审查一起房产纠纷申诉案中，根据线索，查明该案二审承办人省法院审判员受贿 0.2 万元、再审复查的审判长刑一庭副庭长受贿 1.058 万元以及中级法院执行庭助理审判员受贿 0.305 万元、民庭助理审判员介绍贿赂 2.85 万元的犯罪事实，四人均被依法追究刑事责任。

1996 年，根据全国检察机关民行检察工作座谈会提出的，注意发现和查处隐藏在裁判不公背后的审判人员徇私舞弊、枉法裁判案件的要求，全省检察机关加大查处力度，采取"三级"或"两级"合办的办法，调动系统整体力量。全省全年共初查案件 56 件，立案 14 件 16 人。

1997 年，在抓好抗诉案件的同时，全省检察机关把查办工作纳入民行检察工作总体部署中。全省全年共查办案件 6 件 7 人。泉州市检察院在一起民事执行申诉案中，根据发现的案件执行人员涉嫌受贿的线索，成功查办某市法院执行员受贿、书记员介绍贿赂案。12 月，全省检察长工作会议明确民行检察部门不再承担查办审判人员职务犯罪案件的职责。

1998—1999 年，检察机关侦查权集中由反贪、法纪部门行使，全省民行检察部门不再查办审判人员职务犯罪案件，对在办案中发现的审判人员职务犯罪线索，按规定移送有关部门办理。

2000 年 6 月，省检察院召开全省民行检察工作座谈会，传达全国民行检察工作座谈会精神，明确民行检察部门必须加大查办审判人员在民事审判、行政诉讼中徇私舞弊、枉法裁判等犯罪案件的力度，把查办审判人员违法犯罪案件作为加强诉讼监督的有力手段。全省按照会议部署，恢复开展查办工作。全省全年共初查 24 件 32 人，处理 8 件 8 人。长乐市检察院通过对一起债务纠纷申诉案的审查，从中发现并查处了该市法院某法庭助理审判员枉法裁判案。南平市检察院在办理一起冒名侵权纠纷案中，根据发现的线索，查明该案审判长曾收受 0.15 万元贿赂，枉法裁判致使松源村损失 10 万元的事实，依法追究其刑事责任。

2001—2002 年，全省检察机关重点查办审判人员在民事审判、行政诉讼中徇私舞弊、枉法裁判犯罪案件，在对申诉案件的审查过程中注意发现隐藏在司法不公背后的审判人员职务犯罪线索，主动加强与控申、自侦部门的协作配合，形成办案合力。惠安县检察院在对三起借贷纠纷申诉案件审查中发现县法院某法庭法官涉嫌枉法裁判，经过查处，被告人被判处有期徒刑两年，3 起民事案件均获再审改判。2001—2002 年，全省全年分别初查案件 30 件 29 人和 12 件 12 人，其中立案 2 件 2 人和 1 件 1 人，作纪律处分 2 件 2 人和 1 件 1 人。

2003 年，在加强申诉案件审查工作的同时，各级检察机关注意发现和挖掘隐藏在司法不公背后的审判、执行人员职务犯罪线索。5 月，省检察院检察委员会讨论通过《关于民事行政检察部门开展初查工作的若干规定》，明确赋予民行检察部门对审判人员民事、行政枉法裁判等职务犯罪案件的初查权，理顺民行检察部门与控告部门、自侦部门间的配合协作关系。全省全年共初查案件 51 件 54 人，立案 15 件 15 人。在申诉人撤销权纠纷申诉案中，申诉人向省检察院举报该案审判人员有枉法裁判行为，在省检察院、福州市检察院、马尾区检察院三级院的共同努力下，成功查处从一审、二审、再审到执行各个环节 5 名法官的涉嫌民事行政枉法裁判、受贿犯罪串案。福州市、县（区）两级检察院从拍卖行违法拍卖案件入手，分别查处中级法院执行法官受贿犯罪和某县法院副院长及执行法官受贿的案件。仙游县检察院在办理申诉案件中，根据多人对某镇法庭副庭长枉法裁判的举报，查出犯罪嫌疑人在办案中收取当事人财物，指使当事人伪造证据并严重违背事实与法律作出错判的事实。省检察院、三明市检察院共同查处一起从省检察院抗诉成功的申诉案中发现的三明市中级法院法官涉嫌民事枉法裁判案。

2004 年，各地将查办审判、执行人员职务犯罪案件作为提高民行检察法律监督效果的有效手段和推动民行检察工作发展的突破口，在工作部署上采取措施，推动查办工作深入开展。全省全年共初查案件 66 件 66 人，立案 6 件 6 人。龙岩市、县（区）两级检察院在审查一起房屋租赁合同纠纷申诉案中，发现该案原审法官枉法裁判的犯罪线索，省检察院、龙岩市检察院及新罗区检察院三级院民行检察部门与自侦部门协同作战，成功查处该起被全国人大代表和当地人大常委会强烈关注的审判人员民事枉法裁判案。

2005 年，全省检察机关通过受理群众申诉，针对特定时期和领域群众反映强烈的司法不公问题，研究分析民行诉讼中职务犯罪的特点、规律，了解掌握案件多发环节、专业特征和作案手段，整合侦查资源。2 月，省检察院转发高检院《关于调整人民检察院直接受理案件侦查分工的通知》，明确赋予民行检察部门对在办理申诉案件过程中发现的审判、执行人员职务犯罪线索的侦查权。7月，省检察院下发"审判人员涉嫌职务犯罪案件线索审查表"和"审判人员涉嫌职务犯罪案件线索初查呈批表"，规范线索审查、审批以及与控告、自侦等部门之间的线索移送制度。12月，省检察院检察长倪英达在全国检察长会议上作题为《合理配置侦查资源，推动民事行政法律监督，有效维护司法公正和司法权威》的发言。全省全年共初查案件39件39人，立案10件10人。包括福州市鼓楼区检察院立案侦查的区法院民二庭副庭长枉法裁判一案、闽侯县检察院查办的该县法院一法庭副庭长涉嫌贪污一案以及福州市市、县（区）两级检察院参与查办的假离婚诉讼中7名审判人员涉嫌受贿、枉法裁判、滥用职权串案。

第七章　林业检察

1993—2005 年，全省检察机关林业检察部门（以下简称"林检部门"）共受理森林公安机关提请批准逮捕林业刑事案件 10245 件 15248 人，经审查决定批准逮捕 9518 件 14112 人，不捕 672 件 1106 人，退回补充侦查 106 件 165 人，追捕 618 人，发出检察建议 760 件。受理公安机关移送审查起诉各类林业刑事案件 12771 件 18969 人，经审查决定起诉 11567 件 16776 人，免予起诉 430 件 969 人，不起诉 332 件 547 人，追诉 151 人。

第一节　林业侦查监督

一、审查逮捕

1993 年，全省检察机关林检部门经审查决定批准逮捕林业刑事案件 405 件 673 人。共批捕毁林案件营利性盗伐、滥伐林木案件和无证、伪证运输木材案件 229 件 434 人。

1994 年，各地贯彻林业部、公安部、最高人民法院、最高人民检察院联合下发的《关于严厉打击破坏森林资源违法犯罪活动的通知》，开展打击犯罪和重点整治工作。全年共批捕林业刑事案件 700 件 1230 人。

1995 年，经审查决定批准逮捕林业刑事案件 671 件 1173 人。4 月，省检察院在省林业干校召开侦查监督工作研讨会，有 34 个单位参加研讨班，介绍经验做法，提出存在问题和研究开展侦查监督工作的对策，开设侦查监督、火灾现场勘察、盗伐滥伐现场勘察等专题讲座。

1996 年，经审查决定批准逮捕林业刑事案件 808 件 1300 人，其中共批捕重特大林业刑事案件 145 件 192 人。

1997 年，经审查决定批准逮捕林业刑事案件 712 件 860 人。全省检察机关林检部门开展案件质量复查。省检察院林检处组织对 1996 年全省办结的不捕案件 34 件 63 人，不诉案件 22 件 32 人，采取个人阅卷、小组讨论、大组评议的方法进行交叉复查。发现不捕案件中有疑义、争议的 3 件 5 人，部分法律文书不够规范，有的案卷装订不符合要求，各单位针对这些问题及时改进。

1998 年，经审查决定批准逮捕林业刑事案件 703 件 869 人。6 月，省检察院与省高级法院、省公安厅联合印发《办理盗伐、滥伐林木等破坏森林资源犯罪案件适用法律的座谈纪要》的通知，规范破坏森林资源犯罪案件的法律适用。8 月，省检察院林检处编发《森林刑事案件罪名释义及相关法律政策选编》，指导全省林检工作。

1999 年，经审查决定批准逮捕林业刑事案件 616 件 990 人。

2000 年，第 594 期的《八闽快讯》专报件登载省检察院报道的一篇信息，反映闽北毁林犯罪案件大幅度增长，珍贵树种遭受严重破坏。4 月，省检察院与省法院、省公安厅联合制定《失火罪中"情节较轻"问题的意见》。全省检察机关林检部门经审查决定批准逮捕林业刑事案件 909 件 1275 人。其中失火毁林案件较上年大幅度上升，批捕失火案件 382 件 384 人。

2001 年，经审查决定批准逮捕林业刑事案件 706 件 1162 人。省检察院与省法院、省公安厅先后联合制定并下发《关于福建省盗伐、滥伐林木案件有关具体数量标准的规定》和《关于修订故意毁坏财物（林木）案件数额标准的意见》。

2002 年，经审查决定批准逮捕林业刑事案件 865 件 1284 人。其中重特大案件 186 件 307 人。盗伐、滥伐林木等源头性案件仍在各类林业刑事犯罪中占较大比重，共批捕盗伐、滥伐林木案件 551 件 911 人。

2003 年，经审查决定批准逮捕林业刑事案件 748 件 1126 人。林区"严打"整治斗争取得阶段性成果，受理和审查批捕、起诉的件数、人数均有较大幅度的下降。

2004 年，经审查决定批准逮捕林业刑事案件 1024 件 1286 人。林业刑事案件上升幅度较大，主要是失火毁林犯罪较大幅度增加，共批捕失火案件 553 件。

2005 年，经审查决定批准逮捕林业刑事案件 648 件 884 人。林业刑事案件总体得到遏制，案件数下降幅度较大。全省检察机关林检部门主要加大对重特大毁林案件挂牌督办的力度。省检察院林检处派员介入高检院、公安部、国家林业局督办的漳平"11·5"特大违法运输木材案，加强案件指导，解决办案中遇到的问题，排除行政干扰和阻力，批准逮捕 8 人，查获非法运输木材的车皮 2171 个，涉案木材材积达 10 万立方米。3 月 4 日，中央电视台《今日说法》栏目曝光建瓯、建阳市一些根雕加工企业非法加工、出售国家一级重点保护植物南方红豆杉的案件后，全省检察机关林检部门主动联合森林公安、工商部门对辖区内非法加工企业和经营场所进行一次彻底的清理整顿，予以取缔查封，共批捕非法加工、出售国家珍贵树木的案件 34 件 67 人。全省检察机关林检部门严肃查处执法不严、司法不公背后的涉林职务犯罪。各级检察院林检部门切实加强与反贪、反渎部门的协作配合，深挖隐藏在林业刑事案件背后的职务犯罪线索，发挥整合侦查资源机制的作用，开展初查或移送，配合自侦部门进行查处，共依法查处林业系统工作人员、执法人员贪赃枉法、徇私舞弊，充当毁林犯罪分子"保护伞"的职务犯罪案件 46 件 49 人。

二、立案监督

1993—2005 年，全省检察机关林检部门重视加强立案监督工作。漳州市检察院林检处发现森林公安有 6 起毁林案件该立而未立案的，立即采取书面通告的办法通知公安机关立案。南平市延平区检察院林检科发现有 4 起毁林案件该立案而未立案的，及时书面向公安机关提出立案建议。这些立案建议都得到公安机关的采纳。连城县检察院林检科发现森林公安对犯罪嫌疑人盗伐林木 43.4456 立方米一案仅作 1 万元的行政处罚后，及时通知公安机关撤销行政处罚，予以立案。公安机关及时纠正，将案犯移送审查逮捕，并同时追究林业派出所所长徇私舞弊的刑事责任。屏南县检察院林检科发现森林公安对县武装部部长滥伐林木 200 多立方米仅作 2 万元的行政处罚，即向公安机关提出纠正意见，督促公安机关撤销行政处罚，依法侦结起诉。

各级检察院林检部门将林业行政执法机关的行政执法行为纳入监督范围，加大对林业行政执法机关查处行政违法案件和移送涉嫌犯罪案件情况的检察监督，防止和纠正有案不立、有罪不究、以罚代刑等问题，共发出《说明不立案理由通知书》931 份，《通知立案书》215 份，向森林公安机关提出纠正违法 616 份，森林公安机关大多予以纠正。

三、侦查活动监督

1993—2005 年，全省检察机关林检部门围绕"破大案，打团伙，抓逃犯"的重点，坚持对重特大案件提前介入，做到快捕快诉。如尤溪县检察院林检科在审查逮捕一起团伙盗伐林木案中发现遗漏 7 名犯罪嫌疑人，即建议公安机关追捕，公安采纳建议，将 7 名漏捕犯罪嫌疑人追捕到案。

各地林检部门强化侦查活动监督，严格把好事实、证据、法律关。对公安机关不该报捕而报捕的作出不捕决定 240 人，对应该报捕而未报捕的建议公安机关追捕 32 人。漳平市检察院林检科在审查公安机关提请批捕犯罪嫌疑人失火案件时，发现重要疑点，通过上山勘察现场和讯问犯罪嫌疑人，犯罪嫌疑人如实交代自己是替侄儿顶罪的事实，从而避免了一起错捕案件。邵武市检察院在审查犯罪嫌疑人盗窃林木案中，发现森林公安在将犯罪嫌疑人所卖木材赃款以林政处罚的形式予以没收，未随案移送上缴国库的问题，即向森林公安发出《纠正违法通知书》，森林公安及时予以纠正。

第二节　林业审判监督

一、审查起诉和出庭支持公诉

1993 年，全省检察机关林检部门受理公安机关移送审查起诉林业刑事案件 386 件 635 人，经审查决定起诉 311 件 481 人，不起诉 9 件 10 人，免诉 75 件 154 人。全省林检部门干警参办、协办经济案件 92 件 112 人，办理其他刑事案件 110 件 142 人，调解林权纠纷 37 起，配合其他部门追缴木材 6800 立方米，为国家挽回经济损失 1590 万元。

1994 年，全省贯彻落实林业部、公安部、最高人民法院、最高人民检察院联合发出的《关于严厉打击破坏森林资源违法犯罪活动的通知》精神，先后两次开展严厉打击毁林犯罪活动专项斗争。共受理公安机关移送审查起诉林业刑事案件 650 件 1317 人，经审查决定起诉 624 件 1048 人，不起诉 8 件 12 人，免诉 118 件 247 人。在"专打"期间，全省林检部门干警还参办、协办经济犯罪案件 56 件 78 人，办理其他刑事案件 105 件 123 人，追缴非法运输木材 8500 立方米，为国家挽回经济损失 800 多万元。

1995 年，共受理公安机关移送审查起诉林业刑事案件 718 件 1249 人，经审查决定起诉 610 件 980 人，不起诉 2 件 3 人，免诉 106 件 266 人。全省林检部门还抽调人员办理经济案件 38 件 47 人，办理其他刑事案件 53 件 68 人，参办林权纠纷案件 11 件。配合其他部门追回木材 15083 立方米，为国家挽回经济损失 650 多万元。

1996 年，共受理公安机关移送审查起诉林业刑事案件 1115 件 1686 人，经审查决定起诉 962 件 1459 人，不起诉 11 件 20 人，决定免诉 131 件 302 人。全省林检部门还抽调人员办理经济案件 13 件 20 人，办理其他刑事案件 47 件 67 人，参办林权纠纷案件 22 件，配合其他部门追回木材 3305.7 立方米，为国家挽回经济损失 468.46 万元。泉州市检察院林检处办理重特大野生动物案件，8 名被告人贩卖两张大熊猫皮和一张金丝猴皮被依法提起公诉后，泉州市中级人民法院判处 2 名被告人死刑，缓期两年执行，剥夺政治权利终身，其他 6 名被告人也分别予以重判。

1997 年，共受理公安机关移送审查起诉林业刑事案件 676 件 1053 人，经审查决定起诉 604 件 935 人，不起诉 24 件 42 人，追诉 4 人。全省林检部门参办、协办林权纠纷案件 16 件，林业经济案件 1 件 1 人，其他刑事案件 28 件 51 人，自侦 6 件 6 人，配合其他部门追回木材 495.7 立方米，为国家挽回经济损失 30.6 万元。12 月 18—20 日，省检察院林检处在福州市召开出庭支持公诉经验交流会。参加会议的有各分、市检察院林检科（处）

长，以及来自基层检察院的科长共 30 人。会议总结全省检察机关林检部门在执行修改后的《刑事诉讼法》的过程中，就制作起诉书、公诉词、举证质证技巧、答辩提纲方面总结了五条基本经验。

1998 年，共受理公安机关移送审查起诉林业刑事案件 625 件 985 人，经审查决定起诉 598 件 924 人，不起诉 12 件 19 人，追诉 7 人。全省林检部门参办、协办其他刑事案件 25 件 35 人，自侦案件 14 件。

1999 年，共受理公安机关移送审查起诉林业刑事案件 891 件 1328 人，经审查决定起诉 801 件 1186 人，不起诉 25 件 45 人，追诉 6 人，为国家和集体挽回经济损失 4533 万元。建瓯市检察院林检科批捕起诉一起震撼全省的非法收购、运输、出售濒危野生动物制品案值 95 万元的特大案件。建瓯市检察院检察长亲自出庭支持公诉，充分应用掌握的证据证实犯罪，揭露犯罪。

2000 年，共受理公安机关移送审查起诉林业刑事案件 1227 件 1682 人，经审查决定起诉 1115 件 1519 人，不起诉 27 件 50 人，追诉 3 人。

2001 年，共受理公安机关移送审查起诉林业刑事案件 968 件 1519 人，经审查决定起诉 830 件 1293 人，不起诉 24 件 30 人，追诉 5 人。

2002 年，共受理公安机关移送审查起诉林业刑事案件 1390 件 1996 人，经审查决定起诉 1261 件 1790 人，不起诉 64 件 103 人，追诉 29 人。

2003 年，共受理公安机关移送审查起诉林业刑事案件 1218 件 1782 人，经审查决定起诉 1116 件 1658 人，不起诉 56 件 93 人，追诉 30 人。

2004 年，共受理公安机关移送审查起诉林业刑事案件 1629 件 2033 人，经审查决定起诉 1550 件 1948 人，不起诉 42 件 62 人，追诉 38 人。

2005 年，共受理公安机关移送审查起诉林业刑事案件 1278 件 1704 人，经审查决定起诉 1185 件 1555 人，不起诉 28 件 58 人，追诉 29 人。

二、抗诉和审判活动监督

1993 年，全省检察机关林检部门对人民法院的判决、裁定依法提出抗诉 2 件 2 人，法院改判 1 件 1 人。将乐县检察院起诉被告人盗窃（林木）罪一案，价值 1.161 万元，将乐县法院以贪污罪判处被告人有期徒刑三年。将乐县检察院以被告人不构成贪污罪的特殊主体，适用法律不当为由提请三明市检察院抗诉。经三明市检察院抗诉，三明市中级法院改判被告人犯盗窃（林木）罪，判处有期徒刑六年。省检察院于 12 月 17—18 日在永泰县召开全省林检部门抗诉工作会议，针对本案总结抗诉工作经验，明确将抗诉工作列为林检的重要业务工作来抓，有八个基层检察院在会上作了经验交流。

1994年，对人民法院的判决、裁定依法提出抗诉5件8人，法院改判2件3人。明溪县检察院依法起诉2名被告人盗伐林木罪，盗伐林木37.0813立方米，明溪县法院以盗伐林木罪判处2名被告人各有期徒刑四年，明溪县检察院审查认为一审量刑畸轻，提请三明市检察院抗诉。经三明市检察院抗诉，三明市中级法院改判2名被告人犯盗伐林木罪各判处有期徒刑五年。

1995年，对人民法院的判决、裁定依法提出抗诉2件3人，法院改判1件2人。泉州市检察院在审查2名被告人滥伐林木867立方米一案时，认为安溪县法院作出的已经发生法律效力的一审判决适用缓刑不当，应予纠正，按照审判监督程序向泉州市中级法院提出抗诉。市中级法院认为缓刑不当，改判2名被告人有期徒刑。

1996年，对人民法院的判决、裁定依法提出抗诉8件12人，法院改判3件6人。德化县检察院依法起诉被告人盗伐林木罪，德化县法院以滥伐林木罪判处被告人有期徒刑两年。德化县检察院审查认为一审定性错误、量刑畸轻，提请泉州市检察院抗诉。经泉州市检察院抗诉，泉州市中级法院改判被告人犯盗伐林木罪，判处有期徒刑五年。

1997年，对人民法院的判决、裁定依法提出抗诉2件2人，法院改判2件2人。

1998年，对法院的判决、裁定提出抗诉13件16人，法院改判3件4人。省检察院林检处按审判监督程序抗诉的一起案件中，原审被告人盗伐林木29.22立方米，晋安区法院判处其有期徒刑三年，缓刑五年，并处罚金0.3万元。晋安区检察院审查后认为量刑畸轻，提请福州市检察院抗诉。福州市检察院依法提出抗诉，福州市中级法院审理后裁定驳回抗诉，维持原判。省检察院按照审判监督程序向省高级法院提出抗诉，并派员出席法庭，对原审被告人提出指控，揭露和证实其犯罪事实，指出量刑畸轻的理由，省法院审理后依法改判原审被告人有期徒刑四年。福建经济台《走近法庭》播放了这起按审判监督程序抗诉的庭审全过程。《福建商报》还以《谁砍树谁就得坐牢》为题报道了这一消息，在社会上引起很大的反响，取得很好的法律效果和社会效果。

1999年，对人民法院的判决、裁定提出抗诉2件2人，法院改判1件1人。

2000年，对人民法院的判决、裁定提出抗诉2件2人，法院依法改判2件2人。屏南县检察院起诉一犯罪嫌疑人犯失火罪，失火毁林1267亩，经济损失19.3317万元，屏南县法院以有投案自首、积极赔偿行为为由，判处被告人有期徒刑三年，缓刑五年。屏南县检察院提请宁德市检察院依法提起抗诉后，宁德市中级法院改判被告人有期徒刑四年六个月。

2001年，对人民法院的判决、裁定依法提出抗诉5件5人，法院依法改判2件2人。永泰县检察院起诉两名犯罪嫌疑人滥伐林木罪，滥伐林木144.37立方米。永泰县人民法院判处2名被告人缓刑。永泰县检察院认为一审判决适用缓刑不当，提请福州市检察院依法提起抗诉，福州市中级法院改判为实刑。

2002—2005 年，无提起抗诉案件。

1993—2005 年，全省检察机关林检部门在出庭支持公诉中，发现庭审活动违法，向法院提出纠正意见 283 件次，其中书面通知纠正 23 件。长汀县检察院针对涉林案件法院判缓刑过多一事，提出应予以纠正的检察建议，引起县人大常委会的重视，及时向法院提出监督意见，促使该县法院决定对三年间判处缓刑的涉林案件进行重新审查，不适用缓刑的予以纠正，使该县的涉林案件从过去的 85％ 被判处缓刑变成当年的近 85％ 被判实刑。建阳市检察院对法院在审理林业刑事案件适用罚金刑存在"预收罚金，先缴后判，审执合一"的违法现象发出检察建议，促使法院予以纠正。政和县检察院在审查政和县法院判处的 2 起失火案件判决中，就发现的两个判决错误，及时向政和县法院提出书面检察建议，促成改正。

第八章 检察技术与信息化建设

1993—2005 年，全省检察机关检察技术与信息化工作部门切实做好勘验取证、文证审查、检验鉴定等工作，加强信息网络的规划、设计和实施工作，加快科技强检步伐，为全省检察工作的科学发展提供科技支持。

第一节 检察技术

1993 年后，全省检察机关法医、文件检验、司法会计等传统检察技术工作继续发展。1995 年，省检察院技术处承办华东六省一市首届检察技术工作交流会，会议就如何发挥检察技术在办案中的作用、技术工作经验、今后技术工作的指导思想和工作重点等问题进行了深入交流。截至 2005 年，全省检察技术部门共有各类鉴定人员 60 余名，全省每年受理的各类检验鉴定均超过 3000 件。

一、法医

全省检察机关的法医人员配合政府有关部门妥善处理各类影响社会安定的事件，开展法医学鉴定、审查工作，纠正许多错误鉴定、虚假鉴定，使错判案件得以纠正。

1993 年和 1995 年，省检察院技术处法医先后两次组织省内精神科专家，对两起可疑的司法精神病鉴定进行重新鉴定。通过重新鉴定，该 2 名犯罪嫌疑人原无刑事责任能力的鉴定结论均被否定，并认定为有刑事责任能力，最终该 2 名犯罪嫌疑人均受到应有的法律追究。

1998 年，省检察院技术处法医通过细致的调查、反复的比对，查处一起案件当事人与漳州 175 医院医务人员勾结伪造头部外伤 CT 片的案件，当事人因伪造证据被公安机关拘留查办，这是全省查处的首例 CT 造假案。该案后，漳州市检察院技术处的法医又连续查处 3 起类似的 CT 造假案。在审查莆田市涵江"香情酒吧茶廊"犯罪嫌疑人开枪致人死亡一案中，技术部门与反渎部门配合，对发案现场进行勘验，对死者进行检验，并作出对死者死因和被射击距离（为近距离射击致死）的科学认定，否定了原公安机关对犯罪嫌疑人认定为阻止犯罪行为的说法，为反渎部门侦破犯罪嫌疑人涉嫌滥用职权案起了关键作用。

1999年，南平市检察院在办理一起故意杀人案时，发现公安机关移送起诉的材料证据不足，唯一能证明犯罪的证据只有被告人的口供，而口供也在起诉阶段被翻供，致使案件陷入僵局。南平市检察院技术处法医审阅案卷的有关证据，用放大镜细心查找尸体照片中死者身上留下的伤痕，从中发现死者头顶部一较典型的"7"字形钝器创口，从伤口的位置、形态特征及力的作用大小、方向等综合分析，并经过多次模拟实验，最后得出结论：死者头顶有一典型钝性创口，不可能由死者自己形成，创口系受他人打击所致，这一结论为被告人的定罪量刑提供了依据。

二、司法会计

1993年开始，全省检察机关司法会计工作的内容在司法会计鉴定、司法会计文证审查、司法会计咨询与服务基础上，增加司法会计技术协助。省检察院和九个分、市检察院都建立司法会计鉴定门类，福州、三明、南平、宁德等地区的部分县（市、区）检察院也建立司法会计鉴定门类，鉴定涉及反贪污贿赂、反渎职侵权、控告申诉、民事行政检察、公诉等部门办理和审查的案件中涉及的财务会计方面的专门性问题。三明市、南平市检察院还受理公安机关委托的司法会计鉴定。鉴定类型有贪污、挪用公款、挪用资金、侵占资金、抽逃资金、虚假出资等资金性质及数额。鉴定对象涉及工业、商业、建筑业、金融证券业、运输业、行政事业单位的财务会计事项。全省1993—2005年共受理鉴定889件，出具司法会计鉴定书909份。包括南平市检察院司法会计鉴定的单件诉讼金额3000多万元的贪污罪案件、省检察院技术处组织会检的单件诉讼金额达15597万元（其中贪污金额1097万元，挪用公款金额14500万元）单人贪污及挪用公款罪案件。

1994年，福州市检察院查处的某厅经管国有单位利润审查的人员涉嫌利用职权截留分解某国有公司应上缴利润150万元一案，送某会计事务所鉴定，出具的审计报告认为某公司的利润没有被截留分解，犯罪嫌疑人审查某公司利润的过程中不存在违规，更没有违法。该案财务会计材料经省检察院司法会计鉴定后，出具的结论为某公司应上缴省财政的1993年利润，存在少缴交150万元的财务结果，少缴的该150万元被转入某系统的下属多家公司，其中的80万元化解为这些公司的账外资金，其中的70万元系被犯罪嫌疑人贪污及支付提取该贪污款手续费的违法事实。

1996年，省检察院民事行政检察处委托技术处司法会计审查一件抗诉标的达2700多万元的经济案件，焦点是省法院一审原告方是否有大额资金注入营运。经司法会计会检后，确认省法院一审原告方关联的贷款基金会没有能力提供省法院一审原告方出示的证据显示的营运资金量，原告方出示的是虚假证据，使该抗诉案件得到纠正。

全省检察机关于 1993—2005 年底，共授予 42 名司法会计鉴定人员"司法会计鉴定权"，其中专职 14 人，兼职 28 人。

三、文件检验

1996 年 8 月，省检察院召开全省文件检验工作座谈会，并制定《福建省检察机关文件检验工作规则》。

1998 年 3 月，厦门市检察院文检人员受理一起挪用公款案。犯罪嫌疑人挪用公司资金为他人注册缴资，涉案金额达 474 万元，送检单据 4 份，要求鉴定是否出自同一人的手笔。但送检材料不足给鉴定工作带来一定难度，文检人员克服困难，最终分辨出 4 份单据出自两人之手，为此案的侦破提供确凿有力的证据。泉州市检察院技术处文检人员在全国范围内率先提出"练习摹仿笔迹"这一概念，从而填补摹仿笔迹分类的一项空白，发表的论文《略谈低书写水平笔迹及其检验》是全国较早的一篇对低书写水平笔迹进行研究的文章。

1995 年 10 月 10 日，石狮市某银行附近发生了一起抢劫 10 万元的案件。犯罪嫌疑人于 1997 年初到案，1998 年 4 月在看守所写了一张保证书，称其是替其兄顶罪。公诉部门将提取的两份写有其姓名的住店登记单和保证书一起送交泉州市检察院技术处鉴定。检材与样本在笔迹风貌和笔迹特征上存在明显差异，文检人员根据长年办案经验，要求公诉部门把卷宗材料全部移送检验，发现犯罪嫌疑人到案时的笔迹与住店登记中的笔迹完全吻合，最终作出认定笔迹为同一人的结论，犯罪嫌疑人最终被绳之以法。

1993—2005 年，全省检察机关文检部门共受理文件检验鉴定 3817 件，其中泉州市检察院年均受理文检案件最多，达 100 件以上。

第二节　信息化建设

2000 年以后，全省检察机关落实全国检察机关科技强检会议精神，坚持业务建设、队伍建设和信息化建设相结合的原则，加快推进信息化建设步伐。

2000 年至 2002 年 5 月，全省检察机关信息化工作由省检察院技术处负责管理。为加强全省检察信息化工作的领导，2002 年 5 月省检察院成立以检察长倪英达为组长的信息化建设工作领导小组，并设立信息化建设办公室为专门工作机构，负责全省检察机关信息化建设工作的规划、建设、指导及督促检查。具体落实省检察院机关计算机局域网建设、管理和维护，承办省检察院机关内部计算机配置、送修的审核及日常维护、管理，以及省检察院机关通信设备的维护、管理等业务，规范全省检察机关信息化建设工作的管理。

2001年，根据全国检察长工作会议确定的科技强检总体目标与任务以及高检院下发的《全国检察机关信息化建设规划纲要》和《省、市、县检察机关信息网络建设方案》，省检察院完成了专线网建设，承载专线电话、视频会议和数据传输业务。

2002年，省检察院信息办制定全省检察机关信息化建设的总体规划，进一步确定总体目标及建设任务，全面展开信息化建设。7月，高检院启动"213工程"（即200个二级专线网、1000个计算机局域网、3万名参加计算机等级考试的人员），省检察院通过一级专线网视频终端建设的终验，制定视频会议系统的使用管理制度和管理人员工作职责，完成省检察院原办公大楼小型局域网建设。根据全省检察机关的实际情况，省检察院对高检院分配的"213工程"任务指标进行分解落实，对全省检察机关信息化建设的基本情况进行调研，制定二、三级专线网的组网技术方案和全省检察机关信息化建设总体规划。按照高检院关于统一技术规范、统一应用软件的要求，对全省检察机关统一应用软件的选用作了调研考察和前期准备工作。

2003年，高检院实施"151工程"（即在完成"213工程"建设任务的基础上增加100个二级专线网、500个计算机局域网、1万名参加计算机等级考试人员）。到年底，全省有39个检察院完成局域网建设，683名检察干警通过国家一级B计算机等级考试，并完成了全省检察机关信息化建设系统集成商的招投标工作，签订了系统集成合同，明确了建设项目、建设工期及双方的权利和义务，制定了二、三级专线网组网技术和安全方案，并组织了组网技术方案的演示和测试。对租用专用线路问题进行调研论证，对全省检察机关现有信息化设备的应用情况进行调查。同时，组织人员到部分信息化建设先进省、市检察院参观考察，并邀请九家获得"准入证"的检察机关综合应用软件研发商对其研发的检察机关应用软件进行演示和测试。

2004年，全省有75个检察院建成局域网或完成办公楼综合布线、网络通信机房等基础设施。省检察院信息办基本完成二级专线网数据系统建设、视频系统建设和省检察院办公大楼局域网建设。

2005年，全省53％的检察院完成数据系统建设。省检察院一级专线网升速扩容工程顺利完工，扩容后的一级专线网线路带宽由原来的帧中继512K带宽增加至2M，为原带宽的4倍。二级专线网视频系统开始正常应用。三级专线网（设区市检察院至县级检察院）"数据、安全"系统建设顺利推进。至2005年年底，全省53.5％县级检察院完成三级专线网建设，88个检察院完成计算机局域网建设，占全省检察机关总数的91.6％。

在2004年全省检察机关统一配备网络防火墙的基础上，按照建立"网络安全三道防线"的网络安全基本要求，2005年全省又统一配备网络版防病毒软件，网络入侵检测设备也及时进行试用。全省检察机关信息化建设在狠抓网络建设的同时，加大网络应用建设的力度，积极开展网络应用工作，主要抓好"两类应用"（专线网应用和网络软件应用）。省检察院完成全省检察机关应用软件研发服务商的选择，从而实现全省检察机关应用软件的统一。结合全省检察机关实际，省检察院研究制定《全省检察机关应用软件实施推广方案》，召开全省检察机关应用软件实施推广工作会议，确定省检察院、福州检察院等三个设区市检察院、晋江市检察院等八个县级检察院作为试点单位，开展应用软件的试用工作，并在试用单位组织进行应用软件的全员培训。在抓好办公、办案系统应用的同时，省检察院按照高检院关于"在检察专网重点普及信息发布、电子邮件和法律法规查询三项基本应用"的要求，在全省大力推行信息发布系统、法律法规查询系统和电子邮件系统的三大应用。在信息发布系统应用方面，围绕通知公告、文史资料、检察工作动态、简报信息浏览、典型案例、法律咨询、网络教育培训等综合业务，整合信息资源，开展信息发布系统应用，推动信息上网（内网）工作。在法律法规查询系统应用方面，安装法律法规查询系统，实现设区市检察院对省检察院法律法规数据库的查询访问，极大地方便检察人员对法律法规的查询应用。在电子邮件系统应用方面，为每个部门和每名干警设定专网电子信箱，实现专网内电子邮件互通。同时，省检察院选送专业人员参加高检院组织的专线网运维人员的技术培训，举办三级专线网信息技术人员专线网应用培训班，组织应用软件试点单位一级管理员网管技术培训，并制定《省人民检察院计算机终端操作制度》、《福建省检察机关网络机房管理制度》、《省人民检察院计算机培训室管理制度》、《二级专线网视频会议系统管理规定》、《福建省检察机关软件系统管理人员职责》、《福建省检察机关网络管理人员职责》、《福建省检察机关计算机网络安全管理规定》、《检察人员计算机网络应用应知应会》等制度和规定，逐步规范全省检察机关检察专线网和计算机局域网的运行维护管理。

第九章　其他检察业务

1993—2005 年，全省检察机关立足本职，开展法律政策研究、检察统计与档案管理、财务与装备保障、司法警察和宣传工作等各项业务工作，发挥职能作用服务检察工作大局。

第一节　法律政策研究工作

一、检察理论研究

1993 年，全省检察机关贯彻落实高检院《关于加强调查研究工作的决定》，深入基层调查研究。省检察院检察长郑义正领队组织调研活动 6 次，撰写了《以党的"十四大"精神为指导，正确处理当前检察工作的十大关系》等 6 篇文章，被《人民日报》、《中国检察报》等报纸杂志刊发。针对检察机关对贪污贿赂等经济犯罪、严重危害社会治安的刑事犯罪以及渎职犯罪的法律监督方面出现许多新情况、新问题，省检察院撰写了《关于当前贪污贿赂等经济犯罪出现的新变化及其原因对策》、《骗取国家出口退税款罪浅析》、《谈打击盗窃犯罪的有关政策法律问题》、《对刑法立功的思考》等专题研究文章。同时，针对法律监督的薄弱环节和检察工作进程中的突出问题，撰写《对加强检察机关侦查协作的几点建议》、《完善和认识侦查监督的若干思考》等调研文章。自 1992 年高检院将涉台法律问题研究交福建检察机关负责后，省检察院和沿海重点地区重点调研该问题，省检察院成立涉台刑事案件个案协查课题组，赴广东考察学习涉港澳个案协查工作的经验和做法，借鉴研究海峡两岸有关司法方面的联系与协作问题。省检察院研究室编辑的《涉台刑事案例选》，3 月份由中国检察出版社出版发行。撰写的《海峡两岸有关司法方面联系与协作问题初探》、《当代台湾检察制度的形成与发展》被《台湾法研究学刊》刊发。《海峡两岸惩治贪污、贿赂犯罪比较研究》、《台湾〈惩治走私条例〉评述》、《略论台湾检察机关职能》被《中国法学》等刊物刊发。厦门市检察院研究室撰写的《两岸惩治贪污贿赂立法的比较》、《涉台刑事案件的特殊性及其处理》等文章，被高检院《检察理论研究》、《人民检察》刊发。福州市检察院研究室撰写的《海峡两岸开展个案协查的若干法律问题的探讨》被《检察风云》刊发。省检察院研究室参与论证和修改法律法规、司法解释及其他规范性文件 40 份，提出书面修改意见稿，参加相关座谈会 20 多次。

1994 年，为配合省人大关于《福建省加强检察机关法律监督的若干规定》的制定，省检察院检察长郑义正多次深入基层调研，向省人大常委会作草案说明，所撰写的《自觉接受人大监督，充分发挥检察职能》和《发挥法律监督职能作用，深入开展反腐败斗争》两篇调研文章被《福建日报》（9 月 19 日版）、《检察理论研究》（1994 年第 2 期）刊发。《福建省加强检察机关法律监督的若干规定》9 月 16 日通过后，省检察院研究室印发了《关于认真做好〈福建省加强检察机关法律监督的若干规定〉实施工作的意见的通知》。省检察院研究室加强对法人犯罪和查办徇私舞弊案件等专题的调研，撰写了涉台法律研究方面的《台湾检察制度简介》、《台湾检察机构设置及检察官制度介绍》、《海峡两岸检察机关性质、任务、职权比较》、《海峡两岸有关司法方面联系与协作问题初探》等文章，探讨两岸司法方面联系与合作的意义、基础和条件、原则、范围、途径等问题，并提出建设性的看法。省检察院研究室参与论证和修改了《关于严惩组织、运送他人偷越国（边）境犯罪补充规定》、《福建省实施〈中华人民共和国未成年人保护法〉办法》等法律法规、司法解释及其他规范性文件 35 份，并参加相关审议座谈会 20 多次。

1995 年，省检察院研究室完成"司法人员中存在腐败现象的表现、原因及对策"和"检察机关贯彻《国家赔偿法》存在问题及解决办法"两个高检院的课题，完成省委、省人大常委会、省委政法委的重点课题，并联合省检察院各业务部门和基层检察院，完成对徇私舞弊犯罪构成要件专题的调研，撰写的《当前法律监督中执法不严的表现、原因及对策》被省委调研协调处刊发。郑义正撰写的《贪污贿赂犯罪心态剖析与思考》分别被《调研内参》（福建省委内部刊物）、《中国检察报》、《人民日报》等刊发。在工作中，进一步规范调研工作考评机制，省检察院研究室制定下发《关于全省检察机关调研工作评比规范化意见》，部分设区市检察院和基层检察院制定调研和宣传工作奖励办法，对调研工作试行量化管理。全省检察机关研究室结合实际，深入研究检察机关对修改刑事诉讼法的意见并报告高检院。省检察院研究室参与论证和修改法律法规、司法解释及其他规范性文件 20 多份。厦门市检察院研究室参与特区立法研讨会 7 次。

1996 年，省检察院研究室围绕检察工作的重点、难点和薄弱环节大力开展专题调研，及时了解在建立社会主义市场经济条件下检察工作遇到的新情况、新问题，郑义正撰写的《把握领导艺术初探》被《人民日报》刊发。省检察院研究室深入基层调研开展"严打"情况，撰写《我省"严打"情况调查报告》报送高检院、省委，撰写的《当前地方保护主义和部门保护主义的表现形式、危害、成因及对策》被省委调研协调处《调研文稿》刊发，深入研究《中华人民共和国刑法（修改草案）》的修改意见并报送省人大常委会，参与论证和修改《中华人民共和国老年人权益保护法》、《最高人民检察院司法解释工作暂行规定》、《人民检察院法律政策研究室工作条例》等法律法规、司法解释及其他规范性文件20多份，参加相关审议座谈会20多次。

1997年，省检察院研究室重点调研检察机关执行修订后的"两法"（民事诉讼法和刑事诉讼法）的过程中遇到的新情况、新问题，各分、市检察院研究室以出庭公诉为中心环节，联合刑检部门深入办案一线调研。省检察院研究室撰写《刑诉法实施过程中出现的问题及意见》在高检院研究室举办的"两法"培训班上交流，并参与论证和修改《预防少年犯罪法》、《福建省价格管理条例》等法律法规、司法解释及其他规范性文件10多份。

1998年，省检察院研究室撰写的《当前影响我省检察机关公正执法的突出问题及对策》、《强化法律监督职能推进依法治国进程》等两篇省委政法委重点课题的调研报告，入选省委政法委依法治国理论研讨会。省检察院组织三个调研组赴九个分、市检察院调研全省检察机关五年内查办的处级以上干部犯罪案件处理情况、全省检察机关一至四月份自侦案件立案情况，并报告省检察院领导。省检察院研究室联合省检察院反贪局就全省教育系统经济犯罪情况进行调查研究，总结查办的有效途径。省检察院组织全省检察机关开展执法思想大讨论，全省共撰写了600多篇大讨论文章，其中全省各级检察长撰写30多篇，省检察院检察长鲍绍坤撰写的《转变执法观念端正执法思想》被《检察日报》刊发。省检察院研究室起草了《福建省人民检察院关于加强检察机关内部制约的若干规定》，参与论证和修改《福建省无线电管理条例》等法律法规、司法解释及其他规范性文件20多份。

1999年，鲍绍坤撰写的《论金融领域贪污贿赂犯罪的惩治和防范》一文，参加国际检察官联合会第四届年会暨会员大会的交流。省检察院研究室撰写的《强化党的宗旨教育：遏制和预防党员干部职务犯罪的根本策略》作为省重点课题"充分发挥党密切联系群众的优势的研究"的调研成果，被省调研咨询工作联席会议和省委政策研究室转发全省。省检察院研究室参与起草了《福建省人民检察院关于深化"检务公开"的若干意见》，还联合省检察院反贪局起草《福建省人民检察院预防职务犯罪工作暂行规定》，参与论证和修改《中华人民共和国合同法》、《中华人民共和国海事诉讼特别程序法》等35份法律法规、司法解释及其他规范性文件。

2000年，鲍绍坤撰写的《因特网犯罪及其他高科技犯罪》一文，作为"亚洲预防犯罪基金会第八届国际大会"的入选论文在会上演讲。省检察院研究室完成高检院、省委政法委、省人大常委会和省检察院领导交办的重点课题20多个，撰写调研文章30多篇，其中20多篇被高检院《检察理论研究》、《中国刑事法杂志》、《省政法管理干部学院学报》等刊物采用。在高检院研究室对2000年全国检察机关100篇优秀调研成果表彰中，省检察院研究室撰写的《完善我国主诉检察官制度的法律思考》获一等奖，泉州市检察院副检察长李明蓉撰写的《民行检察监督——合理必然的存在》获优秀奖。省检察院研究室主任林贻影著的《两岸检察制度比较研究》一书被高检院授予"首届精神文明建设'金鼎奖'"。省检察院研究室撰写的《强化党的宗旨教育：遏制党员干部经济犯罪的根本策略》一文，获省委政研室群工处组织的"密切党与群众关系研究"重点课题的三等奖。以鲍绍坤为组长的专题调研小组，完成高检院研究室"贪污贿赂问题研究"的课题任务，并撰写2万多字的《论贪污贿赂罪、渎职罪的竞合、惩治和防范》的调研论文报送高检院。省检察院就非法经营涉外电信业务问题向高检院提出《关于如何适用〈刑法〉第二百二十五条第（四）项规定的请示》。高检院于2002年作出《关于非法经营国际或港澳台地区电信业务行为法律适用问题的批复》，还就《抢夺罪、私藏枪支、销售赃物、敲诈勒索罪金额认定标准》、《关于如何适用〈刑法〉第二百二十五条第（四）项规定》等法律适用问题向高检院提出请示。省检察院研究室参与论证和修改《中华人民共和国婚姻法》等法律法规、司法解释及其他规范性文件40多份。

2001年，省检察院研究室根据统一部署参加"严打"整治斗争，收集"严打"整治斗争的有关法律、法规和司法解释，汇编成《"严打"整治法律法规选编》两册，下发《关于研究室部门为"严打"整治斗争提供优质高效服务的通知》，各级检察机关研究室主动服务，推进"严打"深入开展。鲍绍坤撰写了《检察机关合作打击有组织犯罪的优势与前景》，参加以"国际合作打击跨国有组织犯罪"为主题的亚欧国家总检察长会议。省检察院研究室完成高检院研究室交办的国台办课题，撰写1.5万多字的专题调研文章《论台湾民进党"台独党纲"的违法性、法律后果与责任追究》获全国检察机关优秀检察应用理论课题研究成果三等奖，撰写的《查办行贿犯罪的调查与思考》获全国检察机关优秀调研成果评比二等奖。此外，省检察院研究室收录全省检察机关的65篇优秀调研文章，编辑成《检察改革与实践》一书由中国检察出版社公开出版，撰写的《民事诉讼监督方式之选择》被《人民检察》刊发。省检察院就司法实践中遇到的"安定注射液是否属于精神药品"的相关理论问题认真研究之后，向高检院提出《关于安定注射液是否属于〈刑法〉第三百五十五条规定的精神药品问题的请示》，次年高检院据此作出《关于安定注射液是否属于〈刑法〉第三百五十五条规定的精神药品问题的答复》。省检察院研究室参与论证和修改《人民检察院法律文书格式》、《福建省法律援助条例》、《福建省禁毒条例》等法律法规、司法解释及其他规范性文件30多份。

2002年，省检察院副检察长陈义兴撰写了《继续深挖和打击黑恶势力的后台和"保护伞"》、《做好控申工作，维护社会稳定》的调研文章。副检察长张同盟撰写了《福建民行检察工作的几点思考》。副检察长林永星撰写了《近期我省职务犯罪侦查工作的几点意见》。在高检院召开的全国各省市区检察长"WTO 与检察工作"研讨班上，省检察院作为 6 个重点发言单位之一，提交《入世与强化法律监督和维护法制统一》一文与会交流，该文同时被《检察理论研究》、《检察日报》采用。省检察院研究室抓好专题调研工作，完成高检院、省委政法委、省人大常委会和省检察院的重点课题 10 多项，共撰写 20 多篇调研文章，其中被高检院《检察理论研究》、《人民检察》、《中国刑事法杂志》等采用 10 多篇，参与论证和修改法律法规、司法解释及其他规范性文件 30 多份。

2003 年，福建作为全国首批先行开展人民监督员制度试点的十个省份之一，在全省三级检察机关开展试点工作。10 月省检察院召开人民监督员聘任大会，26 位社会各界代表被聘为省检察院人民监督员。人民监督员办公室设在省检察院研究室，并由研究室主任兼任办公室主任，省检察院研究室创办《福建省人民检察院人民监督员制度试点工作简报》。截至 2005 年 12 月，全省检察机关共选任人民监督员 790 名。其中，妇女 165 名，中共党员 635 名，民主党派 59 名，少数民族 12 名，人大代表 260 名，政协委员会委员 150 名，法律专科以上学历和具有法律工作经历的 311 名。2003 年 9 月至 2005 年 12 月 25 日，全省检察机关人民监督员共监督"三类案件"（即检察机关拟撤案、拟不起诉案和职务犯罪嫌疑人不服逮捕决定的案件）441 件 518 人，其中人民监督员同意 405 件 469 人，不同意 26 件 39 人。检察机关采纳人民监督员意见，改变原案件结论的 10 件 11 人，未采纳 16 件 28 人。人民监督员提请上一级检察院复核 16 件 21 人，其中上级检察院采纳人民监督员复核意见 10 件 11 人，未采纳 6 件 10 人。人民监督员对"五种情形"（即应当立案而不立案或者不应当立案而立案的；超期羁押的；违法搜查、扣押、冻结的；应当给予刑事赔偿而不依法予以确认或者不执行刑事赔偿决定的；检察人员在办案中有徇私舞弊、贪赃枉法、刑讯逼供、暴力取证等违法违纪情况的情形）监督结案 2 件 2 人。当年，省检察院研究室还完成了高检院、省人大常委会、省委政法委、省检察院的《研究如何加强法律监督，防范和化解矛盾纠纷，维护社会稳定》、《如何加强和完善地方法制建设，保障和促进社会全面进步》、《司法机关如何加强执法工作，提高执法水平，确保法律的严格实施》、《强化对权力的制约和监督的研究》等课题的调研。同时，完成《检察改革中存在的问题以及今后改革的方向》、《我省检察机关开展涉外案件协查工作》等专题调研，分别报送高检院和省委办公厅，撰写的《当前影响法律监督的因素及促进和保障检察权公正运行的对策》和《当前职务犯罪侦查工作机制面临的挑战及整合侦查资源和改革侦查机制的理性思考》获全国检察机关优秀调研成果评比一、二等奖，还就重大责任事故和专属经济区刑事管辖权两个法律适用问题向高检院提出请示，参与论证和修改《全国人大常委会关于司法鉴定管理问题》、《人民检察院刑事诉讼规则》、《最高人民检察院关于人民检察院直接受理立案侦查案件立案标准的规定（试行）》、《福建省安全生产监督管理职责暂行规定》等法律法规、司法解释及其他规范性文件 30 多份。

2004 年，省检察院检察长倪英达申报的省社科重点课题"检察机关直接受理侦查案件实行人民监督员制度研究"完成 12 万字的初稿，该课题被高检院理论研究领导小组确定为最高人民检察院理论研究重点课题。根据省委、省政府建设海峡西岸经济区的构想和省检察院领导的要求，省检察院研究室起草《福建省人民检察院为建设海峡西岸经济区服务的意见》和《福建省人民检察院关于建设"平安福建"的实施方案》，完成省人大常委会、省委政法委重点课题"深化检察改革，强化法律监督，保证检察权依法公正行使"、"建设'平安福建'预防职务犯罪工作机制"，撰写的《加强基层人民检察院研究室建设的必要性研究》被高检院《检察研究参考》刊发。省检察院研究室向省人大常委会提交了《关于我省检察机关开展未成年人保护工作情况的汇报》、《福建省检察机关开展归侨权益保护工作情况的报告》、《我省侵害未成年人权益情况分析》等报告，并总结福州等市检察院侦查机制改革和检务督察试点工作的经验，起草了《关于加强省人民检察院机关执法活动内部监督制约的若干规定》，参与起草了《检察人员与案件当事人及其委托人接触的六条禁止性规定》，开展加强内部监督制约的探索，撰写的《论加强基层人民检察院法律政策研究室的建设》获全国检察机关优秀调研成果评比一等奖，《检察执法理念的重大革新》获第五届全国检察理论研究年会优秀论文二等奖。省检察院研究室就乡镇卫生院采购员（集体工人身份）能否构成受贿罪主体的问题向高检院提出请示。参与论证和修改《人民检察院组织法》、《关于办理侵犯知识产权刑事案件具体应用法律若干问题的解释》、《福建省关于道路交通事故伤员抢救费预付问题》等法律法规、司法解释及其他规范性文件。

2005 年，倪英达撰写的《在改革中提高检察机关的法律监督能力》被《国家检察官学院学报》刊发。"检察机关直接受理侦查案件实行人民监督员制度研究"的课题顺利结题并被《东南学术》刊发。倪英达参加第二届中国与东盟成员国总检察长会议，并作《加强国际司法协作，共同打击跨国毒品犯罪》的发言。林贻影主编的《刑事案例诉辩审评——渎职罪》一书出版发行。林贻影和省检察院研究室王鸿杰撰写的《程序保障：被追诉者合法权益实现的关键——人权保障向度上的人民监督员制度之审视》一文获第七届全国检察理论研究年会优秀论文三等奖。省检察院研究室组织了"福建省检察研究与改革巡礼"征文，征集的 5 篇论文共 6 万多字被《国家检察官学院学报》刊发。向省委政法委提交了《关于依法严厉打击抢夺刑事犯罪的若干意见》的报告。起草了《福建省人民检察院关于强化人民监督员对"五种情形"监督的实施办法》，进一步规范对"五种情形"的监督，于 11 月份向省人大内司委提交了《关于提请人民监督员制度试点工作进行地方立法立项的报告》。省检察院研究室起草的《福建省检察院关于实行检务督察制度加强执法活动内部监督制约的若干规定（试行）》经省检察院检委会讨论通过实行。向高检院提出法律适用问题请示报告 3 件，均得到答复。省检察院研究室围绕《人民检察院组织法》的修改，对检察改革中存在的问题及今后改革的方向提出具体的意见和建议，报送高检院研究室。

二、检察委员会办事机构工作

1993—1996 年，检察委员会（以下简称"检委会"）办事机构工作主要围绕建立健全机构、完善规范工作制度开展。为更好地发挥研究室的服务职能，自福州市检察院后，各地先后把研究室作为检委会的办事机构，确定法律素质、业务水平较高的干警专门负责。33 个基层检察院确定研究室作为检委会办事机构，12 个基层检察院指定办公室或其他部门专人负责检委会办事机构工作。

1997 年，省检察院制定《检察委员会议事规则》，结合干部人事制度改革，设立 5 名专职委员，专门设立检委会秘书处，同时制定了《检察委员会秘书处工作职责》。省、市检察院的检委会办事机构运作顺畅，认真履行职责，发挥参谋助手作用，为领导科学决策服务，较好地发挥了职能作用。

1998—2002 年，根据高检院改进和加强检委会工作的检察改革要求，全省各级检察机关高度重视，省检察院加强对下级院检委会办事机构工作的指导，全省检察机关研究室做好检委会办事机构的日常事务工作，加强对提交检委会讨论案件和事项的审查。

2003 年，省检察院研究室组织人员赴九个设区市对上一年度提交省检察院检委会研究决定的 32 个案件进行全面检查，及时发现部分院执行决定过程中存在的问题，提出解决意见并向省检察院领导进行了专题汇报。

2004 年，省检察院检委会秘书处充分发挥参谋作用，为《关于加强省人民检察院机关执法活动内部监督制约的若干规定》、《复查不服刑事判决、裁定申诉案件办案细则》、《关于为建设海峡西岸经济区服务的意见》等规范性文件的制定献计献策。

2005 年，检委会秘书处工作从过去单纯的事务性工作向检委会参谋助手工作转变，承担起对提交检委会议事、议案的程序性和实体性的双重审查职责。省检察院检委会秘书处共审查案件 29 件。结合检务督察工作试点，由检委会办事机构行使检务督察功能，提升检委会办事机构的服务功能。

三、检察内刊

1993—1997 年，检察内刊主要立足于阵地建设，增强办刊质量。注意加强调研成果的交流和利用，增强刊物的可读性、趣味性、知识性和服务性，扩大刊物的发行量和宣传面，加强对优秀调研成果的评比表彰，推动调研工作的开展。

1998—2000 年，省检察院研究室加强与省委宣传部、省新闻出版局的联系，筹备《福建检察》复刊。1999 年 8 月《福建检察》正式复刊，编辑部设在省检察院研究室，负责采访、组稿和发行等一系列工作，开辟地方专版，以分、市检察院为单位负责组稿，全省 94 名检察长成为首批特约撰稿人。为了贯彻《中共中央关于国有企业改革和发展若干重大问题的决定》，《福建检察》编辑部发表了《充分运用检察职能，为国有企业改革和发展服务》的评论员文章。

2001 年，举办培训班培训通讯员和优秀作者，拓展刊物信息量和采编数。开设了"公正执法大讨论"专栏，刊发大量有关公正执法的文章，引导全省广大干警深入开展公正执法大讨论。

2002 年，《福建检察》开设"探索与争鸣"、"读者论坛"、"基层建设"、"侦查通讯"等专栏，刊发有关转变作风、公正执法的文章。

2003—2004 年，《福建检察》开辟"人民监督员制度研究"专栏，先后刊登了 20 多篇文章。

2005 年，《福建检察》从月刊改为双月刊后，注重提高办刊质量。组织编辑部人员深入漳州、宁德、三明等地基层检察院组稿，为广大检察干警提供交流和学习的园地。

四、检察官协会

1993—1995 年，检察学会工作主要抓组织建设，发展理论研讨，推广晋江市检察学会工作经验，推进了各地学会工作的开展，各分、市检察院都加快检察学会的筹建工作。省检察学会还创办了福建省汇通贸易有限公司，组织举办了中国法学会诉讼法学研究会 1995 年年会。

1996—1998 年，检察学会秘书处发挥服务职能，为学会理事单位提供法律帮助，刊发学会理论刊物。

1999 年，为建立健全专家咨询制度，省检察院制定了《福建省人民检察院关于设立专家咨询委员会的暂行规定》，成员聘请省内法律、经济、医学、科技等方面具有高级职称或在本行业具有相当学术造诣及业务专长的 14 名专家担任，省检察院研究室作为省检察院专家咨询委员会的联系机构。10 月，经福建省民政厅审查批准，福建省检察学会更名为福建省检察官协会。

2000 年，协会选举产生了新一届协会领导成员，鲍绍坤任会长，并确认了原检察学会会员的资格。

2001 年，协会开展了对检察院和检察官在民主法制建设中的性质和任务宣传活动，扩大对外交流。省检察官协会与省税务学会、凯峰律师事务所联合召开"新《税收征管法》与预防税务职务犯罪研讨会"，对税务职务犯罪的现状、特点、产生原因以及预防对策进行广泛深入的研讨。

2002年，与中国检察官协会联合在福州召开"检察机关宪法地位理论研讨会"，收到论文46篇，高检院检察理论研究所、北京大学、华东政法学院、各省检察机关的专家、论文作者60多人参会。联合民行处在龙岩召开"民行检察理论研讨会"，收到论文100多篇，评选优秀论文28篇。召开"WTO与检察改革"理论研讨会，收到论文60多篇，评出优秀论文20篇。举办"福建省社会科学百场学术报告会"中关于"'严打'与公正司法"的学术报告会。参加省社科联主办的"福建省第四次'社会科学在你身边'咨询普及活动"。

2003年，承担了高检院第四届全国检察理论研究年会论文征集和报送工作，全省有4篇论文分获一、二、三等奖。协会在全省会员中征集"福建省全面建设小康社会理论研讨会"论文。参加法律咨询普及活动，广泛开展普法活动。

2004年，以"人民监督员制度探讨"为主题的全省首届检察理论研究年会工作在全省开展，收到各地论文40多篇。

2005年，参与"福建省社科界第二届学术年会"的活动，与省法学会、省警察学会等9个学会联合组织"公平正义与和谐社会"论坛，征集论文47篇，从中选送15篇参加论坛。协会加强队伍建设，制定创建规划，开展创建标准化协会活动。

五、资料室

1993年，全省检察机关加强对基层检察院图书资料室建设的指导。福州市市、县（区）两级检察院11个研究室都建立资料橱柜，市检察院订阅报刊12种、杂志50种、检察文件选编130册，编发资料目录索引5期约350条。厦门市检察院加强图书资料规范化、制度化管理，订购报刊116种，藏书7600多册，开辟专门的阅览室和资料室。泉州市检察院下发图书资料建设计划，全市购置图书3000多册，藏书7000多册。漳州市检察院做好报刊、图书资料的征订工作，70%的基层检察院建立了资料室。

1994年，省检察院资料室抓高检院的法规选编、书刊等的征订和发行工作，《检察工作文件选》等资料的征订数同比上年有较大提高，《中国检察百科辞典》的征订发行工作得到高检院理论研究所的肯定。

1995年，各地学习福州市检察院的经验，在全省范围内试行图书资料室达标管理。省检察院资料室对两万册图书重新整理，对资料室重新布置，承担高检院图书发行工作。

1996年，以面向基层、服务检察实践为宗旨，各级检察机关全面开展图书发行、资料管理及资料的开发、利用工作。刑事诉讼法修正案出台后，省检察院资料室向高检院订购学习纲要，并向全省发行2000本。同时承办《新中国检察概览》、《刑法新立罪实务述要》

等新书的发行工作。

1997年，为方便全省检察干警学习和使用修改后的"两法"，省检察院资料室编辑《"两法"及相关法律、法规汇编》，收录修改后的"两法"及"两高"实施刑诉法的细则、仍有法律效力的全国人大常委会补充解释等，共印5000本下发全省。

1998年，省检察院拨4万余元经费用于图书资料室建设，购置《中华人民共和国法律通说》、《金融法律法规全书》等工具性图书数十册，开辟一间阅览室。《检察工作文件选》全年发行近6000份，名列全国检察系统发行量第二位。

1999—2001年，省检察院资料室因《检察工作文件选》的发行工作，连续三年被高检院研究室评为《检察工作文件选》发行先进单位。

2002—2005年，省检察院资料室重新添置和更新一批图书资料，购买电脑，继续抓《检察工作文件选》的发行工作。

第二节　检察统计与档案

一、检察统计

检察统计工作最初由法律政策研究室负责，采用手工填录报表数据和汇总、人工上报的方式，报表使用高检院制定的《检察工作主要情况月报表（1986）》10种15张，1986年起实行统一管理、集中统计。

1989年，高检院下发了《加强检察统计工作的规定》、《检察统计工作暂行规定》等，同时增加业务统计报表5张，使得报表数量增加至20张。省检察院也下发了相关的检察统计工作规定及通知，进一步规范并增强统计工作。

1990—1991年，高检院将《检察工作主要情况月报表》增至17种23张，同时增加《检察统计非业务报表》8种24张，省检察院统计工作更加细化，将此项业务工作按高检院要求正式划归办公室管辖。

1992年，省检察院统计科配备专职统计人员4名，承担着全省案件数据的汇总、审核、整理并上报的任务，并自上而下强调各分、市检察院配备一名专职统计员，各县（市、区）配备一名兼职统计员。在统计设备上，省检察院统计科配备2台计算机，并开始作为全国点对点通讯的试点单位，在全省范围内建立以统计电脑为基础的联网通讯，实现统计数据、信息数据的上下传输。

1993年底，全省除个别县、市外，已经形成了较完备的3级点对点统计工作网络，省检察院与分、市检察院，分、市检察院与所辖区院之间均保持计算机网络畅通，报表数据采用人工填制，再输入到简单编制 DOS 版的计算机程序中，进行表间表内审核，结束了每月全省统计员集中会审的方式，扩大了统计范围，增加了刑检及自侦案件的台账。省检察院统计科开始在全省范围内组织相关的统计业务培训工作，统计工作进一步规范化、实效化。

1994 年，为规范统计工作流程、进一步提高统计数据质量，省检察院在省科委的星火计划立项，开始研发《检察工作辅助分析系统》软件，并与高检院办公厅使用的统计软件对接。

1995 年，全省各级检察院配备电脑 99 台。省检察院加大培训力度和范围，对系统内的统计员及内勤进行软件应用培训，提高全省统计队伍的工作能力。管理方面，省检察院采取一月一通报、一季度一会审的统计工作制度，保证了在全省统计员更换较多的情况下，26 种统计报表及 16 种新的统计台账能及时、准确统计和上报。在软件研发上，配合研发组的技术人员，完成了《检察工作辅助分析系统》软件的测试、试运行工作，不断完善该软件。

1996 年 5 月，正式应用由福建省检察院参与研发的《检察工作辅助分析系统》（DOS版本）新程序，统计报表数据已由软件系统从录入的台账自动进行生成（不再采用手工录入报表数据的方式），使对报表、台账的统计更加规范、适用。同时，全省计算机已实现三级联网。报表和台账采用专线网络等报送方式进行传报。

1997 年，省检察院下发了《关于切实加强检察统计工作的意见》的通知，办公室统计科强化统计培训工作，举办培训班，提高各级检察院《检察工作辅助分析系统》的软件应用水平。

1998 年，《检察工作辅助分析系统》软件通过省科委计算中心评审验收。经逐步修改完善，应高检院要求更名为《检察机关案件管理系统》，面向全国推广使用。高检院的《检察工作主要情况月报表》变更为 22 种 28 张。

1999 年，根据高检院的部署，省检察院办公室开展为期一个月的全省统计执法大检查。通过自查、复查、抽查，纠正检查中发现的问题。

2000 年起，省检察院开始启用 Windows 版本的《检察机关案件管理系统》（AJGLxt－2000），报表和台账设置更加合理和规范，该系统逐步走向完善、规范。硬件方面，随着财政经费的许可以及电脑的普及，检察统计专用电脑也由最初的一个院一台（486 机型、586 机型）、一个部门一台发展到人手一台或两台。软件方面，为了适应和满足检察业务的不断变化和需求，以及《刑法》罪名的修正等，统计管理系统也随之不断更新和完善，功能也不断增强。

2001 年起，全省检察机关统计工作全面执行高检院制定的统计工作制度、案件登记卡、统计报表和填报说明。案件登记卡有《贪污贿赂案件登记卡》、《渎职侵权案件登记卡》、《审查批捕案件登记卡》、《审查起诉案件登记卡》、《刑事抗诉案件登记卡》等 15 类。统计报表有《贪污贿赂案件立案情况月报表》、《渎职、侵权案件立案情况月报表》、《审查逮捕情况月报表》、《审查起诉情况月报表》、《出庭公诉、起诉案件审判结果情况月报表》、《民事行政案件检察情况月报表》等 28 类。统计制度有《各类案件登记卡人工审核、检查细目》、《刑事抗诉案件检察统计填录细则》等。

2002 年，各地贯彻执行高检院印发的《检察统计工作实用手册》。

2003 年，检察统计方面新增了《人民监督员案件管理系统》。1 月起，开始统一启用《检察机关案件管理系统》（V7.0—2003）。

2005 年，《人民检察院案件登记卡填录管理规定》等指导性文件在各级检察机关推行。

1993—2005 年，检察统计工作质量考核评比制度不断更新完善。1992 年起，高检院、省检察院分别先后出台了 3 个版次（1992 版、1999 版、2003 版）的检察统计质量考核评比标准。在全国的统计数据质量年度考评中，福建省的检察统计工作数据质量一直处于全国检察机关的前列，多次受到高检院办公厅的通报表彰。

二、检察档案

"文化大革命"之前，全省各级检察院的档案都由办公室管理，"文化大革命"期间检察机关被撤销后，检察档案交由当时的革命委员会政法组管理。1978 年检察机关恢复重建后，检察档案陆续由检察机关接收管理。1986 年 11 月，省检察院在邵武市召开全省检察机关档案工作会议，传达全国检察机关档案工作会议精神，研究部署全省检察机关档案工作，逐步建立健全检察档案工作各项规章制度。1989 年 3 月，省检察院设立档案科，配备 3 名专职档案员，负责管理省检察院机关档案，负责对全省检察机关档案工作的监督指导。1989—1995 年，全省各级检察机关档案室分别被授予检察系统"甲级档案室"和"省一级档案室"。1991 年，省检察院档案科被人事部、国家档案局授予全国档案工作先进集体，立集体三等功。1996—1998 年度和 2002—2004 年度分别被省档案局、省人事厅授予全省档案工作先进集体，2003—2005 年度被省档案局授予档案规范化管理先进单位。全省检察机关文书档案、诉讼档案和会计档案均按照部门立卷，诉讼档案按照"承办人立卷归档"的原则立卷归档。省检察院机关 1966 年之前历史档案已经移交省档案馆。1979 年恢复重建后形成的档案，文书档案按照"机构—年度—保管期限"归档组卷，诉讼档案实行"保管期限—年度"原则归档，文书档案 2002 年开始执行国家档案局规定，实行立卷改革，以"件"为单位进行归档管理，运用专业档案网络版管理软件进行档案编目、查询。

截至 2005 年底，省检察院档案室藏档案文书类 12692 卷（件）、诉讼类 8402 卷、会计类 1672 卷、基建类 2667 卷（件）、资料 352 卷、照片 3391 张、声像资料 80 盒、光盘 55 张。

第三节　财务与装备

1989 年，为加强检察机关行政装备工作，省检察院设立行政装备处，下设装备科、行政科，当年 3 月 16 日开始正式办公。

1993 年，全省检察经费保障除了维持日常的办公、办案开支外，装备建设经费数量较少，之后，逐渐增多。1993 年财政拨款 471 万元，实际支出 443.4 万元。1994 年，财政拨款 848 万元，实际支出 753.4 万元。1995 年，财政拨款 1354.2 万元，实际支出 1334.27 万元。

1996 年，机关办公自动化设备建设力度开始加大，财政拨款 1371 万元，实际支出 1274.81 万元，其中日常公用经费支出 414.6 万元，办案业务费 292.58 万元，设备购置费 318.35 万元，安排购置电脑 19 台、打印机 16 台。

1997 年，省财政拨款 2139.6 万元，实际支出 1528.79 万元。其中，人员经费支出 349.54 万元，日常公用经费支出 533.09 万元，办案业务费 286.19 万元，设备购置费 359.96 万元。购置办案用车 6 辆、摄像机 9 台、录像机 8 台、监视器 7 台、录音机 14 台、电脑 15 台、复印机 9 台、打印机 10 台、空调 29 台。

1998 年 4 月，根据省政府关于开展预算外资金清查的通知要求，省检察院对机关各内设机构的预算外资金开展清理检查，并对有单独设立账户的教育处、控申处、研究室、涉台办资金统一归口由省检察院财务科集中管理。同年，根据中共中央办公厅、国务院办公厅下发的《关于转发〈财政部关于政法机关不再从事经商活动和实行收支两条线管理后财政经费保障的若干意见〉的通知》要求，全省明确“分级管理，分级负担”的经费保障体制，全省检察机关的行政经费要按照高于当地一般行政机关 1 倍以上的标准予以安排。对贫困地区检察机关的枪支弹药费、特别业务费、专线电话租金、编制内人员在国家规定范围内所需的服装及标志经费，实行省级财政部门统一安排、统一管理。根据中央、省委及高检院关于落实政法机关不再从事经商活动工作的部署，省检察院机关按照《关于进一步做好政法机关不再从事经商活动工作的通知》要求，成立清理公司领导小组办公室，并落实责任。至当年 12 月 10 日，省检察院完成机关所属 7 个经营性企业彻底脱钩的任务，其中撤销 3 户（上海司法审计师事务所福州分部、福建省福丰贸易商行、福建省建力贸易有限公司），解除挂靠关系 4 户（石狮华仑宾馆、福建宏力贸易有限公司、福建汇通贸易有限公司、华检加油站）。当年，财政拨款 1375.1 万元，实际支出 1411.27 万元。其中，人员经费支出 416.52 万元，日常公用经费支出 566.23 万元，办案业务费 245.07 万元，设备购置费 183.45 万元。购置办案用车 7 辆、电脑 7 台、打印机 3 台、碎纸机 4 台、传真机 1 台、空调 9 台、办公家具 2.55 万元。

1998—2000 年，中央财政对基层检察院办案经费实行专项补助。1998 年中央财政补助福建省基层检察院办案经费 50 万元，1999 年补助 165 万元，2000 年补助 410 万元。

1999 年，全省检察机关经费保障体制初步形成。当年财政核定年度预算为 10576.45 万元（不含厦门市），比 1998 年增加 755.56 万元。其中省检察院机关财政拨款为 1745.6 万元，实际支出 1841.59 万元，向省财政厅上缴办案追缴的赃款 1657.61 万元。省检察院机关制定了涵盖经费开支、固定资产管理等方面的 14 项规章制度。

2000 年，财政拨款 1861.04 万元，实际支出 1625.56 万元。其中，人员经费支出 626.42 万元，日常公用经费支出 699.85 万元，办案业务费 270.08 万元，设备购置费 29.21 万元，其中购置电脑 26 台、传真机 2 台，向省财政厅上缴办案追缴赃款 12.94 万元。

2001 年，财政拨款 2656.16 万元，实际支出 2290.69 万元。其中，人员经费支出 820.58 万元，日常公用经费支出 701 万元，办案业务费 438.32 万元，设备购置费 330.79 万元。安排购置办案用车 9 辆、客车 2 辆、智能传真系统 1 套、测谎仪 1 台、背投彩电 1 台、摄像头 2 个、打印机 13 台、传真机 4 台、复印机 9 台、电脑 15 台。中央财政加大对基层检察院补助力度，在安排办案补助的同时，逐步加大了装备补助力度。同年，全省基层检察院共安排政法补助专款 696 万元。其中，办案补助款 300 万元，装备补助款 396 万元（中央补助款 220 万元，省级配套补助款 176 万元），共分配全省 48 个基层检察院（市级院 5 个、县级院 43 个）。装备补助款实际采购资金为 537 万元（中央补助款 220 万元，省级配套补助款 176 万元，市级配套补助款 110 万元，县级补助款 31 万元），为基层检察机关购置 6 辆办案用车 137.5 万元，网络设备 302.75 万元，通讯设备 21.4 万元，技术设备 67.35 万元，其他设备 8 万元。

2002 年，财政拨款 2568.21 万元，实际支出 2996.94 万元。其中，人员经费支出 915.66 万元，日常公用经费支出 944.76 万元，办案业务费 809.72 万元，设备购置费 326.8 万元。8 月，省检察院召开全省检察机关第五次计划财务装备会议，会议提出了计财装备工作要按照"服务到位，保障有力"的总要求，抓紧建立与时代发展规律相合拍、与检察工作任务相协调的经费和装备保障新机制。会议表彰了全省检察机关计财装备工作先进集体 21 个、先进个人 20 名，福州、漳州市检察院等 10 个单位介绍了工作经验。会前，省检察院组织开展全省检察机关经费保障状况调研，对全省检察机关经费保障状况、存在的困难和问题进行分析，分别向高检院计财局、省委政法委进行报告。当年，中央政法补助专款 696 万元。其中，办案补助款 300 万元，装备补助款 396 万元（中央补助款 220 万元，省级配套补助款 176 万元），共分配全省 62 个基层检察院（市级院 3 个，县级院 59 个）。装备补助款实际采购资金为 545 万元（中央补助款 220 万元，省级配套补助款 176 万元，市级配套补助款 111.2 万元，县级补助款 37.8 万元），为基层检察机关购置 8 辆办案用车 142.4 万元，网络设备 269.4 万元，通讯设备 11.4 万元，技术设备 114 万元，其他设备 7.8 万元。

2003 年，财政拨款 2747.47 万元，实际支出 2646.25 万元。其中，日常公用经费支出 667.82 万元，办案业务费 863.96 万元，设备购置费 165.77 万元。安排购置办案用车 1 辆、电脑 32 台、复印机 1 台、打印机 19 台、档案密集架 1 套、档案设备 8 台。省检察院向省财政厅上缴办案追缴赃款 518.042416 万元。当年，中央政法补助专款 696 万元。其中，办案补助款 300 万元，装备补助款 396 万元（中央补助款 220 万元，省级配套补助款 176 万元），共分配全省 70 个基层检察院（市级院 2 个，县级院 68 个）。装备补助款实际采购资金为 548 万元（中央补助款 220 万元，省级配套补助款 176 万元，市级配套补助款 110 万元，县级补助款 42 万元），为基层检察机关购置 7 辆办案用车 105 万元，网络设备 312.5 万元，通讯设备 11.3 万元，技术设备 94.7 万元，其他设备 24.5 万元。

2004 年，财政拨款 3303.48 万元，实际支出 3631.29 万元。其中，日常公用经费支出 1496.73 万元，办案业务费 512.79 万元，设备购置费 372.08 万元。省检察院向省财政厅上缴办案追缴的赃款 85.685822 万元。9 月，省检察院召开全省检察机关行政装备工作座谈会，传达、学习全国检察机关国有资产管理工作会议精神，提出"保障"与"管理"两手抓的国有资产管理工作措施，并组织各设区市检察院行装处长参观晋江市、惠安县检察院。当年，中央政法补助专款 1386.55 万元，其中办案补助款 450 万元，装备补助款 936.55 万元（中央补助款 700 万元含新增补助专款 400 万元，省级配套补助款 236.55 万元）。共分配全省 79 个基层检察院（市级院 5 个，县级院 74 个）。装备补助款实际采购资金为 1150 万元（中央补助款 700 万元，省级配套补助款 236.55 万元，市级配套补助款 32.1 万元，县级补助款 181.35 万元），为基层检察机关购置 20 辆办案用车 265.8 万元，网络设备 664.93 万元，通讯设备 3 万元，技术设备 170.02 万元，其他设备 46.25 万元。

2005 年，为进一步做好基层检察院经费保障工作，省检察院与省财政厅联合下发了《关于进一步加强基层人民检察院经费保障工件的通知》，明确各级财政部门、各基层检察院要严格执行"收支两条线"的规定，各级财政在研究确定检察机关的年度经费预算时，严格做到收支不挂钩、不以收定支、不以收抵支，并特别规定了对基层检察院的办案业务经费应予以重点保障，在收支不挂钩的前提下，检察机关上缴的款项应专项用于各级检察机关办案业务所需各项开支。同年9月，根据高检院、财政部《关于制定县级人民检察院公用经费保障标准的意见》的要求，省财政厅制定分类别、分阶段的县级检察机关经费基本保障标准，进一步改革和完善检察经费保障机制。省检察院机关财政拨款为3840.09万元，实际支出4290万元。省检察院处理扣押物品6件，拍卖收入12.78万元，上缴国库赃款786.51万元。当年，中央政法补助专款2510.23万元。其中，办案补助款850万元，装备补助款1660.23万元（中央补助款1350万元含新增补助专款1050万元，省级配套补助款310.23万元）。共分配全省86个基层检察院（市级院6个，县级院80个）。装备补助款实际采购资金为1800万元（中央补助款1350万元，省级配套补助款310.23万元，市级配套补助款5.4万元，县级补助款134.37万元），为基层检察机关购置6辆办案用车80.3万元，投入网络设备1414.1万元，技术设备278.6万元，其他设备27万元。

第四节　司法警察工作

1993—2002年，司法警察分散在各个处（科）室，其主要任务是提解、押送、提讯人犯、传唤当事人、搜查、采取强制措施、送达法律文书、保卫机关安全等。全省法警的警衔授予和晋升由省检察院政治部负责。2002年4月，省检察院设立司法警察总队，为正处级直属机构。

2003年，省检察院召开专题会议，研究如何加强检察机关司法警察工作，明确省检察院部分法警实行编队管理，理顺法警总队的领导关系。同时，省检察院下发了《关于在省人民检察院机关规范使用司法警察的通知》，规定申请使用司法警察的任务范围、手续和注意事项。省检察院决定法警总队依法承担法律法规规定的司法警察职责，不再承担保卫值班工作。司法警察参照公安系统的人民警察管理，除了警衔晋升之外，享受非领导职务的职级晋升。自此，省检察院法警逐步开展看管、押解犯罪嫌疑人和协助追逃等工作，市、县（区）两级检察院法警也开始履行司法警察职责。11月1日，省检察院部分法警正式实行编队管理，以此为开端，全省各级检察院陆续建立机构、充实人员、实行编队管理。省检察院法警总队制定下发了《福建省检察机关司法警察工作规范化建设量化考评细则（试行）》和《司法警察早会制度》，规范法警总队日常工作秩序。法警总队开始负责全省法警警衔授予、晋升的呈报、审核工作。当年共请示高检院晋升三级警督以上警衔19人，转发高检院警衔通知5份，办理一级警司以下警衔晋升38人，下发警衔命令11份，换、发警号110个，警衔193副。全省法警累计出警3392人次，其中省检察院法警出警执行搜查、看管、押解等任务7人次123天。市、县两级检察院共出警保护由检察院直接受理的犯罪案件的现场 206 人次，执行传唤 576 人次，参与搜查 480 人次，执行拘传和协助执行其他强制措施 211 人次，提押、看管犯罪嫌疑人 1490 人次，参与执行死刑临场监督活动 58 人次，维持接待群众来访场所的秩序和安全，参与处置突发事件 270 人次，送达法律文书 3200 多件。

2004 年，省检察院法警总队制定了《福建省人民检察院法警总队补休制度》、《省人民检察院法警总队考勤制度》、《省人民检察院法警总队用车管理规定》、《福建省人民检察院紧急待命执勤法警岗位职责》和《福建省人民检察院司法警察总队处置突发事件行动预案》，进一步加强法警工作的规范化建设。省检察院决定司法警察总队下设直属警务支队和直属勤务支队，新编法警编入警务支队，承担省检察院的警务任务，老法警编入勤务支队，承担省检察院的勤务工作。晋安、东山、芗城、龙文、诏安、平和、南靖、永安、沙县、将乐、建宁、邵武、建阳、延平等检察院先后选任法警大队负责人。当年，法警总队共请示高检院晋升三级警督以上警衔 4 次，下发警衔命令 14 次，换、发警用标志 138 人次。法警总队参加高检院警务区建设会议后，提出"突出重点、注重实效、因院制宜、稳步推进"的十六字方针和"完善基础设施建设、抓好队伍及制度建设、逐步解决指挥监控系统"三步走的警务区建设的建议。10 月下旬，法警总队会同省检察院反贪局、反渎局在福州市检察院召开全省检察机关警务区建设现场会。全省法警累计出警 4420 人次，其中保护由检察院直接受理的犯罪案件的现场 179 人次，执行传唤 769 人次，参与搜查 347 人次，执行拘传、协助执行其他强制措施 1152 人次，协助追逃 84 人次，抓获在逃人员 24 人，提押、看管犯罪嫌疑人 1646 人次，参与执行死刑临场监督活动 63 人次，维持接待群众来访场所的秩序和安全，参与处置突发事件 174 人次，送达法律文书 5428 件。

2005 年，根据省委机构编制委员会办公室《关于为全省检察院系统补充政法专项编制的通知》的要求，省检察院进一步明确对法警的招录要充分考虑法警工作的特殊要求。法警总队制定了《法警总队印章管理规定》、《关于严格掌握司法警察招录及内部人员转岗条件的通知》、《法警总队内勤工作职责》、《关于建立我省检察机关司法警察岗位变动报告制度的通知》、《省人民检察院法警总队体能、技能训练规定》和《省人民检察院法警总队着装规定》。当年，法警总队共请示高检院警衔晋升，下发警衔命令，换、发警用标志合计 88 人次。4 月，法警总队与反贪局共同制定下发了《省人民检察院机关司法警察协助执行追逃、追赃任务时的检警协作办法（试行）》，规定反贪局在对犯罪嫌疑人实施抓捕行动 7 日后，犯罪嫌疑人仍未到案或潜逃的，或者是对全省重特大案件的在逃犯罪嫌疑人，经报请分管检察长同意后，可将追逃抓捕任务移送法警总队执行。反贪局在追赃时，经报请分管检察长同意后，可以申请法警总队派警协助，也可以将追赃任务移送法警总队执行。省检察院反贪局、法警总队召开联席会议，就追逃线索管理、移送手续、信息查询等方面达成共识。法警总队内部制定了一套规范追逃工作的制度和规定，包括追逃线索的移交和管理制度、情况分析例会制度、追逃工作保密纪律要求、抓捕后的移交规定、一案一总结制度等。法警总队下发《关于建立我省检察机关司法警察协助追逃报告制度的通知》，对全省法警部门开展追逃工作进行规范。全省法警执行提押、看管、拘传、传唤等任务累计出警 7600 人次。各级检察院法警普遍开展追逃工作，抓获多名在逃人员，其中省检察院法警总队抓获 2 名在逃犯罪嫌疑人，迫使 1 名在逃犯罪嫌疑人自首。福州市检察院法警支队及松溪、平和、上杭等基层检察院法警大队分别抓获多名在逃犯罪嫌疑人。大部分单位的法警部门开始承担协助追逃、追赃、协查、保护公诉人出庭等工作。

第五节　宣传工作

1993 年，全省检察机关以新闻报道为龙头，开展多层次、多渠道的检察宣传工作。省检察院陆续刊发全国 40 件典型贪污贿赂大要案的案例图片，参加华东六省一市法纪检察工作回顾展活动，参加省妇联组织的《福建省实施〈中华人民共和国妇女权益保障法〉办法》宣传活动并绘制图解版面 10 块，扩大社会影响。加强检察通讯和检察文学的创作，丰富宣传内容，在《晨钟》栏目播放新闻专题和小品 50 多条。省检察院研究室完成高检院、省人大常委会等单位的规范性文件的修改工作，提出书面意见稿 40 份，参加座谈会20 多次。

1994 年，各级检察机关进一步宣传党中央关于深入开展反腐败斗争的精神和高检院的工作部署。省检察院充分发挥检察宣传栏的窗口作用，制作宣传栏 6 期，着重宣传检察机关的工作部署和全省检察战线上的先进人物、先进事迹，反映全省检察机关开展反腐败斗争中严格执法、狠抓办案、查处大要案的情况。同时注重抓好《晨钟》专栏节目的采编和录制，审查播出节目的质量。12 月 29 日，省检察院下发了《关于开展〈国家赔偿法〉宣传活动的通知》，各地通过宣传栏、板报、广播电视、法律咨询等形式，宣传《国家赔偿法》的基本精神、主要内容以及检察机关刑事赔偿工作的基本任务和内容。

1995 年，各地加强对反贪污贿赂和查办徇私舞弊犯罪情况的宣传和报道，共制作宣传栏 1060 期，在《晨钟》栏目播出新闻专题 40 多条。4 月 3—8 日，全省检察机关统一开展《检察官法》宣传周活动，拍摄新闻、专题电视片，录制广播节目，利用各种传媒宣传《检察官法》。4 月 7 日，省检察院和福州市检察院联合开展了《检察官法》咨询日活动。

1996 年 10 月 21 日，省检察院在省经贸会展中心举办检察机关惩治贪污贿赂犯罪的展览，各界干部群众 11 万人次参观展览。省检察院举报中心收到各种举报信 201 件，同比上升 72.3%。11 月中旬开始,赴九个地市巡回展览,10 万多人次参观巡回展览。为扩大宣传面,省检察院制作惩治贪污贿赂犯罪展览的图片 5000 多册。

1997 年 4 月,省检察院成立宣传处,专事对外法制宣传工作(包括影视、图片、文字新闻报道等),与《检察日报》驻福建记者站合署办公。当年在各种报刊、电台等新闻媒体刊载文章 130 多篇。其中,《检察日报》采用 70 多篇,《人民日报》采用 3 篇,《法制日报》采用 4 篇。在省内电视台播出检察动态新闻 80 余条次、专题 30 多条次。同时,继续做好惩治贪污贿赂犯罪巡展工作,把巡展工作办到县区一级,先后到建阳、仙游、同安等地巡回展览。巡展结束后,省检察院为省委领导及省委党校的全体师生举行了专场展览。

1998 年 9 月,《福建省人民检察院关于实施依法治省决议的方案》经省九届人大常委会五次会议审议通过。该方案从检察机关法律监督职能出发,把贯彻省委、省人大常委会依法治省决定同严格执法、全面正确履行检察职能结合起来,对依法查办职务犯罪、打击刑事犯罪、强化法律监督等职能制定措施,确保检察机关在依法治省过程中发挥应有作用。为开展检察机关重建 20 周年及党的十一届三中全会召开 20 周年的纪念活动,省检察院研究室下文组织"重建 20 周年"征文,《闽检学刊》刊发纪念检察机关重建 20 周年的专辑,收录 20 多篇各具特色的纪念文章。

1999 年 9 月,省检察院在东山县召开全省检察宣传工作会议,下发《关于进一步加强我省检察宣传工作的通知》。全省检察机关组织检察干警采写的新闻稿件被国家级报刊采用 473 篇,被省级报刊采用 1308 篇,被市级报刊采用 2623 篇。福州市检察院在《福州日报》开辟 11 个专版、10 期专栏。厦门市检察院自 1998 年开始在厦门电视台开辟《检察纵横》专栏,每周播出一期,至 1999 年底已播出 79 期。各级检察院征订 2000 年《检察日报》19000 份,并配合高检院为在闽的全国人大代表赠订《检察日报》57 份。

2000 年,省检察院制定了《福建省人民检察院检察宣传工作纪律》、《法制宣传处工作规范》、《省人民检察院法制宣传处人员岗位目标责任制》和《全省检察宣传工作情况月通报制度》。全省检察机关被各级报刊采用检察新闻稿件 4001 篇,被电视台采用 1305 条,被广播电台采用 1264 条。其中,被省级以上新闻媒体采用 1275 篇(条),内有《检察日报》513 篇、《人民日报》6 篇、《法制日报》18 篇、《福建日报》134 篇、《福建法制报》399 篇。中央电视台 2 条、福建省级电视台 92 条(期)、福建广播电台 102 条。在《检察日报》编发 4 个专版,在《福建法制报》编发 13 个专版。

2001 年,全省共发表新闻稿件和视听节目 6129 篇(条),其中省级以上主要媒体发表 1230 篇。在《人民日报》、新华社、《法制日报》、中央电视台刊播的宣传报道 39 篇(条),《检察日报》539 篇。当年,省级以上主要媒体反映检察工作成效和经验做法的宣传报道共 750 篇。6 月,省检察院组织全省检察机关开展"责任重于泰山,依法惩处渎职犯罪"宣传周活动和检察长接待日活动，设立宣传点 264 个，出动宣传车 204 辆次，制作宣传展板 1045 块，发放宣传资料 11 万多份，接受群众咨询 6000 多人次，刊登宣传报道文章 365 篇，宣传检察机关惩治和预防渎职侵权犯罪的职能作用、管辖范围、立案标准和举报电话，争取人民群众对渎职侵权检察工作的支持。

2002 年，全省检察机关在媒体上共刊发新闻报道 4295 篇（条），其中在新华社、《人民日报》、《光明日报》、《法制日报》、中央电视台、中央人民广播电台等 6 家中央媒体上发稿 97 篇（条），在《检察日报》发稿 491 篇，在《福建日报》、《福建法制报》、福建电视台等省级媒体发稿 822 篇（条）。6 月，根据高检院的部署，省检察院结合"举报宣传周"活动，开展主题为"预防职务犯罪，大家来参与"的"预防职务犯罪宣传周"活动，于 7 月 29 日起在省电视台、东南电视台每天定时播发福建省预防职务犯罪公益广告。

2003 年，各级检察机关开展以"强化法律监督，维护公平正义"为主题的公正执法专题教育活动，宣传推广人民监督员制度和整合侦查资源、检务督察"两个机制创新"工作，报道检察工作重大部署和经验做法，开展"海岛行"采风活动，宣传基层检察院发扬"两个务必"作风，树立基层检察干警艰苦创业、无私奉献的良好形象。

2004 年，全省检察机关干警采写的新闻稿件被《人民日报》、新华社、《法制日报》、《检察日报》等中央媒体采用 148 篇，被《福建日报》、《福建法制报》、福建电视台等省级媒体采用 506 篇（条）。

2005 年，省检察院组织《福建日报》、福建电视台、《福建法制报》等主要新闻媒体，开展"先进典型采风"活动，集中报道"全国十佳检察院"晋江市检察院、"全国模范检察官"莆田市原检察长蔡文懋、"全国十佳优秀公诉人"顺昌县检察院公诉科主诉检察官黄雯等先进集体或个人的事迹。同时，全省检察机关围绕共产党员先进性教育活动和"规范执法行为，促进执法公正"专题整改活动，宣传报道工作经验和成效。围绕构建"平安福建"总体思路，开展综合治理宣传月活动。省检察院举办了一期骨干通讯员培训班，邀请《检察日报》、福建日报社的总编辑与资深记者授课。进一步加强检察文化建设，在福建省体育中心举行了首届全省检察机关乒乓球赛，来自省检察院机关和各设区市检察院共 10 个代表队近 80 名男、女运动员参加了比赛。举办全省检察机关第二届（迎春）书画、摄影作品展，展出各类作品 433 件。其中，书法类 112 件、绘画（篆刻）65 件、摄影类 256 件。编辑出版《敬礼！中国检察官》报告文学系列丛书福建卷。

第十章 交流与合作

1993—2005 年，省检察院涉台湾地区案件办公室（以下简称"涉台办"）开展涉港澳台个案协查、国际司法协助，协调办理台商与台胞投诉案件。全省检察机关不断加强涉外法律政策研究，强化国际交流业务与合作，建立健全对外交流合作机制。

第一节 与港澳台交流与合作

一、两岸检察官交流

1993 年 8 月，省检察院代表参加高检院台湾事务办公室在北京举行的"93 海峡两岸法学学术研讨会"，提交《经济犯罪对策研究》的论文。其间，与台湾"法务部"、"地检署"等一些司法实务界人士建立个人之间的学术交流和联系。

1995 年 7 月，省检察院检察长郑义正赴北京参加第七届国际反贪大会。大会期间，在外事部门的帮助下，与台湾"法务部"的同仁进行会晤和业务交流。

2000 年，省检察院涉台办作为全国检察机关对台工作的窗口，在省台办、省外办、省台联、省贸促会等部门的支持下，有计划地加强对台联系和交流。省检察院与省台办等部门共同举办有关两岸法律方面的研讨会，并邀请台湾司法界知名人士参加，同时筹备检察机关组团赴台交流工作。

2004 年，台湾台北地方法院检察署主任检察官张熙怀和检察官林秀涛参访省检察院，就两岸刑事审判活动研究及台湾新《刑事诉讼法》等内容进行座谈，并与省检察院有关处室的负责人进行交流。

2005 年，省检察院通过与林秀涛联系，为大陆检察机关的 3 起案件调查取证，为两岸互涉案件协查合作的尽早建立搭建人际平台。当年 5 月份，省检察院涉台办在省台办的协助下，联合福州市检察院、福州台商协会共同举办为台资企业提供法律咨询座谈会。

二、涉台个案协查

1993 年，涉台办先后派员参加"两岸劫机犯遣返"、"海上渔事纠纷处理"等问题的研究讨论，提出法律对策和处理意见。特别对于劫机去台事件，涉台办根据院领导的指示，注意事态的发展，了解国内外、港台地区社会各界和新闻媒体的反应，针对台湾当局采取的所谓"人机分离"的原则，研究对策。在中台办、国台办与台方进行"两岸劫机犯遣返"的事务性商谈召开工作会议时，对遣返依据、原则、舆论宣传等问题发表意见，对准备商谈的方案和协议文本进行论证、修改。

1996年，厦门市检察院办理的一家体育旅行社外联部经理贪污一案，经涉台办与有关部门密切配合，将犯罪嫌疑人从马祖遣返回大陆，这是海峡两岸首次遣返特大贪污案犯。

2002年，在高检院的领导下，省检察院涉台办着重开展对台交流、涉台刑事个案协查和刑事案件调研工作。如在协调办理犯罪嫌疑人劫持"新全福103"号偷渡美国一案中，将受害台籍船东在台湾警署的证供材料调集到案，使全案得以办结。

2003年，省台办致函省检察院，反映一涉台犯罪嫌疑人因涉嫌贩卖枪支已在厦门市检察院起诉。省检察院涉台办在其家属的请求下，要求厦门市检察院予以协调处理，厦门市检察院经审查，及时办结。

2004年，省检察院办理一起涉台调查取证案件"8·3"涉枪专案。在省检察院涉台办的协调安排下，省检察院案件承办人以远程电话录音的方式录取该起案件关键证人的证言。此证言成为查获该起案件的突破口。"8·3"涉枪专案是省检察院首次以远程电话录音方式对在台人员录取证人证言。

三、协调办理台商、台胞投诉案件

1996年，《中华人民共和国台湾同胞投资保护法》颁布后，省检察院涉台办利用各种媒体，对该法进行广泛宣传，促使台胞投资者知法、懂法、守法、依法办事、依法经营，并与有关的台资企业、台资企业联谊会建立定期联系制度，及时了解、掌握情况。参与台商投资重点地区的社会治安整治工作，加强对公安机关有案不查的监督，从法纪检察工作角度保护台商人身权利。

1999年，涉台办提出"履行检察职能，服务于台资企业发展"的工作思路，于12月在泉州市召开"为台资企业服务座谈会"。各参会单位负责人就如何发挥检察职能、为台资企业服务献计献策。此外，涉台办还运用法律知识，主动配合省台办办理厦门圣源金属有限公司等台资企业、台胞居民投诉案件。

2000年，涉台办办理6件台胞和台商投诉案件。涉台办还通过协调办理台胞和台资企业投诉，走访台资企业，了解企业发展的法制环境，提供法律咨询，履行检察职能，帮助协调解决法律问题等，以增进台商对政府的信任。

2005 年，省检察院制定《福建省人民检察院关于为建设海峡西岸经济区服务的意见》，全省检察机关按照意见要求办理台资企业内部的职务侵占、挪用资金，台资企业投资者的绑架、抢劫等刑事犯罪案件，保障企业经营者和投资者的人身及财产安全。

四、涉港澳个案协查

1995 年，涉台办采取多种渠道办理涉外案件，通过高检院个案协查办公室商请香港廉政公署在香港地区取证 4 次，通过国际刑警组织帮助追捕案犯 2 件，通过海协会请海基会依《金门协定》遣返 1 件，协助香港廉政公署和澳门反贪污暨反行政违法性高级专员公署查证 3 件。

1997 年，协助查办的案件主要有：一国有外贸公司工作人员贪污案，涉台办与省检察院反贪局人员一起赴港取证；宁德检察分院办理一起偷税案，该案涉及香港一公司在越南胡志明市的公司总经理，涉台办经多方做工作，促使其从越南到福州市，向宁德检察分院提供证词及有关材料；涉台办协助澳门反贪污暨反行政违法高级专员、公署官员调查一贪污案。

1998 年，涉台办主要办理以下案件：协助福州市检察院办理香港一公司总经理涉嫌诈骗、行贿案，并为赴港向该公司董事长取证、追缴赃款做协调工作；配合香港廉政公署官员入境赴诏安县，为港方警务人员贪贿案向证人调查取证；协助向晋江 2 名证人调查偷渡并港方警务人员贪贿案调查取证；协助澳门反贪公署调查 5 名偷渡分子偷渡及澳门警务人员涉嫌受贿案。

1999 年，涉台办配合自侦部门查办涉境外职务犯罪大要案。在办理厦门市一家酒店总经理贪污案过程中，涉台办领导带队赴厦门市听取专案组汇报，交换意见，按境外调查取证的规定及时主动向高检院汇报，使该案赴港取证的请示及时批复；在接到厦门市"4·20"专案组要求紧急协助调取犯罪嫌疑人涉嫌帮助犯罪分子逃避处罚一案在香港的重要犯罪证据的报告后，涉台办一方面与高检院个案协查办取得联系，另一方面选派办案骨干会同专案组人员专程赴广州市，在高检院和香港廉政公署的帮助下，从香港调取犯罪嫌疑人通讯记录；协助香港、澳门的反贪机构在境内调查取证，协助香港廉政公署官员赴石狮市查证 2 名香港居民保险欺诈案。

2000 年，省检察院涉台办共办理涉港协查案件 5 件，协助福州市检察院办理一起特大受贿案赴港取证的有关手续。同时协助香港廉政公署调查香港警员涉嫌以假结婚名义组织 200 多名福建省诏安县籍人士赴港定居、收受贿赂的案件，以及香港友邦保险公司职员帮助福建省南安市籍人士诈骗保险费收受贿赂案等协查案件 3 件。于 6 月份组织福州、泉州两市的涉台工作联络组赴广东市学习考察个案协查和外事工作经验。

2001年，在高检院个案协查办的指导下，省检察院涉台办配合港澳有关部门开展司法协作，通过互涉刑事案件的个案协查，加强同香港廉政公署、律政司和澳门检察院、廉政公署间的交流与合作，为自侦部门查办大案要案工作服务。2月，省检察院涉台办协助香港廉政公署核实犯罪嫌疑人身份。9月、11月，协助香港廉政公署调查厦门市一制衣厂与香港一家公司所签订合同真伪及协助澳门特别行政区廉政公署调查有关学历的情况。

2002年，省检察院协助澳门廉政公署核实一名澳门居民所持厦门大学国际教育中心中医内科专科的毕业证书及成绩单的真伪。在立案侦查某进出口公司派驻西非多哥公司负责人涉嫌挪用公款一案时，因案情重大且主要证人及证据均在香港，为迅速全面查清案情，省检察院请求高检院外事局通过个案协助途径，由福建省检察机关派员赴香港，在廉政公署的安排下向证人调查取证，并向香港汇丰银行调取有关书证。

2003年，在立案侦查宁德市蕉城区公安分局一派出所干警涉嫌受贿案时，因该案的主要证人系香港居民，省检察院派员赴香港在廉政公署的协助下向证人调查取证，进一步查清犯罪嫌疑人的犯罪事实。

2005年，省检察院进一步加深与港、澳司法部门的联系，逐步规范涉外司法协助和个案协查工作，探索港、澳检察机关帮助内地检察机关代为涉台案件协查、调查取证的办法和经验。12月，省检察院干部应澳门科技大学法学院的邀请赴澳门参观访问。访问期间，与澳门检察院和澳门廉政公署官员会谈，就澳门检察院和澳门廉政公署帮助内地检察机关开展案件协查和交流进行可行性探讨；与澳门科技大学领导就共同举办两岸法学论坛事宜进行协商；考察团成员、省检察院办公室副主任陈雷还在澳门科技大学作了题为"反腐败公约国际合作与对策"的专题讲座。省检察院副检察长李明蓉赴珠海与澳门检察院办公室主任黎建恩和司法辅助厅代厅长周友清进行会谈，就澳门检察院帮助省检察院代为涉台案件协查、调查取证达成初步合作意向，明确澳门检察院律政协会将在澳门举办两岸（即区际）司法研讨会，并邀请福建和台湾方面的检察官参加。省检察院办理境外司法协助和涉港、澳个案协查，加强与香港、澳门的律政、检察院及廉政公署的配合协作，全年共办理境外司法协助和涉港、澳个案协查5件。省检察院涉台办发挥外事部门的优势，配合自侦部门做好境外追逃、追赃工作。如一澳门籍罪犯被省法院二审判决没收在澳门的个人财产，省检察院涉台办协助南平市检察院进行处理，由于罪犯的财产案涉及不动产及银行存款，加之两地刑事及民商事法律差异很大，给处理工作带来很多困难，经反复研究、多方协调，最终该案在闽粤澳三地检察机关的共同努力下，取得实质性进展，为福建省检察机关境外追赃工作积累了宝贵经验。

第二节　对外交流

一、来　访

1994年11月6—8日，埃及总检察长阿拉比在福州、厦门市访问，其间与省检察院检察长郑义正进行工作会谈。

1997年3月5日，英国文化委员会华南办事处主任林悟德到福建省访问，与省检察院副检察长毕振东进行工作座谈。

1998年3月，福建省检察机关与英国驻广州总领事馆联合举办反贪研讨会，英国法律专家巴尔、英驻广州总领事馆文化教育领事林悟德和省检察院及福州地区30名检察官参加研讨会。此前，英国驻广州总领事魏意安也访问省检察院。

1999年3月，乌克兰总检察长率代表团来访。同年，省检察院还接待来访的日本鹿儿岛地方检察厅检察官吉浦正明和日本驻华大使馆一秘西谷隆，就反偷渡和有组织的国际犯罪问题进行交流。

2000年10月，省检察院先后接待乌兹别克斯坦、泰国、塔吉克斯坦三国检察代表团到福建省参观访问。

2002年2月，日本警察厅代表团到福建省访问，与省检察院批捕处、起诉处等部门负责人就检察制度和福建省检察机关的组织概况等方面进行座谈。4月，省检察院接待新加坡总检察署副检察长李兴立，省检察院副检察长何小敏会见客人。11月，省检察院接待来华参加"上海合作组织成员国总检察长会议"的哈萨克斯坦总检察长一行6人到福建省访问。在福州市期间，省人大常委会和省检察院领导分别会见哈萨克斯坦检察代表团。

2005年，省检察院涉台办接待来闽访问的纳米比亚总检察长彭杜尼克·伊塔娜率领的检察代表团。根据中国与加拿大司法合作项目，加拿大刑法改革与刑事政策国际中心专家、加中检察制度改革合作项目主任、加拿大律师丹尼尔·蒲瑞方延一行4人到福建省举办讲座。省检察院会同厦门市检察机关接待新加坡总检察长率领的检察代表团一行6人对厦门市参观访问，促进了一些司法合作项目的展开。

二、出　访

1994年11月，郑义正随中国检察代表团访问荷兰。

1996年，郑义正随中国检察代表团访问智利。

1997 年 1 月，省检察代表团赴英国考察。10 月 31 日至 11 月 10 日，郑义正随中国检察代表团到芬兰考察访问。

1998 年 7 月，鲍绍坤随中国检察代表团出访德国。

2000 年，省检察院共组织办理 6 批 44 人出访。其中，省检察院 3 位领导，13 位分、市检察院正副检察长，9 位基层检察院检察长，省检察院专职检委会委员和处级干部 18 人，赴美国、英国、新加坡等国考察、学习。组织 30 名检察官赴新加坡学习培训。

2001 年，省检察院选派林永星、李建参加高检院组团赴瑞典考察培训。陈义兴作为前述培训班学员于 10 月 28 日至 11 月 3 日赴香港、澳门特别行政区考察，了解港、澳地区打击和预防黑社会犯罪的情况与对策。11 月，为学习借鉴国外的检察制度和工作经验，张同盟等 6 人组成代表团赴美国、加拿大考察访问。

2002 年 7 月，省检察院副检察长陈义兴率领一行 7 人代表团赴加拿大、德国进行为期 15 天的考察访问。省检察院 5 月在法国举办一期"金融犯罪与刑事对策"研修班，学习考察法国的金融制度、金融法律制度、金融犯罪的侦查与防范对策等。6—7 月，鲍绍坤、张同盟参加高检院组团出访印度尼西亚及赴澳大利亚考察信息技术。10 月，省检察院副检察长林永星率团一行 7 人赴美国、加拿大访问，考察了解英美法系国家的刑事司法制度及其运作情况，包括刑事案件的侦查、检控及审判制度的程序性规定和实际做法。

2003 年 4—5 月，应德国欧中文化促进会会长格荣纳费尔德先生和英国乔斯国际商贸咨询有限公司董事长尹卓如的邀请，何小敏率团一行 8 人赴英国、德国访问，考察了解英国、德国刑事司法制度及其运作情况，包括刑事案件的侦查、检控及审判制度的程序性规定和实际做法。6 月下旬，倪英达率省检察官协会代表团一行 7 人赴美国、加拿大访问，考察了解美国的刑事司法制度及其运作情况，并与国外法学专家交流刑事审判方面的信息和有关涉及毒品的犯罪问题。9 月，陈义兴率领省检察代表团一行 12 人对澳大利亚、新西兰进行访问，重点考察有组织犯罪与刑事对策及刑事检察制度改革。9—10 月，张同盟率省检察官协会考察团一行 10 人对法国、瑞士进行访问，考察了解有关国家的立法和司法实务，增强处理涉外检察业务能力。

2004 年 6 月，省检察院纪检组组长吴建民率省检察官代表团一行 6 人赴日本、韩国进行公务考察，了解日本的检察制度，交流有关打击跨国有组织犯罪的经验。8 月，张同盟率领福建省检察官代表团赴美国、日本进行为期 12 天的公务考察，了解有关国家的检察官与警察在刑事调查和检控中的协作机制。9 月，陈义兴率省检察官代表团一行 7 人赴巴西、阿根廷考察，了解有关南美国家的刑事对策及刑事检察制度改革。同时，为进一步学习借鉴国外的民事检察工作经验，省检察院组织"检察官与民事诉讼"法律研修班22名学员赴美国进行为期21天的考察研修。10月，省检察院政治部主任黄国强率领福建省检察官代表团赴澳大利亚、新西兰考察学习。倪英达随以高检院检察长贾春旺为团长的中国检察代表团访问纳米比亚、埃及、突尼斯。

2005年，省检察院先后组织检察人员共8批87人出境访问。省检察院涉台办会同监所处举办"刑罚执行监督与人权保障"赴法国考察培训研修班。厦门市检察院组团赴法国、英国、瑞典考察。6月、10月，省检察院副检察长郑京水率领福建省检察官代表团前往埃及、南非、墨西哥、阿根廷考察学习有关国家检察司法制度，了解国外检察机关的组织机构及其职能、职务犯罪之调查、起诉及审判等方面的有关情况。7月，何小敏率领福建省检察官代表团前往美国、加拿大就有关国家职务犯罪调查、起诉及审判程序进行考察培训。9月份，省检察院副检察长顾卫兵率领福建省检察官代表团一行8人赴丹麦和奥地利考察有关国家检察司法制度。

三、参加国际会议

1999年9月4—14日，国际检察官联合会第四届年会暨会员大会在北京召开，鲍绍坤参加会议并提交《论金融领域贪污贿赂犯罪的惩治和防范》的论文。

2000年10月10—16日，亚洲预防犯罪基金会第八届国际大会在北京召开，鲍绍坤参加会议并作《因特网犯罪及其他高科技犯罪》的演讲。

2001年，高检院决定由福建省检察机关选派省检察院专职检委会委员黄诗朱、泉州市检察院检察长徐汉宗等5人参加高检院组团赴南非出席国际会议。11月12—15日，鲍绍坤赴广州参加亚欧总检察长会议，其间参加高检院召开的部分省、市检察院检察长座谈会。

2002年，应澳门检察律政学会秘书长黎建恩的邀请，省检察院选派何小敏与涉台办主任沈明娅赴澳门出席"区际刑事司法协助法律研讨会"，探讨加强区际刑事司法协助，共同打击有组织跨境犯罪等问题。

2005年7月6—12日，倪英达随同高检院检察长贾春旺前往泰国参加中国与东盟成员国总检察长会议。同年，倪英达参加在深圳举办的亚欧总检察长会议。

四、国际司法协助

1997年，涉台办应日本鹿儿岛地方检察厅的请求，代为送达刑事司法文书，并协助调查有关事项，做好协助省公安厅赴厄瓜多尔引渡罪犯的准备工作。

2000年，涉台办办理高检院交办的两起乌克兰和俄罗斯请求司法协助，且在该国内有重大影响的经济案件。高检院要求省检察院协助俄罗斯检察机关调查洛夫·切别茨克化工联合企业股份公司诈骗一案。由于该案涉及厦门市相关企业，后在厦门市检察院的协助下，将调查结果反馈给俄罗斯检察机关。12月，省检察院接受高检院关于给予乌克兰总检察院47—343号案司法协助的工作任务。涉台办在泉州市检察院的协助下，将此案的调查结果向乌克兰方面反馈。

2002—2005年，省检察院共办理高检院交办的司法协助案件22件，主要集中在一些单证的调查核实方面。

第十一章　机构与队伍

截至 2005 年底，全省省、市、县三级检察机关共有 96 个检察院，其中省级检察院 1 个，设区市检察院 9 个，基层检察院 86 个。中央政法专项编制 6876 名，实有干部 6115 人。全省各级检察院均配置正副检察长、检察委员会委员、检察员、助理检察员、书记员以及相关的行政事务、技术人员。

第一节　机　构

一、内设机构

经过 1997 年、2001 年两次机构改革，特别是 1997 年修改后《刑事诉讼法》颁布以后，全省检察机关按照《宪法》、《人民检察院组织法》的规定，结合检察工作实际，对省、市、县（市、区）检察院的职能配置、内设机构和人员编制进行明确，加强并完善法律赋予检察院的职能，调整内设机构的职能配置。

（一）省检察院

1993 年，省检察院共有 14 个处、室、部、委：刑事检察处、法纪检察处、监所检察处、经济检察处、信访处、民事行政检察处、林业检察处、技术处、行政装备处、纪检组、办公室、法律政策研究室、政治部、机关党委。

1994 年，高检院指示广东、福建两省级检察院设立涉台湾地区案件办公室。经省编委同意，于当年 7 月正式设立，作为省检察院的一个内设机构。

1997 年，省检察院机关设办公室、审查批捕处、审查起诉处、反贪污贿赂局、法纪检察处、监所检察处、民事行政检察处、控告申诉检察处（对外增挂"福建省人民检察院举报中心"、"福建省人民检察院刑事赔偿工作办公室"牌子）、检察技术处、法律政策研究室、林业检察处、行政装备处、监察处、法制宣传处 14 个职能部门和政治部（内设干部处、教育处、法警处、政工处 4 个副处级机构）及机关党委。当年 12 月，经省委同意，省检察院涉台湾地区案件办公室驻福州、厦门办事处成立，分别作为福州市、厦门市检察院的内设机构。

2001年，根据中央有关文件和《宪法》、《人民检察院组织法》的有关规定，结合省检察院职能配置，省检察院机关设置内设机构及直属机构20个。

2003年，根据省委机构编制委员会批复，设立离退休干部工作处作为省检察院机关内设机构。

2005年，根据高检院《关于地方各级人民检察院渎职侵权检察机构统一名称的通知》及省委编办《关于省人民检察院渎职侵权检察处更名的批复》，法纪检察处更名为反渎职侵权局。至此，省人民检察院机关设置内设机构及直属机构21个，具体名称、职责范围如下。

办公室：协助院领导处理检察政务，负责文件起草，机关办公秩序管理和检察统计、档案、保密工作并对下指导。

侦查监督处：承办和指导全省刑事犯罪案件的审查批准逮捕、批准逮捕和立案监督、侦查监督。

公诉处：承办和指导全省刑事犯罪案件的审查起诉、出庭公诉、抗诉工作。

反贪污贿赂局：承办和组织、协调、指挥全省检察机关贪污贿赂、挪用公款、巨额财产来源不明、隐瞒境外存款、私分国有资产、私分罚没财物等犯罪案件的侦查、预审工作。

反渎职侵权局：承办和组织、协调、指全省检察机关办理国家工作人员渎职犯罪和国家机关工作人员利用职权实施的非法拘禁、刑讯逼供、报复陷害、非法搜查的侵犯公民人身权利、民主权利的犯罪等案件的侦查、预审工作。

监所检察处：负责承办和指导全省检察机关对执行机关执行刑罚活动、超期羁押及刑罚执行和监管中发生的虐待被监管人案、私放在押人员案、失职致使在押人员脱逃案和徇私舞弊减刑、假释、暂予监外执行案的侦查工作和其他自侦案件立案前调查工作。

民事行政检察处：承办和指导全省民事经济审判、行政诉讼监督的审查、监督工作。

控告检察处（同时挂"福建省人民检察院举报中心"牌子）：负责全省检察机关控告和举报工作的受理、线索分流、线索初查和指导。

刑事申诉检察处（同时挂"福建省人民检察院刑事赔偿办公室"牌子）：负责全省检察机关刑事申诉、刑事赔偿工作的受理和指导。

职务犯罪预防处：负责全省检察机关职务犯罪预防工作的指导和法制宣传。

检察技术处：负责全省检察机关刑事检察技术工作及计算机网络建设、机关的办公自动化建设。

法律政策研究室（同时挂"福建省人民检察院检察委员会秘书处"牌子）：负责有关检察工作地方法规的起草，组织调查研究适用法律问题，检察工作的法制建设的调查研究、规划，负责省检察院专家咨询委员会日常工作、检察委员会日常工作。

林业检察处：承办和指导全省检察院受理林业公安机关提请的林业刑事案件的审查批捕、审查起诉、出庭公诉、抗诉工作。

行政装备处：负责对全省检察机关计划财务装备工作、物资技术装备、交通工作、通讯、武器弹药、服装的统筹计划和管理工作的指导，下发各种装备物资的统一购置、分配和管理，机关财务、资产、后勤保障工作。

干部处：负责对设区市检察院领导班子考核、配备和后备干部的协管，全省检察系统机构编制以及检察机关工作人员的调配，检察官等级评定、调整和管理，机关机构设置、人员编制和干部任免等工作。

宣传处：负责全省检察机关宣传、新闻报道，协同党委抓党的建设和队伍建设，开展争先创优、评功表彰工作。

干部教育培训处：负责制定全省检察干部教育培训规划，组织开展学历教育和各类岗位业务培训，规划指导检察机关培训基地及师资队伍建设工作，指导国家检察官学院福建分院工作。鉴于检察院工作的特殊性，根据《中共中央关于进一步加强政法干部队伍建设的决定》和《中共中央关于加强和改进思想政治工作的若干意见》，设置福建省检察院政治部。干部处、宣传处、干部教育培训处由政治部统一管理。

监察处：与省纪委驻省检察院纪检组合署办公，按照《党章》和《行政监察法》履行职责。

机关党委：负责院机关及直属单位党群工作。

离退休干部工作处：负责机关离退休干部生活、学习保障工作。

法警总队（直属机构）：负责保护由检察院直接受理侦查案件的犯罪现场，负责审讯场所的安全，执行传唤，参与搜查、侦查，执行拘传、协助执行强制措施和追捕逃犯，提讯、押解、看管犯罪嫌疑人和被告人，送达法律文书，维护来访秩序和安全，承办、指导全省司法警察警衔管理、司法警察教育培训等工作。

涉台湾地区案件办公室：负责开展涉港澳台个案协查、国际司法协助、协调办理台商与台胞投诉案件、涉台理论研究、对外交流业务与合作。

（二）设区市检察院和县（市、区）检察院

1993 年，各分、市检察院内部业务机构设置一般为"二室八科"。县（市、区）检察院内部业务机构设置一般为"二室六科"或"二室八科"不等。福州市检察院和厦门市检察院业务机构以处为建制。

1997年，根据机构改革的相关规定，检察院内部机构分为必设和选设两类。其中分、市检察院内部机构设13～15个（福州、厦门市可设13～16个）。其必设的内部机构为：办公室、政治部、审查批捕处、审查起诉处、反贪污贿赂局、法纪检察处、监所检察处、民事行政检察处、控告申诉处、检察技术处、法律政策研究室、监察处，其他为因地制宜选设机构。县级检察院内设机构设8～11个。其必设机构为办公室、政工科、审查批捕科、审查起诉科、反贪污贿赂局、法纪检察科、民事行政检察科、控告申诉科，其他为因地制宜选设机构。

2001年，根据机构改革的相关规定，厦门市检察院因可参照省检察院，设置内设机构及直属机构18个，其他地级市（除福州、泉州市根据实际需要可多设1个）院内部机构设12～14个。其必设机构为办公室、政治部（在机构限额内若单设干部处、宣传处、干部教育培训处，统一由政治部管理）、侦查监督处、公诉处、反贪污贿赂局、渎职侵权检察处（2005年更名为反渎职侵权局）、监所检察处、民事行政检察处、控告申诉检察处、职务犯罪预防处、法律政策研究室、行政装备处。选设机构为检察技术处（不含监察处、机关党委）。县（市、区）检察院内部机构设8～11个。其必设机构为办公室、政治处、侦查监督科、公诉科、反贪污贿赂局、渎职侵权检察科（2005年更名为反渎职侵权局）、民事行政检察科、控告申诉检察科。选设机构为监所检察科（有监所检察任务的为必设）、职务犯罪预防科、行政装备科、检察技术科（不含监察科）。

二、派出机构

1993年，全省各级检察院共向重点乡、镇、单位派驻乡镇检察室、税务检察室、供销检察室、农业银行检察室300多个。1998年后，对全省原有330个乡（镇）、林场、税务、供销、农业银行及其他各类检察室进行清理整顿，对不具备条件设立的乡镇和林业检察室予以撤销，共撤销乡（镇）、林场检察室309个，且规定自该次整顿工作开始，不再批设新的乡镇、林业等检察室。2001年，全省各设区市、县（市、区）检察院机构改革，重新清理、审核全省21个乡（镇）、林场检察室。截至2005年，除派驻看守所、监狱、劳教场所外，全省仅有厦门市集美区检察院仍设派驻灌口镇检察室。

1994年6月，经省委、省人大常委会批准，设立福建省福州市鼓山地区检察院，与之前设立的龙岩市青草盂地区检察院，分别作为福州和龙岩市检察院的派出机构，行使县一级检察院职权。

表 11－1　　　**2005 年全省检察机关机构分布情况表**

福建省人民检察院	福州市人民检察院	鼓楼区检察院、台江区检察院、仓山区检察院、晋安区检察院、马尾区检察院、长乐市检察院、福清市检察院、连江县检察院、罗源县检察院、闽侯县检察院、闽清县检察院、平潭县检察院、永泰县检察院、鼓山地区检察院
	厦门市人民检察院	思明区检察院、湖里区检察院、集美区检察院、海沧区检察院、同安区检察院、翔安区检察院
	漳州市人民检察院	芗城区检察院、龙文区检察院、龙海市检察院、漳浦县检察院、云霄县检察院、诏安县检察院、东山县检察院、南靖县检察院、平和县检察院、华安县检察院、长泰县检察院
	泉州市人民检察院	鲤城区检察院、丰泽区检察院、洛江区检察院、泉港区检察院、晋江市检察院、石狮市检察院、南安市检察院、惠安县检察院、安溪县检察院、永春县检察院、德化县检察院
	三明市人民检察院	梅列区检察院、三元区检察院、永安市检察院、大田县检察院、尤溪县检察院、沙县检察院、将乐县检察院、泰宁县检察院、建宁县检察院、宁化县检察院、清流县检察院、明溪县检察院
	莆田市人民检察院	仙游县检察院、荔城区检察院、城厢区检察院、涵江区检察院、秀屿区检察院
	南平市人民检察院	延平区检察院、建瓯市检察院、建阳市检察院、邵武市检察院、顺昌县检察院、浦城县检察院、光泽县检察院、松溪县检察院、政和县检察院、武夷山市检察院
	龙岩市人民检察院	新罗区检察院、永定县检察院、上杭县检察院、武平县检察院、长汀县检察院、连城县检察院、漳平市检察院、青草盂地区检察院
	宁德市人民检察院	蕉城区检察院、福安市检察院、福鼎市检察院、古田县检察院、霞浦县检察院、周宁县检察院、寿宁县检察院、屏南县检察院、柘荣县检察院

第二节　队　伍

一、人员配备

根据《人民检察院组织法》等法律法规及《福建省市、县（市、区）人民检察院机构改革意见》等规定，结合实际工作需要，省检察院配备正副检察长 6 名、纪检组长 1 名、政治部主任1名。设区的市检察院配备正副检察长4—5名。县（市、区）检察院配备正副检察长3—4名。政治部（处）主任由同级检察院副职干部兼任或专任。2001年机构改革期间，在省检察院机关增设1名副检察长职数。至此，省检察院机关配备1名检察长、6名副检察长。各级检察院均配置若干检察委员会委员、检察员、助理检察员、书记员以及相关的行政事务、技术人员。

1993—1995年，中央编制部门先后给福建检察机关三次增加编制，编制数从1992年的5218名增加到6528名。因福建属于林区，而原设的林业检察部门所需编制系事业编制，1998年6月经请示省编办同意，林业检察编制改为行政编制。2001年，全省检察机关机构精简，政法专项编制减少，为弥补中央政法专项编制的不足，省编办为全省检察机关垫增编制326名。2004年，中央编办再次下发《关于为地方法院、检察院补充政法专项编制的通知》，全省检察机关政法专项编制达到6876名。内有法律职称人员4624人，其中各级正副检察长372人，检察委员会委员356人，检察员3080人，助理检察员816人，法警255人，书记员865人，其他行政人员305人。

全省检察机关1980年设立司法警察，共101人，其中省检察院机关2人，分、市检察院17人，县（市、区）检察院82人。此后逐年增加，到2005年，全省司法警察共284人。全省三级院共有95个单位经编委批复设置法警机构，正式设立法警机构的有65个，9个设区市检察院有5个实行司法警察编队管理。

根据《检察官法》，1993—2005年，省检察院经历3任检察长，并提请各级人大常委会依照法律程序批准和任免一批检察长、副检察长、检察委员会委员和检察员。截至2005年，

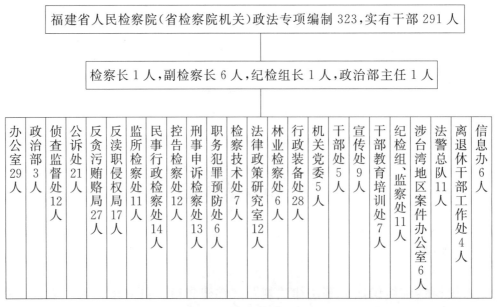

图11—1 2005年省检察院机关编制情况图

全省检察机关共有检察长 96 人，副检察长 277 人，检察委员会委员 356 人，检察员 3080 人，助理检察员 816 人。

全省检察机关检察官职务等级按照《检察官法》、《检察官等级暂行规定》、《评定检察官等级实施办法》、《高级检察官等级选升标准（试行）》等文件规定执行。

表 11-2　**1993—2005 年福建省人民检察院副厅以上人员名录**

职　务	姓　名	性别	任职起止时间
检察长	郑义正	男	1993.1—1998.2
副检察长	毕振东	男	1985.8—1998.1
副检察长	林文衡	男	1990.1—1998.4
副检察长	王明道	男	1992.7—2001.5
副检察长	张同盟	男	1996.5—2005.6
党组成员、政治部主任	林　生	男	1995.7—1999.7
党组成员、纪检组长	肖乾钧	男	1995.7—1999.7
反贪局常务副局长、检察委员会委员、副厅级检察员	王伙璋	男	1995.7—1999.7
涉台办主任、副厅级检察员	周谨驰	男	1996.9—1999.7
控申处处长、检察委员会委员、副厅级检察员	滕式庆	男	1997.12—2002.12
技术处处长、检察委员会委员、副厅级检察员	卢光振	男	1997.9—2002.12
起诉处处长、检察委员会委员、副厅级检察员	黄诗朱	男	1995.12—2002.12
检察长	鲍绍坤	男	1998.2—2002.8
副检察长	陈义兴	男	1998.4—
副检察长	林永星	男	1999.3—2002.12
副检察长	何小敏	男	2001.9—
检察长	倪英达	男	2003.3—
副检察长	顾卫兵	男	2004.3—
副检察长	郑京水	男	2004.3—
副检察长	林贻影	男	2004.3—
副检察长	李明蓉	女	2005.9—
党组成员、政治部主任	黄国强	男	1999.12—2005.9
党组成员、纪检组长	吴建民	男	2002.5—
党组成员、政治部主任	王乃坚	男	2005.9—
刑事申诉处处长、检察委员会委员、副厅级检察员	王小青	女	2002.5—

表 11—3　　　　　**1993—2005 年福建省分、市检察院检察长名录**

单　位	职　务	姓　名	性别	任职起止时间
福州市人民检察院	检察长	李孙英	男	1993.3—1996.9
福州市人民检察院	检察长	陈义兴	男	1997.12—1998.5
福州市人民检察院	检察长	陈聪	男	1999.1—2002.11
福州市人民检察院	检察长	陈聪	男	2002.12—
厦门市人民检察院	检察长	林智忠	男	1987.12—1997.12
厦门市人民检察院	检察长	汪兴裕	男	1997.12—2002.12
厦门市人民检察院	检察长	林永星	男	2002.12—
漳州市人民检察院	检察长	陈汝文	男	1993.6—1996.3
漳州市人民检察院	检察长	林永星	男	1996.3—1999.3
漳州市人民检察院	检察长	顾卫兵	男	1999.3—2001.4
漳州市人民检察院	检察长	顾卫兵	男	2001.5—2005.9
泉州市人民检察院	检察长	徐汉宗	男	1996.5—2001.4
泉州市人民检察院	检察长	徐汉宗	男	2001.5—
莆田市人民检察院	检察长	陈金玉	男	1994.9—1998.4
莆田市人民检察院	检察长	蔡文懋	男	1998.4—2001.1
莆田市人民检察院	检察长	蔡文懋	男	2001.2—2004
莆田市人民检察院	检察长	吴超英	男	2005.3—
三明市人民检察院	检察长	黄永发	男	1993.6—1997.11
三明市人民检察院	检察长	黄永发	男	1997.12—2002.12
三明市人民检察院	检察长	黄德安	男	2002.12—
南平检察分院	检察长	齐裕辉	男	1993.6—1998.5
南平市人民检察院	检察长	陈岩生	男	1998.5—2001.1
南平市人民检察院	检察长	陈岩生	男	2001.5—
龙岩检察分院	检察长	曾克荣	男	1995.6—1997.5
龙岩人民检察院	检察长	陈岩生	男	1997.5—1998.5
龙岩市人民检察院	检察长	何小敏	男	1998.5—2002.1
龙岩市人民检察院	检察长	陈承平	男	2002.5—
宁德检察分院	检察长	忻少祥	男	1983—1996.5
宁德检察分院	检察长	陈聪	男	1997.3—1998.4
宁德检察分院	检察长	张铁军	男	1998.4—2000.11
宁德市人民检察院	检察长	郑京水	男	2000.11—2005.3
宁德市人民检察院	检察长	游美萍	女	2005.3—

二、反腐倡廉

1993 年，全省检察机关坚持"从严治检"方针，突出反腐倡廉教育，开展各项纪检监察工作，推进全省检察队伍的廉政建设和机关作风建设。各级检察院领导干部对照"廉洁自律"五条规定开展自查自纠，全省共有 223 名处级以上干部参加了对照检查。经查，有 34 名副处级以上干部购买社团法人股 10.93 万元，有 4 名处级干部在检察系统办的经济实体兼职，已全部脱钩，有 3 名副处级以上干部自报接受礼金和有价证券 0.6376 万元，对有关礼品均按规定进行处理。进一步开展专项治理乱收费工作，清退免诉考察费 14 万元，挂罪考察费 0.48 万元，具结悔过保证金 1.0213 万元。全省检察机关清理整顿工会所办的经济实体公司 40 家，已撤销 28 家，划转 2 家，停办 8 家，拟改制 1 家，拟脱钩 1 家。共有 66 名检察干警在企业兼职，已有 65 名干警回到检察岗位。查办一批检察院人员违法违纪案件，受理信访举报件 162 件，初核 147 件，立案 31 人，党政纪处分 18 人，移送司法机关处理 2 人。

1994 年，各级检察机关主要抓了赃款赃物管理情况专项检查和清理检察机关经办经济实体两个方面的重点工作。经清理，全省检察机关共发生挪用赃款 14.869554 万元，对有关当事人给予处理，并制定和修改赃款赃物管理制度，使这项工作走上正轨。对检察机关所办经济实体进行全面清理，在清理中注意引导、保护、发挥企业的积极性，并开展必要的审计工作，防止国有资产流失。查办一批检察人员违法违纪案件，受理信访举报件 177 件，立案 20 人，党政纪处分 12 人，移送司法机关处理 3 人。

1995 年，全省开展了"学理论、讲党性、守纪律、比奉献"主题教育，共产主义理想信念和全心全意为人民服务教育，职业道德、勤政廉政教育，正反面典型教育等活动。省检察院有针对性地出台一些规章制度，制定下发《关于检察机关和检察人员办案纪律规定》、《领导干部个人、家庭重大情况报告制度》、《加强我省检察机关反贪部门办案纪律的若干规定》、《关于贯彻执行"不准接受可能对公正执行公务有影响的宴请和不准参加用公款支付的营业性歌厅、舞厅、夜总会等娱乐活动"规定的实施意见（试行）》等制度。清理无偿占用企业或发案单位的车辆 2 辆、移动电话 2 部、中文传呼机 2 台，退还向企业拉赞助款 26.42 万元、摩托车 1 辆。查办违法违纪案件，受理信访举报件 156 件，立案 33 人，党政纪处分 18 人，移送司法机关处理 4 人。

1996 年 4—5 月，以依法办案、文明办案、安全办案为主要内容的"敬业爱岗为民树形象活动"专项教育整顿活动在全省开展，突出解决检察干警在办案中刑讯逼供问题。结合开展学习"漳州 110"报警服务台先进事迹，11—12 月，再次进行思想作风纪律专题教育整顿，开展清理预算外资金，纠正部门私设"小金库"不正之风。省检察院机关撤销 10

个账户，同时完善相关规章制度，加强检查监督，使预算外资金的管理逐步走上正轨。在修订、完善原有规章制度的基础上，省检察院新制定下发《关于福建省检察机关实施〈禁酒令〉的通知》、《福建省检察机关接受人民代表大会及其常务委员会监督的若干问题的规定》、《福建省人民检察院关于查办涉嫌犯罪的人大代表案件的暂行规定》，进一步强化监督力度。查处违法违纪案，受理信访举报件 184 件，立案 25 人，党政纪处分 16 人，移送司法机关处理 7 人。

1997 年 3 月，按照中政委及上级检察机关的部署，各地全面开展清除地方和部门保护主义，严禁刑讯逼供和非法拘禁专项治理活动。按照学习动员、自查自纠、建章立制三个阶段，开展"两清除、两严禁"专项治理活动。在专项治理中，各级检察院普遍对 1995 年以来建立的 639 个"共建点"进行清理整顿，撤销所有共建点，与各地检察学会发展的企业团体会员或会员单位全部脱钩，一律禁止在企业中发展会员。贯彻落实党中央、国务院关于厉行节约、制止奢侈浪费行为的规定。中央《关于党政机关厉行节约制止奢侈浪费行为的规定》及省委、高检院关于贯彻落实意见下发后，全省检察机关把贯彻落实中央文件精神作为大事来抓。据统计，全省检察机关取消办公楼装修项目 5 个，节约 12.8 万元。压缩会议 48 个，会议经费比上年同期减少 14.4 万元。取消庆典活动 8 次，招待费比上年减少 155.6 万元。受理信访举报线索 140 件，立案 22 人，党政纪处分 12 人，移送司法机关处理 4 人。

1998 年 3 月，按照中央政法委、高检院的部署，各级检察院集中时间、集中精力开展队伍教育整顿活动。各级纪检监察部门按照省检察院《关于纪检监察部门要在队伍教育整顿中充分发挥职能作用的意见》，抓各项工作的落实，逐步推进队伍教育整顿活动深入开展。开展组织整顿和人员清理。共撤销名不符实的乡镇、林场、矿山检察室 323 个，撤销共建单位 272 个，撤销侦查工作点 4 个，清退乡镇、林场检察室非检察编制聘用人员 933 人，解聘检察助理员、检察联络员 377 人，清理受刑事处分、党政纪处理应当免除法律职务的 48 人，清理未经初任检察官考试违法任命的检察官 19 人，清理、调离、辞退、开除不适合从事检察工作的人员 23 人。坚决执行"收支两条线"规定，通过自查、检查，共清理出历年滞留在检察机关已结案的暂扣款人民币 4494.02 万元、港币 109.59 万元、美元 3.14 万元、日元 2 万元和暂扣物品 429 件。清退占用企业或发案单位汽车、摩托车 53 辆，移动电话 191 部、传呼机 30 部、住宅电话 48 部。开展检察机关所办经济实体的清理、脱钩工作，共清理出所办经济实体 20 个，经分类处理对 13 家企业作了撤销处理，7 家解除挂靠关系。严肃查处检察干警违法违纪案件，受理信访举报件 646 件，初核 608 件，立案 62 人，党政纪处分 44 人，移送司法机关处理 4 人。

1999 年，结合基层检察院"五好"达标及"两满意"争创活动，全省开展"三讲

(1995 年 11 月 8 日，江泽民在北京视察工作时指出要强调讲学习、讲政治、讲正气）"教育。从 10 月开始，作为第二批"三讲"教育单位的省检察院和六个分、市检察院，以整风的精神开展"三讲"教育，通过"三讲"教育，促进领导干部廉洁自律工作。全省检察机关组织学习中共中央、国务院《关于实行党风廉政建设责任制的规定》，加强对党风廉政建设责任制的领导，省检察院结合检察工作实际，制定贯彻《规定》的实施细则和考核办法。加大内部监督制约力度，制定了《关于对自侦工作违法违纪行为实施监察的规定（试行）》。当年，全省受理信访举报件 385 件，初核 335 件，立案 29 件 31 人，党政纪处分 24 人。

2000 年，开展了以"三个代表"重要思想、反对特权思想和霸道作风、警示教育为重点的思想纪律作风教育。6 月，开展了反对特权思想和霸道作风专项教育，通过学习、查摆、剖析，针对干警中存在的问题，制定整改措施，治理和纠正特权思想、霸道作风，实行标本兼治。开展以成克杰、胡长清等重大典型案件为反面教材的警示教育，增强党的宗旨意识、纪律意识、监督意识、防范意识，加固思想道德和拒腐防变、廉洁从检的思想防线，达到警示目的。为强化机关效能建设，加强监督检查，各级检察院相继成立了效能建设工作领导小组及办公室、投诉中心，形成了党组统一领导、部门各负其责、纪检监察组织协调、广大干警积极参与的领导体制和工作机制。省检察院制定了《福建省检察机关立案侦查案件扣押物品管理规定实施办法（试行）》、《省人民检察院机关效能建设责任追究制》。加大查办案件力度，全省全年共受理信访举报件 291 件，初核 256 件，立案 11 人，党政纪处分 11 人。

2001 年 4—5 月，开展了"公正执法大讨论"活动，明确一个合格的检察官应当具备的基本素质、职业道德标准、行为规范和道德情操。5—11 月，省检察院在全省检察机关开展集中教育整顿，以解决执法活动中存在的突出问题为重点，进行专项治理，重点整治司法腐败、违反规定办案、特权思想等方面的突出问题。其间，全省检察机关开展公正执法大检查活动，从办案程序上和实体上进行检查，省检察院清理出 43 件在诉讼程序中反映出的违纪线索和存在的问题，对发现的问题及时纠正，并针对存在的问题制订整改措施。同时，开展处级以上领导干部配偶、子女从业情况清理、纠正工作，清理处级以上领导干部配偶、子女在该领导干部所在的检察机关管辖的地区开办律师事务所 6 人，在律师事务所担任检察机关受理案件的诉讼代理人、辩护人 2 人。严肃查处违法违纪案件，受理信访举报线索 250 件，初核 202 件，立案 21 件，党纪政纪处分 12 人，移送司法机关处理 3 件。

2002 年上半年，开展了"树立正确的权力观"教育活动，引导检察干警强化全心全意为人民服务的宗旨意识、公仆意识，增强公正执法意识和廉洁自律意识。7—9 月，按照高检院的统一部署开展执法作风大检查活动，着力从办案环节入手，开展"立案监督、清理超期羁押、集中清理控告申诉积案、职务犯罪办案质量检查"等四项诉讼专项行动，重点对开展"严打"整治斗争以来办理的案件进行复查。同时，认真执行省委反腐办的通知要求，部署"两节"期间检察机关制止送收"红包"专项工作，各级检察机关在贯彻执行中，通过召开民主生活会、剖析典型事例、节前教育、节后汇报等形式，确保各个环节工作的落实。各级领导严于律己，从我做起，确保自己分管范围内不出问题。落实中纪委、中组部、总政治部《关于领导干部不得参加自发成立的"老乡会"、"校友会"、"战友会"组织的通知》，对全省检察机关 428 名副处级以上领导干部，按照规定和要求进行清理登记，对其中参加"三会"组织的 33 人中未注册的 26 人未注册人员进行纠正。为了了解掌握领导干部廉洁从政的情况，省检察院制定下发《福建省检察机关建立党员领导干部廉政档案的实施办法（试行）》，为全省检察机关领导干部建立廉政档案。省检察院先后修订完善《福建省人民检察院机关效能建设工作责任制（试行）》、《福建省人民检察院机关效能建设工作考评办法（试行）》、《福建省人民检察院机关工作人员失职责任追究制度（试行）》、《福建省人民检察院机关工作人员效能告诫实施办法（试行）》、《福建省人民检察院机关工作人员岗位责任制（共同部分）》、《福建省人民检察院领导每周工作例会制度（试行）》等六项效能建设规章制度。做好信访举报工作，查处检察人员违法违纪案件，受理信访举报线索 225 件，初核 187 件，立案 21 人，党纪政纪处分 11 人，移送司法机关处理 3 人。

2003 年，开展了"强化法律监督，维护公平正义"专题教育活动，着力解决检察队伍中存在的突出问题。各级检察院把专题教育作为当年加强检察队伍建设，提高干警思想政治素质，抓源头、抓治本的重要抓手，利用多种手段创新教育方式，增强教育效果。通过深化学习教育，实行开门纳谏，深入查摆问题，落实整改建议，开展执法作风检查和案件质量评查。省检察院落实领导干部廉洁自律各项规定，进一步规范领导干部廉洁从政行为，开展省纪委、省监察厅《关于坚决制止开具虚假发票公款报销行为的通知》和《关于坚决刹住用公款大吃大喝歪风的紧急通知》的专项治理和反腐办《关于清理超编制超标准配备使用小汽车的通知》的专项检查。省检察院认真落实反腐倡廉工作"六个机制"，制定了《福建省检察机关党风廉政建设责任制考评暂行办法》，规定采取分级负责的办法，从五个方面 18 项内容进行考评。同时，实行领导干部落实党风廉政建设责任制报告制度，要求每年年终对落实党风廉政建设责任制情况，要以检察长名义向上一级写出专题报告，检察长不仅要对自己落实责任制情况作出报告，而且要对领导班子和班子成员落实责任制情况作出评价。加大查处检察人员违法违纪案件力度，受理信访举报线索 242 件，立案 21 人，党纪政纪处分 13 人，移送司法机关处理 2 人。

2004 年，结合开展"强化法律监督、维护公平正义"教育活动，各级检察机关通过学习必读篇目、专题讨论、交流体会、剖析典型、警示教育等多种形式，纠正和解决一些执法观念存在的偏差和问题。在全省检察机关开展以"忠于党、忠于祖国、忠于人民、忠于宪法、忠于检察事业"为主题的宣誓活动，开展"学习与实施宪法"、"建设海峡西岸经济区，检察机关怎么办"、"强化检察职业责任"三项大讨论，引导广大干警把正确的思想观念变成实际行动，体现到执法活动的各个环节。省检察院抓住检察人员执法办案与案件当事人接触这一环节，制定出台了《关于检察人员与案件当事人及其委托人接触的六条禁止性规定》及处理办法，作为执法办案的"警戒线"和"高压线"，颁发全省施行。下发了《关于加强检察机关执法活动内部监督制约的意见》，并在全省推进检务督察机制。各地充分发挥人民监督员作用，使检察机关自侦案件中不服逮捕、不诉、撤案的三类案件进入人民监督员监督程序。认真开展办案安全教育和检查。4月6日，云霄县检察院发生一起当事人跳楼自杀的办案安全事故，检察长、副检察长、反贪局正副局长4人被追究领导责任。4月中旬，省检察院派出8个督查组到9个设区市检察院和86个基层检察院，对办案安全工作包括办案场所、装置、防范设施等进行了一次全面拉网式的检查，并从省、市两级检察院拨出一些专款帮助经济困难地区基层检察院改善办案设施建设。各级检察院吸取教训，对全员进行一次安全办案教育，同时认真查找办案中存在的安全隐患，制定防范措施。全省检察机关开展扣押、冻结款物专项检查活动，对2001年以来撤案、不起诉和法院判无罪的665起案件进行了排查清理。共清查滞留在检察机关的自侦案件扣押、冻结款26463.2万元，清理1997—2004年5月自侦案件取保候审保证金1193.63万元。严肃查处违法违纪案件，受理信访举报线索225件，初核163件，立案22人，党政纪处分13人，移送司法机关处理4人。

2005年，以学习、宣传、贯彻中央颁发的《建立健全教育、制度、监督并重的惩治和预防腐败体系实施纲要》为重要内容，结合开展保持共产党员先进性教育活动，各地扎实推进党风廉政建设和自身反腐败工作深入开展。组织开展专项检查清理，1月初，部署了"两节"期间禁止送收"红包"，反对奢侈浪费专项工作。全省检察机关有7人主动上交现金、有价证券4.652万元，有56人拒收礼金、礼品。开展了制止和查处党员干部参与赌博和"六合彩"活动，2名党员干警参与赌博受到查处。对检察人员投资入股经营小煤矿、非煤矿山的问题进行清理登记，清查出2名检察干警投资入股煤矿、1名检察干警投资入股非煤矿山。开展了"规范执法行为，促进执法公正"专项整改活动。把职务犯罪侦查、公诉、侦查监督、民行检察和控告申诉检察等七个部门作为专项整改的重点部门和环节，着力解决一些检察队伍执法纪律、作风方面存在的执法不公、作风粗暴、损害群众合法权益等突出问题，查摆涉检上访的重点督办案件31件，检查各类自侦案件332件，发现执法过程中三个方面存在8个不规范的问题，逐一提出整改意见。严肃查处违法违纪案件，受理信访举报线索 177 件，初核 131 件，立案 15 件 19 人，党政纪处分 11 人，移送司法机关处理 4 人。

三、教育培训

1993 年，全省检察机关共组织 913 人参加检察专业证书教育。省检察院举办一期为期两个月的任职资格培训班，45 人受训。当年全省共举办各类短期业务培训班 19 期，748 人次受训。全省检察机关注重加强教育培训机构和人员配备，九地市均成立检察官培训中心分部，共配备工作人员 13 名、专兼职教师 45 名。

1994 年，按照高检院的要求，全省检察机关开展《检察官法》适应性培训，1088 人参训，合格率达 97.2%。继续组织检察专业证书教育，全省共有 862 人获得第二届检察专业证书。全省全年共组织各类业务骨干培训 13 期，468 人次受训。4 月 23—28 日，省检察院在福州市举办全省检察机关首期刑事赔偿工作培训班。全年省检察院，分、市检察院共举办 11 期刑事赔偿业务培训班，受训 175 人。

1995 年，全省检察机关组织 750 人参加第三届检察专业证书教育。为使增编干部等新进人员尽快适应新的岗位，省检察院根据高检院《关于做好增编补充干部上岗前培训工作的通知》，针对军转干部和增编补充干部各举办一期培训班，415 人受训。当年，全省举办各类短期业务培训班 17 期，520 人次受训。全省组织 165 人参加首次初任检察官考试。

1996 年，为正确理解和适用修改后的《刑事诉讼法》，省检察院举办一期《刑事诉讼法》培训班，省检察院领导和各业务部门负责人，各分、市检察院的检察长和业务部门负责人共 75 人参加培训，各地也先后展开《刑事诉讼法》轮训。刑检部门按照"学懂、弄通、会用"的要求，进行大量的实施准备工作，全省共举办各类培训班 110 多场，6000 多人次参加培训。省检察院举办全省检察机关第一期全省检察机关司法警察培训班，参加培训法警 48 人，平均年龄 42.3 岁。举办一期军转干部岗前培训班，40 人受训。全省组织 243 人参加初任检察官考试。

1997 年，为学习和掌握修订后的《刑法》，确保《刑法》正确实施，全省检察机关普遍开展刑法培训，并组织知识竞赛、模拟庭、观摩庭等多种形式的岗位练兵活动。省检察院制定下发了《福建省优秀公诉人实施培养方案》，从各地选拔办案骨干 60 名进行为期三年的滚动式培养。全年全省举办各类培训班 23 期，1345 人次受训。组织最后一期检察专业证书培训，当年，检察专业证书教育工作结束。

1998 年，检察长换届选举后，一大批在其他机关工作的干部进入各级检察院的领导班子，为使新任领导干部尽快熟悉和适应新角色，全省各级检察院按照分级培训的要求，全面开展对新任领导干部的轮训。培训把修订后的《刑法》和《刑事诉讼法》作为教学重点，并突出"严格执法、狠抓办案、加强监督"的检察工作方针。全省检察机关共有784人参加全国初任检察官考试，713人通过。全省举办各类业务培训班27期，1317人次受训。11月，省检察院在武夷山市召开福建省开展民行检察工作十周年庆祝大会暨第四期全省民行检察理论培训班，总结、宣传民行检察工作十年经验，并就如何把握抗诉条件、房地产、借贷及担保、损害赔偿等问题进行专题授课。高检院举办第一期全国检察技术文检技术提高班，全省派出9名文检人员参加学习培训。

1999年，省检察院按照高检院关于反贪局长、法纪处长大轮训的统一部署，下发《全省反贪局长、法纪处长培训规划》，开展全省反贪局长、法纪处长轮训，全年三级院共有406名反贪局长、法纪处长受训。1999年是全国检察机关加强基层检察院建设年，为落实高检院部署，省检察院于9月举办全省基层检察院检察长培训班，85个基层检察院检察长受训。全省全年共举办各类岗位培训班41期，2488人次受训。

2000年，按照中央和省委关于加强政法队伍建设的重要指示，以提高执法水平和实战能力为目标，开展形式多样的岗位练兵活动。省检察院重点抓好对分、市检察院副检察长，基层检察院检察长的培训，共有45名分、市检察院副检察长，270名基层检察院检察长受训。组织一期军转干部培训班，46人受训。加强公诉人才培养，推进主诉检察官办案责任制改革，通过考试考核共任命主诉检察官166名，举办一期主诉检察官培训班。全省全年共组织各类培训137期，4400多人次受训。

2001年，省检察院下发《2001—2005年福建省检察干部教育培训规划》，要求全面实施以"三个一"和"541"人才工程为主要内容的素质工程。"三个一"是指五年内，在现有基础上培养或引进10名法学博士、100名法律硕士、1000名法律本科生。"541"是指在全省检察机关培养500名主办检察官，400名主诉检察官，100名既有业务实践经验、又有较高理论水平的复合型人才。2001年是"十五"教育培训规划的开局之年，全省检察机关按照"十五"规划关于正规化培训的要求，探索建立以领导素能培训、任职资格培训、专项业务培训和岗位技能培训为基本类型的正规化培训制度，按照正规化的要求组织各类培训，逐步实现检察教育培训的正规化、标准化和科学化。省检察院着重组织全省主诉检察官培训班、民事行政检察业务培训班。7月，省检察院举办全省民行检察业务培训班，设立13个专题，112名民行业务骨干参加培训。8月，省检察院下发《福建省检察机关全员基本素质考试实施方案》，全省检察机关于11月17日和12月15日，分两批进行全员基本素质考试。

2002年，全省检察机关着力开展提高大案要案出庭公诉水平和多种形式的岗位练兵活动。5月，省检察院组织全省各有关部门和单位参加"全国预防职务犯罪知识竞赛"，大力宣传预防职务犯罪工作。11月下发了《福建省检察机关高层次人才培养计划》，提出要培养 5 名专家型人才、50 名复合型人才、300 名专门型人才。截至 2005 年底，省、市两级检察院共推荐提名高层次复合型人才培训对象 41 名，高层次专门型人才培养对象 159 名。厦门市检察院郭有评被评为全国首批检察业务专家。全省共举办各类培训班 74 期，培训 1982 人次。根据修订后的《检察官法》对检察官的任职学历条件的要求以及高检院下发的《关于落实〈检察官法〉第十条第二款规定的具体办法》，省检察院制定下发《关于在全省检察机关开展续职资格培训和续本学历教育工作实施方案》，按照统筹安排、突出重点、分步实施的要求，在全省检察机关全面开展续本教育和续职资格培训。对于续本教育，各级院拓宽教育渠道，利用社会教育资源，组织选派人员参加电大、函授、自考、现代远程等学历教育。对于续职资格培训，全省分三个阶段实施，经过三年努力，截至 2004 年 6 月，全省检察官续职资格培训任务全面完成。全省 1514 名 40 岁以上检察官参加培训，并全部通过高检院组织的全国统一考试，获得续职资格证书。为推进续本学历教育，福建电大省检察院分校于 2002 年恢复招生。截至 2005 年 3 月，共招收专科生 69 名、本科生 482 名，累计毕业 213 名。

2003 年 5 月，为按期完成"十五"教育培训规划的任务，省检察院下发《2003—2005 年福建省检察机关全员轮训实施方案》，要求 2001 年以来未接受过正规化培训的检察人员在 2005 年前全部接受培训。全省全年举办主诉检察官、反贪等业务培训班 7 期，培训 422 人次。省检察院总队举办全省检察机关第二期司法警察骨干培训班，全省共有 62 名司法警察参加培训，平均年龄 40.7 岁。

2004 年，全省检察机关开展深化"强化法律监督，维护公平正义"教育活动，省检察院下发《基层院检察长、分管自侦工作副检察长和市、县（区）两级院反贪局长、渎检处（科）长轮训工作实施方案》，组织 86 名基层检察院检察长，88 名分管自侦工作的副检察长，109 名市、县（区）两级检察院反贪局长，101 名市、县（区）两级检察院渎检处（科）长参加培训。省检察院还举办各类专项业务培训班 8 期，培训 437 人次。年底，省检察院组织系统内业务骨干赴 7 个基层检察院巡讲检察实务。5 月，漳州市检察院法警支队组织为期 12 天的全封闭军事化管理的警务技能培训班。5 月 23—28 日，省检察院举办全省检察机关刑事申诉检察业务培训班，对业务骨干进行专门培训。8 月，根据《福建省人民检察院关于主诉检察官办案责任制实施细则》的规定，省检察院组织全省林检部门首次选任主诉检察官上岗资格书面考试，参加考试人员 80 人。9 月，举办第一期全省检察机关信息技术培训班。各设区市检察院的技术处长和信息技术人员及部分县级院的信息技术人员 67 人，参加网络基础知识、检察专网构建与功能和专线网设备使用维护知识的培训。省检察院法警总队举办全省检察机关第三期司法警察培训班，全省参加培训法警共 71 人，平均年龄 38.5 岁。

2005 年，全省检察机关采取召开新闻通报会、上街设点宣传、发放宣传资料、在新闻媒体刊登宣传报道文章等方法，宣传检察机关开展专项工作的重点、立案标准和举报电话，发动群众举报。为总结经验，激励先进，推动跨地区基层检察院"结对子"活动深入开展，省检察院对 8 对集体、5 名个人进行表彰。8 月，在福州市举办全省民行检察业务骨干培训班，全省 130 多名民行部门干警参加培训。法警总队举办全省检察机关第四期司法警察培训班，全省参加培训法警共 70 人，平均年龄 34 岁。各级检察院结合当地实际，组织举办各类专门培训班，开展计算机应用竞赛、计算机基础知识培训和继续参加计算机等级考试等活动，以此推动计算机网络应用工作，增强干警计算机操作能力。按照高检院关于开展"规范执法行为，促进执法公正"培训考核工作的统一部署，省检察院制定下发《福建省检察机关"规范执法行为，促进执法公正"培训考核实施办法》，全面安排培训考核工作。《办法》将职务犯罪侦查、公诉、侦查监督、民行、控告申诉、监所、林业检察等部门的检察官作为重点对象，实行脱产培训闭卷考试。全省举办重点部门培训班 63 期，培训 2825 人次。至 11 月，培训考核工作结束。全省各级检察院 608 名领导班子成员和厅级以上领导干部，以及各级院其他部门在职检察人员均参加了不少于 30 学时的在岗培训。全省检察机关参加培训考核的 5839 名检察人员在考试考核中全部合格。省检察院举办一期市、县（区）两级检察院分管侦监、公诉工作副检察长、侦监处（科）长、公诉处（科）长培训班，全省基层检察院 120 名分管侦监、公诉工作的副检察长，市、县（区）两级检察院 105 名侦监处（科）长，106 名公诉处（科）长，宁夏回族自治区检察院选派的 38 名学员参加培训。省检察院还举办民行、控申、预防职务犯罪等业务培训班 3 期，培训 235 人次。下发了《福建省检察机关检察业务知识竞赛实施方案》，部署在全省检察机关开展以检察业务知识竞赛为主要形式的全员岗位大练兵活动，提高检察人员的业务能力和办案水平，改善检察队伍的整体素质。各设区市检察院和各基层检察院公诉部门先后组织开展 668 场观摩庭、考核庭活动。泉州市检察院分期分批从该市各基层检察院抽调公诉业务骨干到市检察院公诉处跟班学习培训。

四、表彰奖励

1993 年，全省检察机关把争先创优活动纳入目标管理，与各项业务工作一道部署、检查和总结，各级人民检察院开展以弘扬先进典型、倡导奉献精神为主旋律，开展多种形式的活动。年中，开展"热爱检察、岗位创优"活动，评选"文明接待室"、"优秀侦查员"、"优秀公诉人"等。年底，全省开展"严格执法、办理大案要案评功表彰"活动。全省共有 12 个单位和 128 名个人被评为全省检察机关先进集体和先进个人，对元旦春节期间"追逃"工作成绩突出的 6 个单位和 22 名个人进行表彰奖励。省检察院刑检处开始实施

《全省出庭公诉三年培训计划》。6月，在福州举办全省出庭公诉培训班。全省检察机关先后派出36人参加高检院在长沙、昆明举办的司法会计培训班。从1993年开始，文明接待室每两年评比一次。1993—1994年度，全省共有33个检察院被评为全省文明接待室，有5个检察院被高检院评为全国文明接待室，有2个检察院受高检院表扬。

1994年，福州、三明和南平等地检察机关做到每办完一个大案要案，都及时进行讲评和宣传鼓劲。连江、龙岩等基层检察院开展争当"合格检察官"活动。年初，全省检察机关对1993年"严格执法、狠抓办案"成绩突出的23个集体和39名个人记功表彰。厦门、漳州、南平、龙岩等地表彰一批查办大案要案成绩突出的单位和干警。省检察院对连续十年荣获福州市检察机关先进集体的连江县检察院和南平市延平区检察院、邵武市检察院、福州郊区检察院、三明市梅列区检察院、龙海市检察院及全省政法英模陈季词、张文森进行重点宣传，营造比学赶帮、努力奋斗、无私奉献的氛围。

1995年，全省检察机关配合《检察官法》的实施，开展争当"好检察官"活动，2人被全国总工会分别评为先进个人、全国十佳职业道德标兵之一，1个单位被高检院授予"模范检察院"称号，2人被高检院评为"模范检察干部"，3个单位和4人被高检院记一等功。1995—1996年度，全省有7个检察院被评为全国文明接待室，有42个检察院被评为全省文明接待室。省检察院开展第四届全省优秀公诉人竞赛活动，9个分、市检察院选派24名选手参加省检察院的全省优秀公诉人竞赛评选活动，评选出10名省级优秀公诉人。

1996年，开展"敬业爱岗树形象"主题活动和"树立身边典型"活动，组织全省干警学习"漳州110"和全国检察机关模范干部邱德松、全国十杰检察官之一刘锡杰，争创"文明检察院"和"文明单位"。当年全省有70%以上检察院进入县级以上"文明单位"行列。

1997年，开展学习"漳州110"活动和"争创先进检察院、争当优秀检察官"活动。省检察院先后表彰1996年严格执法、狠抓办案成效突出的2个分、市检察院，8个专案组以及受省部级以上表扬（彰）的6个单位（部门）。当年全省各级检察院共表彰先进集体241个、先进个人866名，并有210个次集体和262人次个人受到地方党政领导机关及各方面的表彰。省检察院开展出庭公诉第一庭评比活动，于年初下发《开展出庭公诉第一庭评比活动的通知》，作为实施《刑事诉讼法》，提高出庭公诉水平的一项重要措施来抓，各级检察院检察长亲临第一庭观摩指导。通过逐级评选，共评出十个全省"最佳第一庭"。从1997年开始，文明接待室改为每三年评比一次，全省共有25个检察院被评为1997—1999年度全国文明接待室，其中4个检察院被评为"文明示范窗口"；有61个检察院被评为全省文明接待室。

1998年，全省15个检察院、65个部门、197名个人分别被省检察院授予"先进单位"、"先进集体"和"先进个人"称号。67个检察院被县级以上党委、政府评为"文明单位"。省检察院开展评选优秀公诉人活动，下发《关于一九九八年度全省优秀公诉人评选活动的通知》，在各基层检察院层层筛选的基础上，省检察院通过"两法"测试、模拟对抗答辩、法律文书制作等方式，评选出10名省级优秀公诉人。

1999年，全省有1个部门受到最高人民法院、最高人民检察院和公安部表彰；3个单位、5名干警分别被高检院评为"全国人民满意的检察院"、"全国人民满意的检察干警"；13个单位、21名干部分别被福建省委评为"人民满意的政法单位"、"人民满意的政法干警"；17个单位、33名干警分别被省检察院评为"人民满意的检察院"、"人民满意的检察干警"。3月，省检察院下发《关于开展评选派驻监狱、劳教所、看守所先进检察室活动的通知》，并于11月组织开展评选活动，11个单位获"规范化派驻检察室"称号。福州市检察院起诉处制定《评议庭实施方案》，全市组织89个公诉案件评议，其中评选出10个最佳评议庭。为了进一步提高公诉人的语言能力和文字能力，省检察院起诉处下发《关于开展全省公诉人演讲竞赛活动的通知》，组织各地选手竞赛评优。

2000年，全省有4个单位被高检院评为"人民满意的检察院"，13个单位、16名干警分别被省委评为"人民满意的政法单位"、"人民满意的政法干警"，1个单位获得"全国基层检察院建设组织奖"。4月，省检察院组织开展第二次规范化检察室评定工作，共评出44个检察室为规范化派驻检察室。

2001年，全省有4个单位被高检院评为"人民满意的检察院"，有2个单位、6名干警分别被高检院记集体、个人一等功，省检察院评选表彰10名"优秀检察长"、10名"优秀公诉人"、10名"优秀侦查员"、10名"优秀办案能手"、10名"优秀书记员"，有50名干警被省检察院评为"优秀政工干部"。全省各级检察机关起诉部门通过开展形式多样的岗位练兵活动，不断总结好的出庭经验，分析和解决出庭工作中存在的问题。各设区市检察院还组织本市公诉部门参加全省"优秀庭"评比活动，共评出10个"全省优秀庭"。省检察院民行处被省委政法委、省人事厅评为"人民满意的政法单位"。福州市检察院等六个设区市检察院的民行部门被省检察院政治部评为"五好处室"。

2002年，全省有3个单位被省检察院记集体一等功，21个单位被省检察院记集体二等功，有35名干警被省检察院记个人二等功，21名干警被省检察院记个人三等功，有11名干警受到省检察院嘉奖，有4名干警被共青团福建省委等11个单位授予"第二届福建省杰出青年卫士"称号，有17个基层检察院被评为"全省先进检察院"，有47个处室被确认为"五好"处室。厦门市等地相继举办各市优秀公诉人评选和优秀庭评选活动。全省共有29个检察院被评为2000—2002年度全国文明接待室，其中有6个检察院被授予"文明示范窗口"称号。81个检察院被评为全省文明接待室，30名个人被评为全省优秀接待员。石狮、永安市检察院控申科被省文明委评为2000—2002年度创文明行业工作先进单位，2名干警被评为2000—2002年度创文明行业工作先进个人。省检察院控告处被全国文明委授予"全国创建文明行业工作先进单位"称号。全省检察系统被评为第三届创建文明行业工作先进行业。

2003年，省检察院开展全省检察机关"严打"整治斗争先进集体、先进工作者评选表彰工作。通过推荐评选，全省检察机关被中央政法委评为"严打"先进集体1个、先进个人1名。评选出全省检察机关"严打"先进集体35个、先进个人79名。

2004年，省检察院根据高检院、人事部《关于检察机关奖励暂行规定》，做好检察人员记功表彰工作，共承办记个人一等功1人、个人二等功2人、个人三等功4人，记集体二等功2个、集体三等功1个，2名个人被评为"全国三八红旗手"，5个单位、1名个人分别被高检院评为全国青少年维权岗和全国青少年维权岗先进个人。全省首次开展派驻检察室规范化等级评定。共评出二级检察室30个、三级检察室25个。漳浦县检察院驻看守所检察室、长泰县检察院驻看守所检察室、青草盂地区检察院驻闽西监狱检察室、莆田市检察院驻莆田市第二看守所检察室被高检院评定为一级检察室。

2005年，依照有关表彰奖励工作的规定和程序，全省检察机关共办理表彰奖励12次，有140个集体和个人受到表彰。晋江市检察院等6个基层检察院被评为全国先进检察院，其中晋江市检察院入选"全国十佳检察院"。有52名干警在参办一起"黑社会性质组织"犯罪案中成绩突出，受到福建省委、省政府记功表彰。20名女检察官被福建省妇联评为"优秀女检察官"。莆田市检察院公诉处等2个集体被评为"全国维护妇女儿童合法权益先进集体"。省检察官协会参与中国检察官协会、中国法官协会举办的"'两院'在构建和谐社会中的作用"研讨活动，推荐优秀论文14篇，获得组织奖。

表11—4 **福建省检察机关获省级以上表彰奖励情况一览表**

奖 项	年度	获奖单位或个人	颁奖单位
全国检察机关文明接待室	1993—1994	龙岩市人民检察院控申举报接待室	高检院
		连江县人民检察院控申举报接待室	
		晋江市人民检察院控申举报接待室	
全国先进工作者	1995	福州市郊区人民检察院检察长黄贤光	高检院
全国模范检察干部	1995	福州市郊区人民检察院检察长黄贤光	
		连江县人民检察院检察长魏积祥	
		政和县人民检察院科长邱德松（追授）	

续表 11—4

奖　项	年度	获奖单位或个人	颁奖单位
全国十大杰出检察官	1996	泉州市人民检察院主检法医师刘锡杰	高检院
全国检察机关文明接待室	1995—1996	宁德分院控申举报接待室	高检院
		石狮市人民检察院控申举报接待室	
		福州市台江区人民检察院控申举报接待室	
		龙岩市新罗区人民检察院控申举报接待室	
		霞浦县人民检察院控申举报接待室	
		大田县人民检察院控申举报接待室	
		连城县人民检察院控申举报接待室	
全国检察机关文明接待示范窗口	1992—1997	石狮市人民检察院控申举报接待室	高检院
全国模范人民检察院	1995	连江县人民检察院	高检院
	1998	漳浦县人民检察院	
全国检察机关文明接待室	1995—1998	福建省人民检察院	高检院
全国模范检察干部	1998	厦门市人民检察院反贪局局长黄捍东	高检院
		福州市人民检察院法纪处处长杨依林	
集体一等功	1998	福清市人民检察院	高检院
		武平县人民检察院	
		顺昌县人民检察院	
		湖里区人民检察院	
		石狮市人民检察院	
个人一等功	1998	霞浦县人民检察院检察长池丽玉	高检院
		清流县批捕科副科长刘剑羽	
		浦城县人民检察院副检察长余学斌	
全国人民满意的检察院	1999	福清市人民检察院	高检院
		漳浦县人民检察院	
		武平县人民检察院	
全国人民满意的检察干警	1999	惠安县人民检察院检察长吴俊民	高检院
		南平市延平区人民检察院监所科副科长余玉兰	
		湖里区人民检察院政治部主任陈振发	
		永安市人民检察院反贪局副局长林金彬	
		宁德分院起诉处处长黄振朝	

续表 11—4

奖　　项	年度	获奖单位或个人	颁奖单位
全国检察机关文明接待室	1997—1999	福州市人民检察院控申举报接待室	高检院
		福州市台江区人民检察院控申举报接待室	
		福清市人民检察院控申举报接待室	
		连江县人民检察院控申举报接待室	
		厦门市湖里区人民检察院控申举报接待室	
		漳州市人民检察院控申举报接待室	
		龙海市人民检察院控申举报接待室	
		漳浦县人民检察院控申举报接待室	
		石狮市人民检察院控申举报接待室	
		晋江市人民检察院控申举报接待室	
		泉州市鲤城区人民检察院控申举报接待室	
		大田县人民检察院控申举报接待室	
		永安市人民检察院控申举报接待室	
		南平市延平区人民检察院控申举报接待室	
		浦城县人民检察院控申举报接待室	
		宁德市人民检察院控申举报接待室	
		古田县人民检察院控申举报接待室	
		霞浦县人民检察院控申举报接待室	
		龙岩市新罗区人民检察院控申举报接待室	
		武平县人民检察院控申举报接待室	
		连城县人民检察院控申举报接待室	
		漳平市人民检察院控申举报接待室	
		福州市晋安区人民检察院控申举报接待室	
		龙岩市人民检察院控申举报接待室	
		永春县人民检察院控申举报接待室	
严厉打击破坏森林资源违法犯罪活动专项斗争先进集体	1999	福建省人民检察院林检处	最高法、高检院、公安部
全国人民满意的检察院	2000	泉州市鲤城区人民检察院	高检院
		厦门市湖里区人民检察院	
		永安市人民检察院	
		古田县人民检察院	

续表 11—4

奖 项	年度	获奖单位或个人	颁奖单位
1998—1999 年度全国优秀青少年维权岗	2000	连城县、闽侯县人民检察院	团中央等11部局
全国基层人民检察院建设组织奖	2000	龙岩市人民检察院	高检院
全国人民满意的检察院	2001	顺昌县人民检察院	高检院
		将乐县人民检察院	
		莆田县人民检察院	
		石狮市人民检察院	
集体一等功	2001	福州市鼓楼区人民检察院	高检院
		上杭县人民检察院	
个人一等功	2001	安溪县人民检察院检察长王英郎	高检院
		三明市人民检察院政治部主任高爱华	
		莆田市人民检察院政治部副主任黄文龙	
		南平市延平区人民检察院副检察长尹海毅	
		宁德市人民检察院法纪处处长上官秀新	
		云霄县人民检察院起诉科副科长方幼华	
全国追逃工作先进单位	2001	福建省人民检察院	高检院、公安部
		福州市马尾区人民检察院	
		泉州市人民检察院	
中央查办厦门远华走私案件一等功	2001	福建省人民检察院反贪局助检员陈力	中纪委等8部委
		福建省人民检察院反贪局助检员陈师忠	
		厦门市人民检察院反贪局局长洪智勇	
		厦门市人民检察院起诉处检察员李永军	
		厦门市人民检察院反贪局助检员吴小健	
		厦门市人民检察院侦监处检察员彭能云	
		漳州市人民检察院起诉处助检员林超群	
		石狮市人民检察院起诉处助检员邱新跃	
全国模范人民检察院	2002	湖里区人民检察院	高检院
首届全国十佳公诉人	2002	厦门市人民检察院李永军	高检院
全国检察机关文明接待示范窗口	2000—2002	泉州市鲤城区人民检察院控申举报接待室	高检院
		大田县人民检察院控申举报接待室	

续表 11—4

奖 项	年度	获奖单位或个人	颁奖单位
全国检察机关文明接待室	2000—2002	福州市鼓楼区人民检察院控申举报接待室	高检院
		闽清县人民检察院控申举报接待室	
		顺昌县人民检察院控申举报接待室	
		漳州市芗城区人民检察院控申举报接待室	
		永定县人民检察院控申举报接待室	
		厦门市思明区人民检察院控申举报接待室	
		莆田市荔城区人民检察院控申举报接待室	
		武夷山市人民检察院控申举报接待室	
		惠安县人民检察院控申举报接待室	
		尤溪县人民检察院控申举报接待室	
		宁德市蕉城区人民检察院控申举报接待室	
		莆田市人民检察院控申举报接待室	
		南安市人民检察院控申举报接待室	
全国检察机关行政装备工作先进个人	2002	泉州市人民检察院行政装备处处长黄振忠	高检院
		南平市人民检察院行政装备处处长李桂凤	
		龙岩市人民检察院行政装备处处长孙荣日	
		厦门思明区人民检察院检察长尤长兹	
全国检察机关行政装备工作先进集体	2002	福建省人民检察院行政装备处	高检院
全国青年文明号	2002	福州市鼓山地区人民检察院	团中央
		福建省人民检察院办公室综合科	
		福州市仓山区人民检察院	
全国"严打"先进集体	2003	漳州市人民检察院公诉处	中央政法委
全国"严打"先进个人	2003	福建省人民检察院公诉处长欧秀珠	中央政法委
全国维护妇女儿童权益先进个人	2003	福州市鼓楼区人民检察院批捕科科长夏晓红	全国妇联等
全国创建文明行业先进单位	2003	福建省人民检察院控告检察处	中央文明委
全国检察机关"两房"工作先进集体	2003	福建省人民检察院	高检院
十佳公诉人	2003	顺昌县人民检察院主诉检察官黄雯	高检院
2000—2001年度全国优秀青少年维权岗	2003	福州市鼓楼区人民检察院	团中央等11部局
		漳州市芗城区人民检察院	

续表 11—4

奖　项	年度	获奖单位或个人	颁奖单位
全国十佳检察教师	2003	福建省人民检察院教育培训处曾传红	高检院
全国三八红旗手	2004	顺昌县人民检察院主诉检察官黄雯	全国妇联
		南平市延平区人民检察院政治处副主任余玉兰	
优秀法警队	2004	泉州市丰泽区人民检察院法警大队	高检院政治部
优秀司法警察	2004	福州市人民检察院法警支队副支队长刘新建	高检院政治部
2002—2003 年度全国优秀青少年维权岗	2004	南安市人民检察院	团中央等11 部局
		大田县人民检察院	
		仓山区人民检察院	
		闽侯县人民检察院	
		连城县人民检察院	
全国优秀青少年维权岗先进个人	2004	漳州市芗城区人民检察院检察长沈延辉	团中央等11 部局
全国检察机关"优秀接待员"	2004	福建省人民检察院控告处陈小平	高检院政治部
		永春县人民检察院控申科科长陈冬英	
首届全国十佳反贪局局长	2005	南平市人民检察院反贪局局长余学斌	高检院
首届全国优秀反贪污贿赂局	2005	南平市延平区人民检察院反贪局	高检院
全国优秀反渎职侵权检察局（处、科）	2005	福州市人民检察院渎检处	高检院
全国优秀反渎职侵权检察局（处、科）局长	2005	龙岩市人民检察院渎检处处长谢睿	高检院
全国优秀侦查员	2005	莆田市人民检察院渎检处副处长陈宁	高检院
		福州市人民检察院反贪局李剑	高检院
		泉州市人民检察院反贪局孙志平	高检院
全国模范检察官	2005	莆田市人民检察院检察长蔡文懋（追授）	高检院
首届全国十佳人民检察院	2005	晋江市人民检察院	高检院
全国先进人民检察院	2005	福州市鼓楼区人民检察院	高检院
		厦门市湖里区人民检察院	
		漳浦县人民检察院	
		漳平市人民检察院	
		泰宁县人民检察院	
全国基层人民检察院建设组织奖	2005	福建省人民检察院	高检院
		三明市人民检察院	

续表 11—4

奖 项	年度	获奖单位或个人	颁奖单位
全国文明单位	2005	石狮市人民检察院	全国文明委
全国检察机关扣押冻结款物专项检查先进集体	2005	福建省人民检察院	高检院政治部
		三明市人民检察院	
		莆田市人民检察院	
		福州市仓山区人民检察院	
全国检察机关扣押冻结款物专项检查先进个人	2005	宁德市人民检察院监察处处长陈栋生	高检院政治部
		龙岩市人民检察院监察处干部周建国	
		南平延平区人民检察院行装科干部黄晓萍	
全国检察机关查办利用职权侵犯人权犯罪案件先进集体	2005	龙岩市人民检察院渎检处	高检院政治部
		全国检察机关查办劣质奶粉案件背后的渎职侵权犯罪案件专案组(宁德市人民检察院主办)	
全国检察机关查办利用职权侵犯人权犯罪案件先进个人	2005	宁德市人民检察院渎检处处长张聿雄	高检院政治部
减刑假释保外就医先进集体	2005	石狮市人民检察院监所科	高检院政治部
		青草盂地区人民检察院	
减刑假释保外就医先进个人	2005	福建省人民检察院监所处副处长刘建东	高检院政治部
		厦门市同安区人民检察院黄水龙	

第十二章　基层检察院建设

1993—1997 年，高检院和省检察院没有把基层检察院建设列入专项工作。

1998 年 11 月，全省检察机关贯彻落实高检院制定的《关于加强基层人民检察院建设的意见》，把基层检察院建设列入专项工作，创新基层检察院建设工作机制，推进全省基层检察院建设。

1999 年初，省检察院制定下发《关于加强基层人民检察院建设的实施意见》，提出了以"人民满意"为目标，以创"五好"（即，建设一个好的领导班子，培养一支好的队伍，建立一套好的机制，创造好的工作业绩，树立一个好的形象）为主要内容的基层检察院建设工作机制。各级检察院按照高检院和省检察院的总体部署，把创"五好检察院"与"争创人民满意的检察院"、"争当人民满意的检察官"活动结合起来，确保当年有 1/3 以上的基层检察院达到"五好"要求。

2000 年，省检察院修改和完善《五好检察院考核细化表》。各级检察机关按照高检院"决心不变、部署不变、目标不变"和省检察院"突出重点，严格标准，全面推进，长期建设"的要求，开展"结对子"活动，丰富创建"五好检察院"的载体。

2001 年是实现三年争创"五好检察院"目标的最后一年，全省有 80 个基层检察院实现"五好检察院"的目标，占全省基层检察院的 93%。各级检察院按照高检院提出的"巩固、提高、发展、创新"以及"攻坚、落实、成效"的要求，围绕确保实现三年争创目标开展工作，根据省检察院提出的"激励先进，发展创新；督促中间，巩固提高；狠抓后进，务求实效；平衡发展，全面推进"的基层检察院建设的总体思路，在巩固成绩的同时，加大攻坚力度。

2002 年是按照高检院《人民检察院基层建设纲要》实施基层检察院建设的第一年，省检察院召开全省检察机关政治工作会议，对贯彻落实《人民检察院基层建设纲要》进行动员部署，制定《福建省检察机关落实纲要实施意见》，提出了基层检察院建设"抓两头、带中间、促全面"的创建思路。全省检察机关以《人民检察院基层建设纲要》为依据，按照"着眼长远、长期建设"的总体要求，在前三年抓"三基"、创"五好"的基础上，开展形式多样的争创先进基层检察院和"五好"处室活动，推动基层检察院建设和省、市检察院机关处室建设扎实、协调、持续发展。

2003 年，基层检察院建设组织协调工作由宣传处承担。省检察院整合考核机制，改进考核办法，加强分类指导，规范考评机制，并下发了《基层检察院建设分类指导、规范考评专题调研提纲》，组织专门力量进行专题调研。同时，根据全省基层检察院建设的实际情况，开展跨地区基层检察院"结对子"试点活动。3月，省检察院组织召开全省检察机关跨地区基层检察院"结对子"座谈会，在沿海和山区各选择10个基层检察院，分别结对，签订为期两年的《跨地区基层检察院"结对子"协议书》，在业务工作、队伍管理、人才培训、资金装备等方面加强交流与互助，增强全省检察机关的共同体意识和一体化观念，形成全省检察工作的合力。

2004年初，省检察院召开全省基层检察院建设工作会议，研究制定《福建省人民检察院2004年度基层检察院建设实施方案》，实行省检察院领导包片挂点责任制，从A、B、C三个类区中确定23个基层检察院为分类指导重点联系院。实行业务部门对口指导工作制度，省检察院8个业务部门分别联系指导30个基层检察院的对口业务。同时，对基层检察院实行分类管理和考核，制定了《关于整合基层检察院建设考评机制及改进考评办法的意见》、《福建省检察机关基层检察院建设考核暂行办法》、《2004年福建省基层检察院规范化建设暨争创先进检察院量化考核标准》、《〈2004年福建省基层检察院规范化建设暨争创先进检察院量化考核标准〉实施细则》、《福建省基层检察院规范化建设信息数据统计表》等文件。11月30日至12月7日，省检察院基层检察院规范化建设考核领导小组抽调省、市检察院有关人员，组成三个小组，分赴A、B、C三个类区的29个基层检察院，通过查阅资料、核对台账、抽查案件、民主测评、实地察看、走访座谈等方式，对全年基层检察院规范化建设暨争创先进检察院工作进行考评复核，评选出21个全省先进基层检察院。继续开展"结对子"活动，全年开展"结对子"活动的基层检察院增加到40个，"结对子"基层检察院共互派干部61人，沿海检察院支持山区检察院资金113万余元，以及一批办公、办案装备和车辆。同时，各级检察院探索建立业务、队伍、信息化"三位一体"的长效管理机制，以信息化建设推进检察业务和队伍建设全面发展。当年9月，省委、省人大常委会分别听取、审议《省人民检察院关于全国基层检察院建设工作会议贯彻落实情况的汇报》，提出指导意见，研究解决基层检察院在人员编制、干部职级、经费保障等方面的具体问题。省委决定，为解决检察机关编制紧张问题，对2001年机构改革精简的10％编制全部垫增给检察机关；主要负责人按副科级配备；以高于一般行政部门一倍的标准，安排检察机关的行政经费；对大要案办案经费，实行专项批拨制度。

2005年，根据《福建省检察机关基层检察院建设考评暂行办法》要求，省检察院制定下发了《2005年福建省基层检察院规范化建设暨争创先进检察院量化考评标准》和《〈2005年福建省基层检察院规范化建设暨争创先进检察院量化考评标准〉实施细则》。继续开展沿海、山区跨地区基层检察院"结对子"活动，"结对子"数增至48个基层检察院。全省"结对子"基层检察院共互派干部103人次，沿海院援助山区检察院资金190万元，电脑49台，桑塔纳轿车2部以及一批办公、办案装备。

附　　录

一、大事年表

1993 年

1 月 7 日　郑义正在省八届人大一次会议上作《福建省人民检察院工作报告》。1 月 9 日，报告通过。

2 月 18—21 日　全省检察长会议在福州市召开。

11 月 27 日至 12 月 4 日　高检院检察长张思卿到福建省调研，讨论研究高检院起草的《关于严格执法，狠抓办案，进一步强化法律监督职能的意见（征求意见稿)》，看望慰问省检察院和厦门、漳州市等地检察干警。

1994 年

2 月 18—21 日　全省检察长工作会议在泉州市召开。

3 月 7 日　省检察院下发《关于做好维护社会稳定的几项工作的通知》，要求各级检察机关认真贯彻党中央和中央政法委有关指示精神，充分发挥检察机关的专政职能，进一步做好社会稳定工作。

3 月 28 日　省人民检察院涉台湾地区案件办公室成立，负责协调办理涉台湾地区案件，研究涉台湾地区的有关法律，收集有关情况和资料。

4 月 4 日　省检察院下发《关于加强举报工作的紧急通知》，要求各级检察院领导高度重视举报工作。

4 月 14 日　郑义正在省八届人大二次会议上作《福建省人民检察院工作报告》。4 月 16 日，报告通过。

9 月 16 日　省人大常委会第十二次会议通过《福建省加强检察机关法律监督的若干规定》。

10 月 14 日　省检察院下发《关于认真做好〈福建省加强检察机关法律监督的若干规

定〉实施工作的意见》。

11 月 6—8 日　埃及总检察长阿拉比在福州、厦门市访问。

1995 年

1 月 4 日　省检察院下发《福建省检察机关办案责任制暂行规定》和《福建省检察机关追究错案责任制暂行规定》。

2 月 9—12 日　全省检察长工作会议在厦门市举行。

4 月 3 日　郑义正在省八届人大三次会议上作《福建省人民检察院工作报告》。4 月 5 日，报告通过。

4 月 20 日　省检察院下发《关于加强涉台案件协查工作的通知》。

5 月 9 日　省检察院下发《关于贯彻执行"不准接受可能对公正执行公务有影响的宴请和不准参加用公款支付的营业性歌厅、夜总会等娱乐活动"的规定的实施意见（试行）》。

7 月 10 日　中央政法委书记任建新在福建省视察并看望慰问厦门市检察院干警。

8 月 25 日　福建省女检察官协会成立，黎桂秀当选为会长。

12 月 27 日　鼓山地区检察院正式挂牌成立。

1996 年

1 月 23—26 日　全省检察长会议在福州市召开。

4 月 5 日　郑义正在省八届人大四次会议上作《福建省人民检察院工作报告》。4 月 10 日，报告通过。

4 月 17 日　省检察院下发《关于积极参加"严打"统一行动，切实维护社会治安和社会稳定的通知》。

5 月 29 日　省检察院下发《关于认真贯彻省委"严打"工作电话会议精神的通知》。

7 月 2 日　省检察院下发《福建省人民检察院关于检察机关接受人民代表大会及其常务委员会监督若干问题的规定》和《福建省人民检察院关于查办人大代表涉嫌犯罪的暂行规定》。

10 月 21 日至 11 月 2 日　省检察院在省工业展览中心举办为期 12 天的福建省检察机关惩治贪污贿赂犯罪展览，干部群众共计 11 万人次参观展览。

11 月 11 日　省检察院下发《关于在全省检察机关开展思想作风纪律整顿的通知》。

1997 年

1 月 7—9 日　全省检察工作会议在福州市召开。

3 月 5 日　英国文化委员会华南办事处主任林悟德到福建省访问。

4月2日　郑义正在省八届人大五次会议上作《福建省人民检察院工作报告》。4月4日，报告通过。

4月24日　省检察院下发《关于在全省检察机关开展清除地方和部门保护主义专项治理活动的通知》。

12月23—25日　全省检察长工作会议在福州市召开。

1998 年

1月11日　郑义正在省九届人大一次会议上作《福建省人民检察院工作报告》。1月17日，报告通过。

1月14日　省九届人大一次会议选举郑义正为省九届人大常委会副主任，选举鲍绍坤为省检察院检察长。

1月26日　省检察院下发《关于在全省检察机关开展队伍教育整顿的通知》。

3月3日　省检察院召开全省检察机关队伍教育整顿电视电话会议。

3月23日　英国驻广州总领馆文化教育领事林悟德先生和英国利物浦大学巴尔博士到福建省访问。

5月29日至6月1日　全省分、市检察院检察长会议在福州市召开。会议传达贯彻全国检察机关深入开展教育整顿工作会议精神，对深入开展教育整顿进行再动员、再部署，研究改进和加强检察工作的措施。

8月17日　省检察院下发《关于坚决贯彻中央决定，认真做好检察机关不再从事经商活动工作的通知》。

9月25日　省九届人大常委会第五次会议审议通过《福建省人民检察院关于实施依法治省决议的方案》。

10月6日　省检察院下发《认真组织实施〈福建省人民检察院关于实施依法治省决议的方案〉的通知》。

11月9日　省检察院下发《关于在全省检察机关实行"检务公开"的通知》。

11月26—27日　省检察院召开全省检察机关执法思想大讨论研讨会。

1999 年

1月21—23日　全省检察长工作会议在福州市召开。

1月31日　鲍绍坤在省九届人大二次会议上作《福建省人民检察院工作报告》。2月2日，报告通过。

2月4日　省检察院下发《福建省人民检察院关于加强检察机关内部制约的若干规定

（试行）》。

3月23—26日 乌克兰总检察长波捷边科一行在福州、厦门市等地考察并交流检察工作。

4月15日 省检察院派出首批9个加强基层检察院建设工作组分赴各地、市开展工作。

6月10—11日 省检察院在福州市召开全省分、市检察院检察长座谈会。

8月31日 省检察院召开第一届专家咨询委员会委员聘任大会，聘请14名专家咨询委员。

12月15日 省检察院下发《关于组织对申报达标"五好"检察院考核验收的通知》。

12月21日 省检察院组织开展首届"五好"基层检察院达标考核验收工作。

2000 年

1月11—12日 省检察院在福州市召开分、市检察院检察长工作会议。

1月25日 鲍绍坤在省九届人大三次会议上作《福建省人民检察院工作报告》。1月27日，报告通过。

2月21日 省检察院下发《福建省人民检察院关于主诉检察官办案责任制的实施细则》。

4月10日 高检院工作组到福建省检查工作，鲍绍坤汇报全省加强基层检察院建设和基层检察院开展"三讲"教育情况。

5月24日 省检察院在福州举行福建省首例刑事申诉案件复查听证会。

6月19日 香港廉政公署总调查主任、协查组组长张松达一行到福建访问。

9月4日 福建省检察官协会成立，鲍绍坤任会长。

9月22日 省检察院下发《福建省人民检察院关于检察改革三年实施方案》。

11月7日 省检察院和福州市检察院联合举行"公正执法八闽行"记者招待会。

2001 年

1月11—12日 全省检察长工作会议在福州市召开。

2月11日 鲍绍坤在省九届人大四次会议上作《福建省人民检察院工作报告》。2月14日，报告通过。

2月28日 省检察院下发《关于加强"法轮功"邪教组织犯罪案件审查批捕、起诉工作的意见》。

4月16日 省检察院下发《福建省人民检察院关于检察机关参加"严打"整治斗争和

整顿规范市场经济秩序工作的方案》。

4月18日　省检察院下发《关于加大查办职务犯罪工作力度促进"严打"整治斗争顺利进行的意见》。

5月22日　省检察院召开全省检察机关"严打"整治斗争电视电话会议，部署"严打"整治斗争工作。

10月15日　省检察院下发《关于贯彻落实省委专题会议精神，充分发挥检察职能作用，切实做好维护当前社会稳定工作的通知》。

2002 年

1月8日　全省检察长工作会议在福州市召开。

1月26日　鲍绍坤在省九届人大五次会议上作《福建省人民检察院工作报告》。1月29日，报告通过。

2月26日　日本警视厅代表团到福建省访问。

3月26日　省检察院转发高检院《关于进一步积极参与整顿和规范市场经济秩序工作的通知》。

4月19日　新加坡总检察署副检察长李兴立到福建省访问。

4月26日　省检察院下发《关于开展"打黑除恶"立案监督专项行动的实施意见》。

5月1日　省检察院撤销控告申诉检察处，成立控告检察处和刑事申诉检察处。

5月8日　省检察院职务犯罪预防处成立。

7月12日　英国驻广州总领事馆领事李丰到福建省访问。

7月26日　省九届人大常委会第三十三次会议任命倪英达为省检察院副检察长，同时决定倪英达代理省检察院检察长职务。

8月1日　省检察院下发《福建省人民检察院机关效能建设工作制度》。

8月15日　省检察院下发《关于在"严打"整治斗争和整顿规范市场经济秩序工作中加强协作配合，加大查办职务犯罪案件工作力度的意见》。

9月28日　陈义兴向省人大常委会汇报全省检察机关开展"严打"整治斗争工作情况。

10月17日　陈义兴参加省政协常务委员会专题会议，汇报检察机关"严打"整治斗争情况。

11月2—4日　哈萨克斯坦共和国总检察长苏普别克夫一行到福建省访问并交流检察工作。

11月4日　省检察院下发《福建省检察机关信息化建设实施方案》。

12月3日　省检察院向高检院上报《关于福建省检察机关开展执法作风大检查活动情

况总结的报告》。

12 月 10 日　省检察院下发《福建省检察机关"五好"处室考核验收量化表》。

2003 年

1 月 11 日　倪英达在省十届人大一次会议上作《福建省人民检察院工作报告》。1 月 14 日，报告通过。

1 月 14 日　省十届人大一次会议选举倪英达为省检察院检察长。

1 月 17—18 日　全省检察长工作会议在福州市召开。

1 月 17—21 日　高检院检察长韩杼滨到福建省检查指导工作。

4 月 29 日　省检察院下发《关于印发〈全省检察机关公正执法专题教育活动实施方案〉的通知》。

10 月 10 日　省检察院在福州市召开人民监督员聘任大会，聘任 26 名社会各界代表为省检察院人民监督员。

10 月 20 日　高检院检察长贾春旺到福州、莆田、泉州等地调研并指导检察工作。

10 月 28 日　省检察院下发《关于印发〈最高人民检察院关于人民检察院直接受理侦查案件实行人民监督员制度的规定（试行）〉和〈人民监督员制度试点工作方案〉的通知》。

10 月　省检察院机关搬迁至华林路 253 号侦查技术综合大楼办公。

12 月 17 日　省检察院召开第二届专家咨询委员会委员聘任大会，换届聘请 11 名专家咨询委员。

12 月 19 日　省检察院召开第三届特约检察员聘任大会，换届聘请 9 名特约检察员。

12 月 29—30 日　全省检察长会议在泉州市召开。

2004 年

1 月 11 日　倪英达在省十届人大二次会议上作《福建省人民检察院工作报告》。1 月 13 日，报告通过。

2 月 20 日　中央政治局常委、政法委书记罗干到省检察院视察。

3 月 8 日　省检察院印发《关于加强检察机关执法活动内部监督制约意见》。

3 月 10 日　省检察院下发《福建省人民检察院关于检察人员与案件当事人及其委托人接触的六条禁止性规定》。

5 月 27 日　省检察院印发《福建省人民检察院关于为建设海峡西岸经济区服务的意见》。

8 月 12—16 日　高检院检察长贾春旺一行到南平市调研。

10 月 14 日　省检察院印发《转发高检院〈关于调整人民检察院直接受理案件侦查分工的通知〉的通知》。

10 月 15 日　省检察院印发《关于印发〈福建省人民检察院关于 2004—2008 年依法治省的实施意见〉的通知》。

2005 年

1 月 6—7 日　全省检察工作会议在福州市召开。

1 月 20 日　倪英达在省十届人大三次会议上作《福建省人民检察院工作报告》。1 月 23 日，报告通过。

2 月 27—28 日　高检院检察长贾春旺到晋江、漳州市检察院和华安县检察院调研指导工作。

5 月 30 日　省检察院印发《关于印发〈全省检察机关开展"规范执法行为，促进执法公正"专项整改活动实施方案〉的通知》。

6 月 3 日　省检察院在福州市召开全省检察机关"规范执法行为，促进执法公正"专项整改活动电视电话会议。

7 月 26 日　倪英达向省十届人大常委会第十八次会议报告省检察院开展法律监督工作情况。

11 月 8 日　省检察院在福州召开全省检察机关建立行贿犯罪档案查询系统工作会议。

11 月 8 日　省检察院反渎职侵权局成立。

11 月 14 日　省检察院转发高检院《关于印发〈检察机关领导干部必须遵守的"六个严禁"规定〉、〈检察机关领导干部违反"六个严禁"处理办法（试行）〉的通知》的通知。

二、重要文件辑录

（一）规范性文件

福建省加强检察机关法律监督的若干规定

（1994 年 9 月 16 日福建省第八届人民代表大会常务委员会第十二次会议通过）

第一条　为加强检察机关法律监督职能，保护公民合法权益，打击犯罪，保证法律的正确实施，根据有关法律的规定，结合本省实际，制定本规定。

第二条　人民检察院依法对执法活动实行法律监督，不受行政机关、社会团体和个人的干涉。

人民检察院的法律监督活动受同级人民代表大会及其常务委员会的监督。

第三条　人民检察院发现构成犯罪需要追究刑事责任而同级公安机关未予立案侦查的，可以查阅报案记录和案卷材料。必要时，应通知公安机关依法立案，公安机关应当立案侦查。

第四条　人民检察院发现同级公安机关违法立案的，应发出《纠正违法通知书》，公安机关应当撤销立案侦查决定。

第五条　公安机关受理特大案件或在本地区有重大影响的案件，应及时通知同级人民检察院，人民检察院应当及时介入侦查活动。

第六条　公安机关侦查终结的刑事案件，属于已构成犯罪需要追究刑事责任，而作出行政处罚决定或撤销案件决定的，同级人民检察院应通知公安机关撤销原决定，依法提请起诉。

第七条　司法机关对被告人依法使用监视居住的期限不得超过一个月；特殊情况，经上级主管机关批准，可延长一个月；超过期限的，同级人民检察院应发出《纠正违法通知书》，有关司法机关应当解除。

人民检察院违反前款规定的，上一级人民检察院应当提出纠正，下一级人民检察院应当执行。

第八条　司法机关在刑事诉讼活动对证人不得使用传唤；对被告人使用传唤二次不得超过 24 小时，再次传唤一次不得超过 24 小时，再次传唤间隔时间不得少于 12 小时。

违反前款规定的，人民检察院应发出《纠正违法通知书》，有关司法机关应当执行。

第九条　严禁刑讯逼供。对当事人进行刑讯逼供的，人民检察院应依法追究刑事责任；情节显著轻微不构成犯罪的，由有关主管部门给予行政处分。

对袒护、包庇刑讯逼供行为的，由有关主管部门给予行政处分；构成犯罪的，应依法追究刑事责任。

第十条　行政执法部门办理的案件，属于已构成犯罪需要追究刑事责任，而不依法移送司法机关立案侦查的，人民检察院应发出《纠正违法通知书》，有关行政执法部门应当依法移送。

第十一条　上级人民检察院对下级人民法院已发生法律效力的民事、经济和行政判决、裁定，按审判监督程序抗诉的，应当向同级或下级人民法院提出。

人民检察院提出抗诉前，可以调阅案卷材料；人民法院在接到人民检察院的调卷函后，应在十五日内将案卷材料移送人民检察院；人民检察院应在两个月内将案卷材料退回人民法院。

第十二条　人民法院对人民检察院按照审判监督程序提出抗诉的刑事案件，应当在三个月内审结；疑难复杂案件经审判委员会研究决定，可延长至六个月。

第十三条　人民法院假释、减刑的裁定确有错误的，人民检察院应当按审判监督程序提出抗诉。

第十四条　看守所或有关司法机关有下列行为之一的，人民检察院应发出《纠正违法通知书》，看守所或有关司法机关应当立即纠正。

（一）收押不应收押的人员的；

（二）依法应立即释放而不释放的；

（三）不应释放而违法释放的；

（四）擅自为未决犯变更强制措施的；

（五）违法将罪犯暂予监外执行的；

（六）违法截留余刑一年以上已决犯的。

拒不纠正而构成犯罪的，应追究有关责任人员的刑事责任；情节显著轻微不构成犯罪的，由有关主管部门给予行政处分。

第十五条　司法机关超期羁押人犯的，人民检察院应发出《纠正违法通知书》，司法机关应当纠正。如无正当理由继续羁押的，依法追究有关部门和人员的责任。

第十六条　监狱和劳动改造单位违法将罪犯暂予监外执行、保外就医或应当收监执行而未收监的，人民检察院应发出《纠正违法通知书》，监狱和劳动改造单位应当纠正。

第十七条　人民检察院决定免予起诉的自侦案件，应报上一级人民检察院审批。报批前应经刑事检察部门审查，由检察长审核，提交检察委员会讨论决定。

人民检察院作出免予起诉决定前，应告知被告人可以委托律师、被告人的近亲属、监护人或其他辩护人为其申辩。

上级人民检察院应定期复查下级人民检察院决定免予起诉的案件。

第十八条　上级人民检察院认为下级人民检察院作出的立案侦查决定、批准逮捕、不批准逮捕、撤销案件、免予起诉决定，或在法律监督活动中提出的纠正意见、发出的《纠正违法通知书》确有错误的，应当通知下级人民检察院纠正，下级人民检察院应当执行。

下级人民检察院如有异议的，应在接到通知书之日起十五日内，向作出决定的上级人民检察提出复议，上级人民检察院应自接到复议申请书之日起十五日内作出复议决定，并通知下级人民检察院执行。

第十九条　司法机关和行政执法部门对人民检察院在法律监督活动中发出的《纠正违法通知书》有异议的，可自接到通知书之日起十五日内向人民检察院申请复议，人民检察院应自接到复议申请书之日起十五日内作出复议决定；对复议决定不服的，可自接到复议决定通知书之日起十五日向上一级人民检察院申请复核，上一级人民检察院应自接到复核申请书之日起十五日内作出复核决定。

司法机关对省人民检察院发出的《纠正违法通知书》申请复议、复核的，由省人民检察院自行复议、复核。

逾期不申请复议、复核的，应当执行。

第二十条　人民检察院对国家安全机关的法律监督，除与反间谍有关的保密事项外，比照本规定执行。

第二十一条　检察机关的工作人员在法律监督活动中，滥用职权、玩忽职守、徇私舞弊、泄露国家机密或不履行法律监督职责的，由有关主管部门给予行政处分；构成犯罪的，应追究刑事责任。

第二十二条　人民检察院应定期向同级人民代表大会常务委员会报告法律监督的工作情况。

第二十三条　人民检察院的纠正意见和《纠正违法通知书》应采用统一的法律文书格式。

第二十四条　本规定的解释权属福建省人民代表大会常务委员会。

第二十五条　本规定自一九九五年一月一日起施行。

福建省人民检察院
关于实施依法治省决议的方案

(1998 年 9 月 25 日福建省第九届人民代表大会常务委员会第五次会议批准)

根据《中共福建省委关于依法治省的决定》精神，依照《福建省人民代表大会常务委员会关于依法治省的决议》，结合我省检察工作实际，制定本方案。

一、指导思想和基本任务

1. 以马列主义、毛泽东思想、邓小平理论为指导，坚持党的领导和社会主义方向，认真贯彻党的十五大提出的依法治国基本方略。忠于宪法和法律，全面正确履行法律监督职责，坚持有法必依、执法必严、违法必究；坚持以事实为依据，以法律为准绳；坚持法律面前人人平等，维护法律统一正确实施，保障公民的合法权益。自觉接受人大及其常委会监督和社会各界监督，积极推进依法治省进程。

2. 服务于党和国家工作大局，紧紧围绕经济建设中心，充分发挥检察机关法律监督职能作用，维护司法公正；依法查办职务犯罪，促进廉政建设；依法打击刑事犯罪活动，维护社会稳定；坚持依法治检，努力建设一支高素质的专业化检察队伍。

二、依法查办职务犯罪，促进国家工作人员依法履行职责和廉政建设

3. 查办国家工作人员利用职务之便实施的贪污、贿赂、挪用公款、私分国有资产等犯罪，集中力量查办大案要案，重点查处发生在党政领导机关、行政执法机关、司法机关和经济管理部门的犯罪案件。

4. 查办国家机关工作人员渎职犯罪和侵犯公民人身权利、民主权利犯罪，重点查办徇私舞弊、滥用职权、玩忽职守、枉法裁判和非法拘禁、刑讯逼供、非法搜查等犯罪案件。

5. 依法严格按管辖范围立案侦查职务犯罪案件，在办案中要坚持"一要坚决、二要慎重、务必搞准"的原则，严格依照实体法、程序法，公正执法、文明办案。在初查、立案侦查、批准逮捕、审查起诉各个环节都要重证据，确保办案质量，注重办案效果。

6. 结合办案加强对职务犯罪的预防工作，分析研究新形势下职务犯罪的原因、特点、规律和防范对策，有针对性地对发案多的单位和系统提出检察建议，帮助建章立制，堵塞漏洞，积极参与对职务犯罪的综合治理。

三、打击刑事犯罪，维护社会稳定

7. 坚持依法"从重从快"方针，严厉打击危害国家安全、社会稳定和社会治安的严重刑事犯罪活动，特别是严重危害公共安全的杀人、抢劫等暴力犯罪，涉及毒品的犯罪，走

私犯罪，带黑社会性质的团伙犯罪以及重大盗窃等犯罪。

8. 认真受理公安机关、国家安全机关提请批准逮捕的案件，正确掌握逮捕条件，对有证据证明有犯罪事实，可能判处徒刑以上刑罚，而有逮捕必要的犯罪嫌疑人，及时依法批准逮捕。

9. 认真审查移送起诉案件的犯罪事实、情节，注重证据的合法、确实、充分，既要审查有罪证据，也要审查无罪证据，对遗漏罪行和其他应当追究刑事责任的人，依法予以追诉。通过出庭支持公诉，运用事实和证据揭露犯罪、证实犯罪、惩治犯罪。同时，依法保护公民的合法权益，保障无罪的人不受刑事追究。

10. 坚持打防结合、标本兼治的综合治理方针，积极参与打击犯罪的专项斗争和社会治安综合治理，重视未成年人犯罪的教育、感化和挽救工作，预防和减少未成年人犯罪，做好检察环节的各项综合治理工作。

四、强化刑事、民事、行政诉讼法律监督，维护司法公正

11. 加强刑事立案监督和侦查活动监督，依法纠正有案不立、有罪不究、以罚代刑以及违法羁押、不依法执行逮捕决定、违法使用强制措施等行为。对构成犯罪的，依法追究责任人的刑事责任。

12. 加强刑事审判监督，依法对刑事审判活动中违反诉讼程序、超期限审理和超期羁押的行为提出纠正意见；对重罪轻判、轻罪重判、有罪判无罪、无罪判有罪等案件依法提出抗诉。

13. 加强刑罚执行监督，依法纠正不按法律规定交付执行和违法适用减刑、假释，违法保外就医、暂予监外执行；对监狱、看守所、劳动教养管理所的执法活动进行监督。构成犯罪的，依法追究刑事责任。

14. 加强民事、行政诉讼监督，对确有错误的判决、裁定，特别是对明显不公的判决、裁定依法提出抗诉。

15. 把开展刑事、民事、行政诉讼监督与惩治司法腐败相结合，从纠正执法不严、执法不公现象中，发现和查处司法人员以案谋私、贪赃枉法、徇私舞弊、刑讯逼供等渎职犯罪。

16. 完善检察机关内部监督制约机制，规范办案行为，实行侦查、批捕、起诉、申诉复查分开制度。建立完善案件线索受理、初查、立案侦查、采取强制措施、提请逮捕、移送审查起诉等各个办案环节的工作制度。发挥检察委员会的集体决策作用，依照人民检察院组织法和人民检察院检察委员会组织条例的规定，讨论决定重大、疑难案件和其他重大问题。

五、正确履行检察职能，依法保障公民人身权利和民主权利不受侵犯

17. 依法独立公正行使检察权，抵制以言代法、以权压法行为，排除任何行政机关、

社会团体和个人对检察机关依法行使检察权的干涉。

18. 依法适用不起诉，建立健全不起诉案件的备案审查制度，严格审批检察机关依照管辖范围侦查的不起诉案件，认真做好对不起诉案件的复议、复核和对被害人不服不起诉决定申诉的复查工作。

19. 依法受理群众的举报、控告，保障公民对国家工作人员违法犯罪行为的控告、检举权利。依法保护举报人，对举报有功人员给予奖励；对诬告他人并造成严重后果的，依法追究其刑事责任。

20. 认真受理群众申诉，及时做好申诉案件的复查，对不当申诉要做好息诉工作，对错案要依法纠正，符合国家赔偿法规定的，应给予刑事赔偿。

21. 侦查案件中应严格依法使用强制措施，立案前不得对被调查对象采取强制措施。严禁对证人采取任何强制措施。案件应当在法定期限内办结，对案情复杂在法定期限内不能侦查终结的，应依法提请办理延长侦查羁押期限的手续，未批准的应当依法释放犯罪嫌疑人或者变更强制措施。

22. 保护犯罪嫌疑人及其他诉讼参与人的合法权益。支持律师依法履行职责，为其会见犯罪嫌疑人，查阅、摘抄、复制有关诉讼文书、技术性鉴定材料等提供便利条件。

六、坚持依法治检，加强队伍建设

23. 以邓小平理论和党的十五大精神为指针，以"政治坚强、公正清廉、业务精通、纪律严明、作风优良"为目标，抓紧制定和实施检察人员的教育、培训、管理和监督的计划和办法，全面提高队伍的政治素质、业务素质和公正执法、文明执法、依法办案的水平，努力建设一支高素质的专业化检察队伍。

24. 严格执行《人民检察院组织法》和《检察官法》，积极推进检察人事制度改革。健全和完善检察官录用制度，严格把好进人关。依法任用检察人员，实行检察官等级实施办法。调整和精简内部机构，推行竞争上岗、双向选择、岗位轮换制度，注意培养青年干部，把优秀的年轻干部选拔到领导岗位上。运用制度、纪律、法律等多种手段建设和管理队伍，对不适应做检察工作的干警，要离岗培训，限期提高；对不胜任现职工作的，要调离岗位；对不适合做检察工作或严重违法违纪的，予以辞退或者开除。

25. 加强检察队伍廉政建设，严肃查处检察人员违法违纪案件。重点查处在行使检察权中执法犯法、以权谋私、滥用职权、徇私枉法、刑讯逼供等问题。检察干警凡在办案中搞刑讯逼供的，一经发现，先停止工作，查明情况，严肃处理。因玩忽职守、非法拘禁、违法办案等造成严重后果的，依纪依法追究直接责任人员的纪律和法律责任，对于领导严重失职、渎职的，要依照法定程序给予撤职处分。抓住典型案件，警示和教育广大干警。

26. 执行检察官办案责任制和错案责任追究制。对检察人员在行使职权、办理案件过程中故意或者重大过失造成认定事实或者适用法律确有错误的案件，或者在办理案件中违反法定诉讼程序而造成处理错误的案件，依照最高人民检察院制定的人民检察院错案责任追究条例（试行）、人民检察院监察工作暂行条例和对违法办案、渎职失职若干行为的纪律处分办法的规定，追究责任人和有关领导的纪律和法律责任。

七、加强组织领导，落实依法治省任务

27. 全省各级检察机关要在党委的领导下，积极做好各项检察工作，认真贯彻落实党委的部署，坚决执行党委对检察工作的指示、决定，坚持党内请示报告制度。要充分认识依法治省的重要性和必要性，明确担负的重要职责。省检察院成立领导小组和办事机构，加强检查、指导。全省各级检察机关要认真组织实施依法治省决定、决议和本方案的各项任务，定期向同级党委和人大常委会以及上级人民检察院报告实施的情况。

28. 主动接受人大及其常委会监督，坚持向人大及其常委会的请示报告制度和与人大代表联系制度。对人大常委会交办的事项和人大代表提出的议案以及意见、建议、批评，认真办理，及时反馈。

29. 定期向人民政协通报工作，认真办理政协委员的提案。聘请民主党派成员担任特约检察员，聘请执法执纪监督员，增强检察工作的透明度，主动接受民主监督、舆论监督和人民群众监督。

30. 紧密结合检察工作实际，综合运用各种宣传手段，积极开展法制宣传，提高公民法制意识，引导公民自觉学法、守法、用法，运用法律武器同违法犯罪行为作斗争，维护自身的合法权益。

全省各级检察机关和全体检察干警要在党委的领导和人大及其常委会的监督下，全面正确履行法律监督职责，振奋精神，扎实工作，为推进依法治省进程、实现我省跨世纪的宏伟目标而努力奋斗！

福建省人民检察院
关于检察改革三年实施方案
(2000 年 9 月 22 日)

为认真贯彻落实最高人民检察院《检察改革三年实施意见》，积极推进检察改革，强化法律监督职能，完善检察领导和管理体制，提高队伍素质和执法水平，促进检察工作全面发展，根据最高人民检察院的部署，结合我省检察工作实际，制定本实施方案。

一、指导思想和目标任务

1. 检察改革要坚持以邓小平理论为指导，认真贯彻党的十五大关于推进司法改革和党中央关于加强政法工作的一系列指示精神，严格遵循宪法和法律规定，解放思想，实事求是，大胆探索，勇于实践，积极稳妥地推进。

2. 检察改革必须与社会主义市场经济的发展和依法治国的进程相适应，有利于坚持党的领导，有利于保证依法独立公正行使检察权，有利于强化法律监督职能，有利于维护国家法制统一和司法公正，有利于健全和完善检察工作运行机制和管理体制，有利于建设高素质的检察官队伍，提高执法水平。

3. 检察改革的目标任务是：改革检察业务工作机制，强化法律监督的职能和作用；改革检察官办案机制，实行主诉、主办检察官办案责任制；改革内设机构设置，完善检察领导和管理体制；改革干部人事制度，提高队伍管理水平；改革监督制约机制，依法规范执法活动；改革检务保障机制，加快科技强检步伐，为检察机关依法履行检察职能提供物质保障。

二、改革检察业务工作机制，强化法律监督的职能和作用

4. 逐步建立侦查协作工作机制，提高办案的指挥和协调能力。按照互相支持、互相配合、互相协助的要求，初步建立高效、协调、规范的侦查统一指挥系统。

——省人民检察院和各分、市人民检察院要建立信息通畅、反应灵敏、指挥有力的侦查指挥中心，强化对职务犯罪侦查工作的统一领导和指挥，并对侦查指挥中心的职责、地位和作用等作出具体规定。逐步建立健全跨地区大案要案的指挥协调和异地代为取证、协助办案的侦查协作机制。健全和完善妥善处置办案中紧急情况和紧急线索的制度，对一些特殊和紧急的案件线索，经检察长批准可直接交反贪、法纪部门查办，同时交举报线索审查协调小组补办分流手续，以免贻误战机。

——建立和加强检察机关与公安、纪检、海关、工商、审计、税务、金融等有关部门之间的工作联系和协作制度，通过召开联席会议和聘请联络员等形式，加强联系协作，互通案件信息。各级人民检察院要建立反贪信息档案库，收集、储存有关涉案信息和侦查工作的其他辅助信息。

——2000 年，省人民检察院从全省检察机关选拔 50 名反贪侦查骨干和 30 名渎职案件侦查骨干，建立侦查骨干"人才库"，实行分级、分类管理，根据办案工作需要，统一调配。从中挑选 30 名反贪侦查骨干组建反贪污贿赂特别侦查大队，挑选 20 名渎职案件侦查骨干组建渎职案件特别侦查大队，负责全省性重大、疑难案件的侦查工作。

——进一步规范涉外案件个案协查的工作程序，建立健全相关工作制度，积极探索涉外案件个案协查的有效途径，使涉外案件的境外取证工作走上规范化、制度化轨道。

5. 改革和加强刑事立案监督工作，完善相关工作制度。研究制定刑事立案监督的具体规定，进一步明确立案监督的程序和办法，理顺工作关系，规范立案监督工作，强化立案监督的社会效果和法律效果。

6. 加强检察业务工作规范化管理，完善各项检察业务工作的办案规范和工作流程，形成确保司法公正的检察业务运行机制。

——按照刑事诉讼法和人民检察院刑事诉讼规则的要求，在侦查、批捕、起诉、抗诉等各项业务工作中依法确定证据标准和运用规则，增强证据意识，提高收集、审查和运用证据的能力。研究制定检察官出庭支持公诉的举证程序和证明规则，保证有力指控、揭露、证实犯罪。

——适应公开审判的需要，规范检察人员出席二审、再审法庭的法律职责和工作程序。进一步规范完善检察员出席抗诉案件庭审的方法和步骤，制定再审案件的出庭程序和职责。

——本着教育、感化、挽救的方针，健全未成年人犯罪检察工作机制。2001年起，各级人民检察院要设立主办、主诉检察官专门负责办理未成年人犯罪案件的批捕、起诉工作，并制定相关工作制度。

7. 严格掌握刑事案件抗诉标准，增强抗诉工作的准确性和权威性。重点加强对有罪判无罪、量刑畸轻畸重和二审、再审、死刑复核的法律监督。健全完善刑事审判监督工作规定，研究制定上诉程序抗诉和审判监督程序抗诉的不同标准。2001年起，省人民检察院和分、市人民检察院应设立主诉检察官专门负责办理审判监督案件，提高刑事抗诉工作的专业化水平。

8. 健全民事行政检察工作机制，强化民事行政法律监督职能。积极探索检察机关以提起民事、行政诉讼的方式，维护国家利益和社会公共利益；在全省推行民事、行政抗诉程序中的执行和解制度；研究制定民事、行政案件抗诉标准和具体工作程序；支持民事、行政案件当事人委托律师代理申诉；研究制定全省检察机关统一、规范的民事行政申诉案件办案规则和律师代理申诉的规范性文件。

9. 加强控申举报业务规范化管理，建立刑事申诉案件工作流程。认真执行举报线索审查协调工作实施细则，进一步完善举报宣传、线索管理、审查协调、分流、反馈、奖励和保护等环节的举报工作机制，规范举报案件办理程序和操作规程，加强对举报线索移送后的跟踪监督。

10. 改革检察法律文书，提高法律文书制作的质量。本着诉讼经济、增强法律文书的说理性、权威性的原则，简化检察法律文书的种类和内容，统一规范法律文书的格式。进一步提高案件侦查终结报告、移送审查起诉意见书、起诉书、抗诉书等法律文书的制作质量，强化对证据、案件事实的分析论证。

三、改革检察官办案机制，实行主诉、主办检察官办案责任制

11. 建立、健全检察官办案责任制，改变检察业务工作管理模式。根据各项检察业务

工作的特点，逐步建立符合侦查、审查逮捕、审查起诉等各自工作特点的办案责任，在深化检察干部人事制度改革的同时，强化检察机关的司法属性，促进错案追究制的落实。

——改革审查起诉工作机制，全面实行主诉检察官办案责任制。2000年，制定推行主诉检察官办案责任制的具体实施细则，对主诉检察官的条件、选任、职责、监督、待遇、考核、奖惩、培训等作出统一规定，并完成全省选任主诉检察官统一考试和能力测试。至2001年，全省三分之二以上人民检察院实行主诉检察官办案责任制，任命的主诉检察官应占全省起诉干部的三分之一。至2002年，主诉检察官人数应占全省起诉干部的二分之一。

——改革侦查工作机制，实行主办检察官办案责任制。研究制定推行主办检察官办案责任制的实施办法，依法明确主办检察官办理案件的程序和职权。2000年，选择若干个分、市人民检察院和基层人民检察院反贪部门，进行主办检察官办案责任制试点。2002年，在全省检察机关反贪、法纪检察部门推行主办检察官办案责任制。

——改革民行办案工作机制，实行主诉检察官办案责任制。按照高检院的工作部署，结合民事行政检察工作特点，研究制定主诉检察官办案责任制的实施方案，并选择若干个分、市人民检察院和基层人民检察院民行部门进行试点。2001年，在全省检察机关民行部门实行主诉检察官办案责任制。

——对批捕、监所、控申等业务部门的办案工作机制进行改革，结合各部门的职责和具体情况，逐步实行符合本部门业务工作特点的主办检察官办案责任制。

12. 推行和坚持检察长、副检察长、各业务部门负责人亲自办案制度。担任领导职务的检察官每年都要承办一定数量的具体案件，包括主持侦查工作，出庭支持公诉等，加强对业务工作的指导。

四、改革内设机构设置，完善检察领导和管理体制

13. 科学设置机构，合理配备力量。按照精简、统一、效能和有利于充分履行法律监督职能的原则，根据高检院关于地方各级人民检察院机构改革的部署，科学调整内设机构，合并职能重叠部门，充实加强业务部门和基层的力量，精简非业务部门。2000年，省人民检察院政治部负责对内设机构改革进行调研论证。2001年，科学确定检察机关内设机构的职能和编制。2002年，完成全省检察机关内设机构改革工作。

——依法规范检察机关内设机构的设置、名称、规格和职责，合理配置职能。根据业务归口的原则，对地、县两级人民检察院业务机构进行适当合并调整，省人民检察院内设机构原则上与高检院相对应。统一机构名称，反贪部门统称为局，其他业务部门省地两级人民检察院统称为处，县级人民检察院统称为科。

——充实业务部门力量，精简行政和后勤部门人员。对地方各级人民检察院的人员作不同比例的精简，实现优胜劣汰。省、地和县级人民检察院业务部门的人员配备分别应占

同级人民检察院总人数的65％、70％和75％以上。

14．深化监所检察管理机制改革，加强派驻监所检察室建设。调整和规范监所检察管理体制，实行联合派驻或同级派驻制度。对省级看守所的派驻，以所在地人民检察院为主，省人民检察院派员参与；对地市级看守所，实行同级人民检察院派驻。健全和完善劳改、劳教检察派出机构，加强对刑罚执行的监督。除青草盂人民检察院和鼓山地区人民检察院外，其他监狱、劳教所位处辖区所在地的，由分、市人民检察院派驻；不在辖区所在地的，由分、市人民检察院和辖区人民检察院联合派驻。

15．加强和改进检察委员会工作，提高检察委员会的议事水平和工作效率。进一步健全和规范检察委员会办事机构，改善和优化检察委员会的结构。改革检察委员会委员的选任方式，逐步引入竞争激励机制，按照一定比例选拔政治强、业务精、议事水平高的资深检察官和优秀检察官担任专职检察委员会委员。进一步健全检察委员会的工作制度，明确检察委员会的议事范围，规范议事程序，加强对检察委员会决定事项的贯彻落实和监督检查。

16．进一步完善检察机关领导体制，健全上级人民检察院对下级人民检察院的统一管理和协调机制。加强上级人民检察院对下级人民检察院的领导力度，规范上级人民检察院对下级人民检察院实行业务指导的程序，逐步形成上下一体、政令畅通、指挥有力的领导体制。省人民检察院和分、市人民检察院要加大对下级人民检察院重大疑难案件的提办、参办、督办力度，建立相关工作制度，充分发挥上级人民检察院的业务指导和协调职能。

17．进一步规范下级人民检察院向上级人民检察院请示报告的程序。省人民检察院要通过调查研究，对下级人民检察院请示报告的范围、内容、程序和具体要求作出规定，理顺工作关系，分清职责范围，确保检察政令畅通。

18．健全和规范下级人民检察院向上级人民检察院报告工作的制度。下级人民检察院除按规定向上级人民检察院报告报备重大案件查处情况外，还应当每半年报告一次全面工作情况；上级人民检察院的工作情况也要定期向下级人民检察院通报，听取下级人民检察院的意见。

19．加强完善人民检察院组织体系和管理体制的研究。省人民检察院和分、市人民检察院要组织专门力量，围绕修改人民检察院组织法，加强对检察机关法律监督职能、检察组织体系等问题的调查研究，提出具体修改意见上报高检院，为推进检察改革提供理论依据。

五、改革干部人事制度，提高队伍管理水平

20．坚持党管干部的原则，健全检察机关领导干部管理体制。在各级党委的领导下，加大上级人民检察院对下级人民检察院领导班子成员的管理力度，规范管理程序。省人民检察院和分、市人民检察院在下级人民检察院领导班子的配备、调整、考察、考核等方面，应主动提出建议，积极参与，与党委组织部门共同搞好干部的考察、考核工作，及时反馈班子建设情况，争取党委支持。省人民检察院商请省委组织部同意，将分、市人民检察院政治部主任、反贪局长和法纪处长列入省人民检察院协管。

21. 依法对检察官、书记员、司法警察、司法行政人员实行分类管理，改善检察队伍结构。要加强业务部门，精简行政管理人员，分离技术性、服务性人员，严格按照检察官法的规定规范检察官管理工作。

——合理调整检察官与书记员、司法行政人员的配备比例。在高检院各类人员配备比例未下达之前，各级人民检察院业务部门书记员的比例暂按五分之一至四分之一比例控制，逐步实现检察人员与司法行政人员的分类管理。

——建立书记员职务序列。省人民检察院制定统一的书记员任职资格条件和管理办法。2001 年起，逐步面向社会公开招考书记员，试行职业书记员制度。

——规范检察机关司法警察管理体制。加强对司法警察的统一管理，明确司法警察的职责范围，合理配置和使用司法警察。改革司法警察任用制度，实行部分司法警察聘任制。2001 年，省人民检察院选择 1 至 2 个分、市人民检察院进行部分司法警察聘任制试点。

22. 对地、县两级人民检察院检察官定编工作进行调研、试点，合理精简、科学确定检察机关编制。2000 年，省人民检察院会同省编委，根据各地人员数量和检察业务工作情况，研究确定检察官、书记员的编制。2001 年，在沿海和山区各选择 1 个分、市人民检察院和 2 个基层人民检察院进行定编工作试点。2002 年，在全省检察机关实行。

23. 健全检察人员录用制度，依法加强入口管理。坚持凡进必考试，录用主任科员职务以下的工作人员，一律实行考试录用的制度。从军转干部和其他部门中补充的人员，必须经过培训，经考试考核合格后才能进入检察机关工作。省人民检察院商请省委政法委、组织部、省人事厅同意，由省人民检察院统一组织考试，按比例确定面试人员，分、市人民检察院会同组织人事部门组织面试。2001 年起，逐步实行初任检察官和特殊岗位急需人才面向社会统一公开招考制度，优化检察队伍整体结构。

——实行录用、调进人员审核审批制度。录用、调进人员，必须逐级层报省人民检察院审核。未经省人民检察院审核同意而录用、调进的人员，不得任命职务，不予发放工作证和检察服装。

——依法强化考核制度。认真执行检察官法及其配套规定，全面推行岗位目标管理责任制，加强动态管理，实行科学量化考核，并将考核结果作为对干部任免、奖惩、辞退以及调整级别、工资的依据。建立和完善干部考绩档案，改进考核方法。制定岗位分类和职责规范，科学确定岗位任职条件和岗位职责，根据任职条件确定工作岗位，按照岗位职责考核工作表现。2000年，制定具体实施办法。2001年，在省人民检察院各选择1个业务和综合后勤部门进行试点。2002年，在全省检察机关实行。

24.依法疏通人员出口。对超编进入、非正常进入和落岗培训仍不适合从事检察工作的人员，要调出检察机关，商请党委组织和人事部门另行安排工作；对无法安排的，限期调离或辞退。对不符合干部条件的，要坚决予以辞退或者责令辞退。省人民检察院商请省委政法委、组织部、省人事厅联合制定下发有关清理调离、辞退的标准和办法。

25.改革检察官选任制度。严格规范检察官任职资格条件、考试考核制度，强化竞争激励机制，完善公开选拔、民主推荐制度，保证优秀人才脱颖而出。

——实行处（含处）以下拟任领导职务考试考核制度。省检察院要制定处以下领导职务任职资格标准，考试考核不合格者，不得担任领导职务。2001年，制定分、市人民检察院副检察长和基层人民检察院正副检察长任职资格标准。2002年，制定各级人民检察院内设机构正、副职领导任职资格标准。

——推行和规范内设机构领导职务竞争上岗。严格内设职位任职条件，合理确定竞争人选，规范申请、确认、考试、答辩、评议、考核、任用等程序。一般干部实行双向选择，落选者待岗、试岗、培训，培训不合格的，予以辞退。积极推行拟任干部公示制和中层领导干部试任制，公开干部任用的条件和程序，并将拟任领导干部人选公示于众，听取意见后再决定是否任命。对实行试用制的中层领导干部，规定试用时间和目标，届时视考核情况决定予以续任或解职。

26.加大干部交流力度。上级人民检察院要加强与本级党委组织部门及当地党委协调，选派优秀年轻干部到下级人民检察院任职或挂职锻炼。注意从下级人民检察院选调优秀检察官到上级人民检察院工作。从2001年起，逐步实行省人民检察院和分、市人民检察院业务部门的检察官从下级人民检察院优秀、资深检察官中选任。各级人民检察院应积极推荐优秀干部到党委、政府及其他部门任职或挂职，搞活干部横向交流。

——各级人民检察院主要领导干部，原则上在同一地区、同级班子任职满10年的，必须交流；在同一职位任职5年以上的实行轮岗。领导班子其他成员在同一地区、同一班子任职10年以上的，在检察系统内部交流，在同一职位任职5年以上的，原则上实行轮岗。需要交流的干部，按干部管理权限，分别由省、地两级人民检察院提出计划，商请党委组织部门实施。各内设机构负责人任同一职务满5年的，一般进行轮岗。

——有计划地推进分、市人民检察院之间领导班子成员跨地区交流，以及检察机关与其他政法机关领导干部和业务骨干的交流工作。2000年，省人民检察院要按照检察官法的规定，制定检察官任职回避和公务回避的具体规定。

——继续实行选调生制度。要建立选调生的培养和管理办法，积极探索从高层次法律人才中选任检察官制度。2000 年起，省人民检察院和分、市人民检察院要积极引进法律专业硕士以上毕业生，建立全省检察机关高学历"人才库"。

27. 把教育培训工作摆到战略地位。认真落实高检院教育培训规划，根据各类检察人员的不同需要和特点，设置不同的培训课目，有针对性地开展培训工作。建立和健全检察干警定期培训、任职资格培训、晋升培训与考试等制度。开展学历教育和继续教育，省人民检察院和分、市人民检察院要重点抓好大学本科和研究生学历教育。到 2002 年，全省检察干警大专以上学历应达到 85% 以上。

——2000 年起，每年对年龄在 50 岁以下的检察干警进行一次基本素质考试考核。连续三年考试考核不合格的，不能任命法律职称和晋升检察官等级，已经任命为检察员职称的，应提请同级人大常委会免去其法律职务。

——2000 年起，在职检察官每 2 至 3 年应接受为期一个月以上的岗位培训或更新知识培训，检察官等级晋升必须先经过培训和考试。争取用两年时间，完成基层人民检察院副检察长和业务骨干的培训。到 2002 年，完成检察业务人员全员轮训。

——加强培训基地和师资队伍建设。省人民检察院要加快国家检察官学院福建分院的建设步伐，各分、市人民检察院也要加快培训基地的规划和建设，进一步充实和优化教师队伍。到 2002 年，建成全省检察机关二级培训网络。

六、改革监督制约机制，依法规范执法活动

28. 进一步深化"检务公开"，不断拓宽"检务公开"的范围、方式和途径，增强检察工作的透明度。坚持和完善举报反馈、办案回访、检察长接待日和"举报宣传周"制度，加强办案监督，增强办案效果。

——试行不起诉案件公开审查制度。2000 年，在部分基层人民检察院试点，对拟作不起诉处理的案件，听取被不起诉人、被害人、律师和有关部门的意见，公开作出不起诉决定的理由和法律依据，增加办案透明度。2001 年，在总结试点经验的基础上，进一步规范不起诉案件公开审查程序，在全省检察机关推行不起诉案件公开审查制度。

——全面推行办理民事行政抗诉案件公开审查制度。对当事人的民事行政申诉案件，经审查决定立案的，应当及时通知双方当事人；在案件审查中，应当全面听取双方当事人的陈述，保证双方当事人有同等权利；案件审查终结后，应当将审查结论通知案件当事人。

——逐步实行复查刑事申诉案件听证制度。2000 年，研究制定复查刑事申诉案件听证制度暂行办法，对复查刑事申诉听证案件范围、参加听证对象和办理程序等作出具体规定，并选择若干个基层人民检察院进行试点。2001 年，在全省检察机关推行。

——进一步规范举报人、申诉人、证人、被害人、犯罪嫌疑人等诉讼参与人的权利义务告知制度，制发统一的告知规定和文书格式。加大对举报人的保护力度，建立和完善举报人奖励基金制度。

29. 强化和完善内部监督制约机制。进一步健全检察业务工作中对举报、初查、立案、适用强制措施、撤案、不批捕、不起诉、申诉复查等诉讼环节的监督制约机制；严格执行错案责任追究制度；完善执法检查制度；健全大要案备案审查制度；规范监察部门对自侦工作违法违纪实行监察的制度；认真落实案件办理情况回访考察制度；加强对检察人员的监督和管理，制定检察人员非职务活动行为规范和违纪处理办法。

30. 完善与人大代表联系制度，自觉接受人大及其常委会监督。牢固树立监督者也要接受监督的观念，始终把人民拥护、赞成、满意作为衡量检察工作的根本标准，加强同各级人大代表的联系。制定和完善接受人大执法检查、视察和评议检察工作的办法，加强对人大代表、政协委员和领导督办案件的督促检查。

31. 强化对党员领导干部的监督。认真落实党内监督五项制度，严格执行任职回避、离任审计、收入申报和个人重大事项报告制度。坚持民主评议党员和党员领导干部，加强对离退休干部的教育、管理和监督。上级人民检察院要加强下级人民检察院党组民主生活会的指导和监督，认真落实党风廉政建设责任制，把党风廉政建设纳入领导班子、领导干部目标管理。

32. 充分发挥纪检监察部门作用，加大查处违法违纪案件力度。认真落实高检院"九条硬性规定"和"廉洁从检十项纪律"，坚持个案查处与适时开展纠风专项检查及集中重点整治相结合，坚决遏制检察人员违法违纪案件的发生。到2002年，争取全省大多数人民检察院进入当地"文明单位"行列，检民关系进一步密切，社会各界评价良好。

33. 加强与律师的配合与协作，依法保障律师的诉讼权利。省人民检察院要与省公安厅、省国家安全厅、省司法厅等部门协商，制定律师会见犯罪嫌疑人和为特定犯罪嫌疑人提供法律援助的具体规定。进一步规范在审查起诉阶段听取辩护律师意见和辩护律师查阅、摘抄、复制有关法文书的具体程序。研究探索公诉人与辩护律师开庭前证据交换或证据开示的有关问题，制定相关工作规定。

七、改革检务保障机制，加快科技强检步伐

34. 按照"先进、适用、配套、普及"的原则，加强物质装备建设，实行科技强检。2001年前，各级人民检察院要配齐实施刑事诉讼法所需的侦查取证、收集视听资料和复制案卷材料的必要装备。加强办公自动化和交通、通讯等物质装备建设，改善执法条件，提高工作效率，逐步实现办案现代化和办公自动化。

——2001年底前，省人民检察院和分、市人民检察院要实现计算机等现代化技术在法律信息传输、信息处理、诉讼文书制作、人事管理、档案管理、统计数据信息等方面的应用。

——加快计算机信息网络和通信系统的建设。2002 年前，完成省人民检察院与分、市人民检察院的计算机远程联网，实现办案工作计算机全程动态管理和重要案件远程指挥和协调。

——2002 年底前，开通省人民检察院与分、市人民检察院之间的检察系统专线通信网，实现语音通讯、传真、数据通信、专用电话和电视会议系统功能。

35. 加大科技投入，加强检察技术建设。运用高新技术加强技术取证、文证审查、检验鉴定等工作，积极推广电脑多媒体技术示证系统，提高检察工作中的科技含量。重点加强分、市人民检察院检察技术部门常规技术的基础设施建设，逐步形成优势互补、互相协作的检察技术工作网络体系。

36. 改革经费管理保障机制，保证履行检察职能所必需的经费。积极探索多层次经费物质保障体系，实行"条"、"块"结合，采取分级分项目管理，按比例负担的办法，建立有效的检察经费保障机制。地方财政主要负责人员经费，省财政负责业务经费。商请省财政厅每年拨出一定专款，由省人民检察院统一安排，作为贫困地区人民检察院办案和装备经费补助。

37. 认真落实从优待检政策，改善检察干警的工作和生活条件。切实落实党中央关于政法机关"吃皇粮"的决定，建立检察干警福利保障机制。商请财政部门将检察干警的福利和津贴列入财政预算。改革检察干警工资发放形式，保证干警的工资和岗位津贴等按时足额发放。逐步建立检察人员人身保险制度，在办案部门建立检察人员执行公务人身伤亡保险制度。

38. 加强机关后勤工作改革，分离检察机关的服务性、辅助性职能。改革机关行政、车辆、接待和食堂等后勤管理办法，成立机关服务中心，作为事业单位，逐步实行检察机关后勤服务社会化。从 2001 年开始，逐步探索实行检察机关辅助人员、后勤人员聘任制。

检察改革事关检察工作发展全局，各级人民检察院要深刻认识检察改革的必要性和紧迫性，加强领导，统一部署，精心组织，扎实工作，狠抓落实，有计划、分步骤实施，确保各项检察改革措施取得实效。

福建省人民检察院
关于检察人员与案件当事人及其委托人接触的六条禁止性规定

（2004 年 3 月 10 日）

为依法从严治检，严肃办案纪律，接受社会监督，防止检察人员发生违纪违法行为，特规定如下：

一、严禁私自会见案件当事人及其委托人；

二、严禁接受案件当事人及其委托人的说情，或向上述人员泄露案情、通风报信；

三、严禁为案件当事人及其委托人打探案情、疏通办案环节、提供案件信息；

四、严禁利用案件线索和案件信息向案件当事人及其委托人收受钱物，谋取利益；

五、严禁接受案件当事人及其委托人的宴请、钱物和提供的娱乐、消费活动；

六、严禁向发案单位或案件当事人及其委托人借用钱物、报销费用。

检察人员在不知情的情况下会见案件当事人及其委托人的，应当在 24 小时内作出书面报告。

检察人员违反上述规定的，一律停职，依照最高人民检察院《检察官纪律处分暂行规定》和有关规定，给予纪律处分；构成犯罪的，依法追究刑事责任。

对违反上述规定的行为，隐瞒不报、压案不查、包庇袒护的，一经发现，依据最高人民检察院《检察机关党风廉政建设责任制实施办法》的有关规定，追究所在单位主要领导和直接领导的责任。

本规定自发布之日起施行。

福建省人民检察院
关于为建设海峡西岸经济区服务的意见

（2004 年 5 月 27 日福建省人民检察院检察委员会第六次会议讨论通过）

为深入贯彻党的十六大、十六届三中全会和省委七届五次、六次全会精神，认真落实省委、省政府关于建设对外开放、协调发展、全面繁荣海峡西岸经济区的重大战略部署，现就检察机关充分发挥职能作用，为建设海峡西岸经济区服务提出如下意见：

一、统一执法思想，明确服务方向

第一条　建设对外开放、协调发展、全面繁荣的海峡西岸经济区，是省委、省政府学习贯彻"三个代表"重要思想和十届全国人大二次会议精神，推进福建发展新跨越的重大决策。各级检察机关必须坚持以科学的发展观为指导，进一步增强大局意识和责任意识，积极把检察工作融入改革发展稳定大局，找准检察工作与服务大局的结合点，综合运用检察职能，正确把握法律政策，既打击犯罪、惩治腐败，又维护稳定、促进发展，使之成为保障和促进发展的一个重要组成部分，成为发展的环境、发展的保证、发展的动力。

第二条　认真贯彻宪法关于国家发展非公有制经济的方针，牢固树立平等保护各类市场主体的观念，把依法保障国有企业改革发展与促进非公有制经济发展统一起来，依法保护国有、民营，内资、外资，当地、外地，大型、小型企业等各类市场主体的合法权益，为各类市场主体提供平等的司法保护和法律服务。牢固树立现代法治观念，坚决摒弃执法中存在的陈旧陋习和计划经济条件下形成的不合时宜的习惯和做法，切实端正执法思想，更新执法观念，改进执法方式，转变执法作风，提高执法水平，拓展服务领域，为建设海峡西岸经济区提供法律服务和法治保障。

二、依法打击犯罪，加大服务力度

第三条　检察机关是国家法律监督机关，服务建设海峡西岸经济区，必须紧紧围绕"强化法律监督，维护公平正义"主题，坚持加大工作力度，提高执法水平和办案质量的总体要求，全面正确履行法律监督职责，充分发挥打击、监督、预防、保护的职能作用，为建设海峡西岸经济区创造良好的法治环境。

第四条　认真贯彻省委关于构建大稳定格局、创建"平安福建"的部署要求，坚持把"严打"作为维护社会稳定的长期方针，依法严厉打击各种刑事犯罪活动，促进社会治安进一步好转。积极参与社会治安防控体系建设和矛盾纠纷排查调处工作，全面落实检察环节的各项综合治理措施。密切配合有关部门加大对企业周边环境的整治力度，严厉打击盗窃、哄抢、诈骗企业财产等刑事犯罪活动，维护社会治安秩序，为企业改革发展创造良好的治安环境。

第五条　加大对破坏市场经济秩序犯罪的打击力度，重点打击走私、制假售假、偷税骗税、骗汇、假冒商标、串通投标、非法经营、强迫交易、侵犯知识产权、侵犯商业秘密和非法转让、倒卖、征用、占用土地等经济犯罪活动，维护市场经济秩序，为促进市场经济发展创造公平竞争的法治环境。

第六条　积极办理非公有制企业内部的职务侵占、挪用资金等犯罪案件，维护企业内部管理秩序；及时办理针对企业经营者、投资者的绑架、抢劫、敲诈勒索和人身伤害等严重刑事犯罪案件，切实保障企业经营者和投资者的人身及财产安全。

第七条　坚决查办发生在国有企业中的贪污、贿赂、挪用公款、私分国有资产等犯罪案件，依法保障国有企业健康发展。要重点查办借国有企业改革之机，侵吞、私分、挪用国有资产的犯罪案件。特别要注意深入非正常亏损企业，发现犯罪线索，深挖企业"蛀虫"，积极追缴赃款赃物，防止国有资产流失。

第八条　严肃查处国家工作人员利用行使经济调节、市场监管、社会管理和公共服务等行政职能之便，贪赃枉法、索贿受贿等犯罪案件，维护企业经营者和投资者的正当利益。对国家机关工作人员滥用职权、玩忽职守、徇私舞弊造成企业生产停顿、交易中断、人身伤亡和财产重大损失的渎职犯罪案件，尤其是对负有监督、管理市场秩序职责的部门工作人员放纵犯罪分子制假售假、侵犯知识产权等严重扰乱市场经济秩序的犯罪案件，以及经营性土地使用权转让、建设工程、房地产开发、商品生产销售、物资采购、产权交易等领域和环节发生的渎职侵权犯罪案件，要坚决查处，依法惩治。

第九条 严肃查处国家机关工作人员利用职权实施的针对企业经营者和投资者的非法拘禁、刑讯逼供、报复陷害、非法搜查等侵权犯罪案件，维护企业经营者和投资者的人身权利和民主权利。

三、强化执法监督，拓展服务空间

第十条 积极开展立案监督工作。对于侵犯企业合法权益的刑事犯罪案件，有关部门应当立案而不立案的，要依法进行立案监督；对于滥用刑事侦查权、插手经济纠纷，不该立案而立案，侵犯企业合法权益的，也要依法进行监督；对于违法扣押、冻结、查封、强制划拨企业财产、资金和账号，滥收保证金的，要加大监督力度，依法予以纠正。构成渎职犯罪的，坚决依法查办。

第十一条 加强民事审判、行政诉讼监督。对企业经营者和投资者申诉的投资纠纷、合作纠纷、股份纠纷、知识产权纠纷和涉外民商事案件等民事行政案件，要优先办理；对判决、裁定确有错误的，要依法提出抗诉。特别要注意办理因行政干预和地方保护主义、贪赃枉法、徇私舞弊等行为导致裁判不公的案件，维护企业经营者和投资者的合法权益。

第十二条 加大对行政执法活动的监督力度。对工商、税务、质检、发展、规划、土地、建设、环保、城管、工程监理、卫生防疫等经济监管和行政执法部门，尤其是基层乡镇、街道所站的执法活动进行监督，加强对多头执法、随意执法和不规范执法，少征、不征税款，滥收、滥罚、强制摊派，以及扰商、卡商、坑商、损商等违法行为的监督，构成职务犯罪的，依法追究刑事责任，为企业生产经营创造良好的执法环境。

四、加强犯罪预防，拓宽服务渠道

第十三条 按照省委关于构建反腐倡廉长效机制的要求，立足检察职能，结合办案开展职务犯罪预防工作。通过查办具体案件，分析发案的主客观原因，总结经验教训，举一反三，有针对性地提出检察建议，积极帮助有关部门和企业完善各种规章制度，强化内部管理监督机制，有效减少和防范内部经济犯罪案件的发生。

第十四条 主动深入案件多发行业和部门，有针对性地开展行业预防和专项预防。认真研究犯罪多发行业产生犯罪的成因和规律，加强与这些行业主管部门及其党政组织的联系，共同做好行业预防。加强对重点项目、重点区域、重点对象和重大活动招商引资的预防监督，将预防监督的重点放在财会、采购、供销、招标等重点部位和环节，及时提出有针对性的建议和意见，帮助堵塞漏洞，健全完善管理制度。

第十五条　加强法制宣传教育，促进企业依法经营。充分发挥检察机关的优势，组成法制宣讲团或法制宣传组，采取上法制课、举办图片展览、播放录像片等多种形式，主动深入企业宣传法律知识，运用典型案例，以案释法，增强企业人员的法制观念和自律意识，促进企业依法生产、依法经营、依法管理、合法竞争。帮助企业解决在生产经营、签订合同等活动中遇到的法律问题，及时提供法律咨询和法律服务，增强法制宣传的效果。

五、把握法律政策，保证服务质量

第十六条　正确认识和处理打击与保护的关系。在执法办案中，自觉克服地方和部门保护主义，维护国家法制统一和法律权威。既要依法查办损害国家和企业利益的犯罪案件，又要注重保护各类市场经济主体的合法权益。

第十七条　正确认识和处理办案的法律效果和社会效果的关系。坚持把执行法律与执行政策有机地结合起来，既要坚持罪刑法定原则，严格执行国家的刑事法律，实现程序公正和实体公正，又要坚持以国家的刑事政策指导执法工作，实现办案的法律效果与社会效果的有机统一。

第十八条　正确区分罪与非罪的界限。要坚持"一要坚决，二要慎重，务必搞准"的原则，对于法律政策界限不明、罪与非罪不清的问题，要慎重处理；对一时难以定性的，要加强调查研究，及时请示报告，不急于立案和采取强制措施。特别要严格区分和正确处理"六个界限"：即，严格区分和正确处理经济纠纷与经济犯罪的界限；改革探索中出现失误与违法犯罪的界限；经济活动中的不正之风与违法犯罪的界限；执行和利用国家政策谋发展中出现偏差与钻改革空子实施犯罪的界限；合法的劳动收入、非劳动收入与违法所得的界限；企业中个人的经济犯罪与企业的违章操作的界限。要正确把握法律政策，依法惩治犯罪者，保护无辜者，支持改革者，挽救失足者，教育失误者。

六、改进执法方式，提高服务水平

第十九条　讲究工作方法，注重办案策略。要切实克服就案办案的倾向，注意保护企业优秀经营管理人才，维护企业声誉和名优产品信誉。对反映问题不确实的，要慎重对待；对决定立案侦查的案件，在保证办案质量的前提下，要快查快结，防止案件久拖不决。特别是在查办涉及侵犯企业下岗职工利益的犯罪案件时，要防止可能引发的群体性、突发性事件，主动配合有关部门做好教育疏导工作，缓解社会矛盾，化解不安定因素。

第二十条　改进执法方式，严格依法办案。加强执法规范化建设，积极探索检务督察机制，加强对自身执法活动的内部监督制约，防止受利益驱动办案和执法随意性。在办理涉及企业案件时，要注意选择办案的时机和方法，维护企业正常的生产经营秩序，做到"五个不轻易"：即不轻易传唤企业负责人，不轻易冻结企业账户，不轻易查封企业账册，不轻易扣押企业财产，不轻易开警车进企业办案。查办企业经营管理者或关键岗位工作人员犯罪案件，在采取强制措施前，要及时与企业主管部门通报情况，使企业正常生产经营活动不受影响。要注意办案的社会效果，不能因为办案时机选择不当，影响资金技术引进、合作项目洽谈等招商引资活动的正常进行。要严格办案程序，初查阶段不得随意查询当事人存款、汇款，确需查询的，要报设区市人民检察院许可后方可查询。

第二十一条　规范执法行为，严肃办案纪律。深入推进人民监督员制度试点工作，严格执行省人民检察院《关于检察人员与案件当事人及其委托人接触的六条禁止性规定》，加强对执法办案活动的监督。在查办涉及企业案件时，要做到"六个严禁"：即，严禁越权办案，插手经济纠纷；严禁利用办案到企业吃拿卡要；严禁借办案之机拉赞助；严禁占用企业的通讯、交通工具等财产；严禁在企业报销各种费用；严禁借口办案干预企业的正常生产经营活动。坚决摒弃一切束缚企业发展的不良做法和规定，使检察机关和全体检察人员真正成为企业发展的保护者、服务者和促进者。要严格执行各项办案纪律规定，对检察人员违反上述纪律，损害企业经营者和投资者合法权益的，必须依法依纪严肃处理。

七、转变执法作风，增强服务效果

第二十二条　加强和改进信访接待工作，完善便民投诉服务。积极开展"创文明行业，建满意窗口"活动，公开便民投诉电话和信访接待窗口，热情接待、妥善处理企业经营者和投资者的来信来访。凡涉及企业经营者和投资者的申诉，严格按照"首办责任制"要求，实行专人负责，依照法定管辖分工，优先办理，限期办结，及时反馈。

第二十三条　改进工作方式，完善便民职务犯罪举报服务。凡企业经营者和投资者对经济监管、行政执法、司法人员职务犯罪的举报，实行专人接待、专人审查、专人办理，依法快办快结，及时反馈答复；凡企业经营者和投资者的投诉，涉及检察人员违纪违法问题的，由检察机关的纪检监察部门统一受理、调查、审查和回复。

第二十四条　加强调查研究，积极探索服务的途径和措施。要通过召开座谈会、发放征求意见卡等形式，加强与企业及其主管部门的联系和沟通，深入调查了解企业改革发展的现状、遇到的问题，征求企业对检察工作的意见和建议，不断创新服务企业改革发展的新路子。要加强法律政策研究，及时总结推广各地为企业改革发展服务的成功经验，建立健全服务工作机制，完善各项规章制度，增强工作的预见性和服务的针对性。

八、加强组织领导，落实服务措施

第二十五条　加强政治和经济理论学习，努力提高服务水平。要紧紧围绕建设海峡西岸经济区的战略目标，组织检察人员认真学习社会主义市场经济知识，掌握相关法律法规，认识经济规律，贴近经济建设，不断增强服务的自觉性和有效性。认真研究构建"三条战略通道"、实施项目带动、发展县域经济、培育产业集群、提升民营经济等发展战略，给检察机关执法工作带来的新情况、新问题，不断拓宽服务途径，增强服务效果。

　　第二十六条　加强组织领导，落实服务措施。各级检察机关要把为建设海峡西岸经济区服务作为当前检察工作的重要任务，增强责任感和紧迫感，切实加强领导，周密组织部署，狠抓各项服务措施的落实。各地要结合实际，深入调查研究，立足检察职能，研究制定具体服务措施。省人民检察院和各设区市人民检察院要加强对服务建设海峡西岸经济区的领导，加强督促检查，确定职能部门和专门人员，具体负责与有关部门的联系，组织协调相关服务工作。

（二）省检察院工作报告

福建省人民检察院工作报告

（1998 年 1 月 11 日在福建省第九届人民代表大会第一次会议上）

福建省人民检察院检察长　郑义正

五年来，我省各级人民检察院在各级党委的领导和人大及其常委会的监督下，坚持以邓小平理论为指导，坚决贯彻"严格执法，狠抓办案"的工作方针，认真履行法律监督职责，全面推进各项检察工作向前发展。过去的五年，是我们坚持党的基本路线不动摇，紧紧围绕经济建设中心，服从、服务于党和国家工作大局，不断开创检察工作新局面的五年；是深入查办贪污贿赂、渎职等职务犯罪大案要案，依法严厉打击严重刑事犯罪，加大执法监督力度，各项检察工作都取得新进展的五年；是进一步加强检察队伍建设，检察干警的整体素质不断提高，检察机关的作用和影响不断增强和扩大的五年。

一、坚决查办贪污贿赂、渎职等职务犯罪大案要案，促进反腐败斗争的深入开展

1993 年党中央作出进一步加强党风廉政建设、深入开展反腐败斗争的重大决策后，我省各级检察机关坚决贯彻省委和最高人民检察院的部署，充分发挥检察职能作用，进一步加大办案力度，不断取得查办大案要案工作的阶段性成果。1993—1997 年，全省检察机关共立案侦查国家工作人员贪污、贿赂等职务犯罪案件 10610 件。其中，贪污案 2743 件，贿赂案 4070 件，挪用公款案 1388 件；立案侦查渎职、侵犯公民人身权利和民主权利等犯罪案件 2415 件。其中，徇私舞弊案 249 件，玩忽职守案 396 件，刑讯逼供案 36 件，非法拘禁案 665 件。通过办案，为国家和集体挽回直接经济损失 5.38 亿元。

（一）重点查办县处级以上领导干部犯罪要案。五年来，共立案侦查涉嫌犯罪的县处级以上领导干部 308 人，其中厅级干部 15 人。依法查办有影响的案件有：电力部闽江水电工程局原局长章椿宝、原党委书记乔延龄等 5 名厅级干部，15 名处级干部受贿窝案。漳州市原农委主任郭育祺受贿案。厦门市湖里区原区长叶水车受贿案。福州市马尾开发区原区长高依忠受贿案。宁化县原县长李家才受贿案等。检察机关依法查办这些身居要职、掌握实权的领导干部犯罪案件，影响大，震动大，效果好，充分表明我们党反腐倡廉的坚强决心和实际行动，维护了党和政府在人民群众中的威信和形象。

（二）集中查办数额特别巨大的犯罪案件。五年中查办的贪污、贿赂、挪用公款等经济犯罪案件的涉案总金额 15 亿元，平均案值 14 万元。立案侦查万元以上大案 8041 件，占立案总数的 75.8％；查办 10 万元以上的特大案 1235 件，内有百万元以上的 131 件。经

济犯罪案件数额越来越大，大案比例越来越高，这是近几年经济犯罪的一个明显特点。经济犯罪大案比例从 1993 年的 59.6％上升到 1997 年的 91.6％，平均年上升 8 个百分点。查办了省外贸中心集团矿化部一科原科长张建平贪污 274 万美元、64 万元人民币。厦门市财政局商财处原处长谢明挪用粮食专用款 6000 万元、受贿 40 万元等犯罪数额超千万元的特大案件。

（三）从严查办司法和行政执法人员犯罪案件。各级检察机关通过开展侦查监督、审判监督、执行监督以及其他法律监督工作，从执法不严、执法不公的现象中发现问题，立案查办构成贪污、贿赂、徇私舞弊等犯罪的司法和行政执法人员 998 人。五年来，相继查处了古田县原县委常委、政法委书记、公安局长谢忠受贿案。建阳监狱原党委书记田上满受贿案。省环保局原副局长林藏受贿案。龙岩地区烟草专卖局原局长简立桂受贿案等一批典型案件。

（四）坚决打击破坏重大改革措施实施的犯罪活动。各级检察机关密切关注社会主义市场经济体制的建立和发展，深入到金融、证券、房地产、土地批租出租、建筑工程发包承包等重点行业和领域，以及国有大中型企业，开展调查，发现线索，依法打击在经济体制转换过程中出现的新的犯罪。五年来，在这些行业和领域共查办贪污、贿赂等犯罪案件 3191 件，依据《公司法》的规定，查办侵占公司企业财产犯罪案件 151 件。其中，有建设银行福建省分行直属支行原行长陈伯良贪污案。工商银行石狮市支行原行长黄奕连受贿案。华厦证券公司厦门证券部原报盘员朱敏月挪用公款 1185 万元炒股案。厦门汽车股份有限公司原董事长黄培予贪污 924 万元案等。

（五）认真查办群众反映强烈的基层干部犯罪案件。近年来，一些地方县直机关、乡镇站所工作人员滥用职权，办事不公，贪污受贿，一些农村基层干部利用土地开发征用、公益金提留，贪污、挪用、挥霍公款，群众对此反映强烈。基层人民检察院针对这些突出问题，加强查案工作，依法立案侦查县直机关、乡镇站所工作人员涉嫌犯罪案件 2225 件，其中科级干部 605 人。立案查办乡镇农村基层干部涉嫌犯罪案件 1372 件，为改善党群关系、干群关系，巩固基层政权，维护稳定发挥了积极作用。

（六）进一步抓好举报工作。各级检察机关不断加大举报宣传力度，加快举报线索消化，健全保护举报人制度，使举报工作保持了持续发展的好势头。五年来，检察机关共受理举报国家工作人员贪污、贿赂、徇私舞弊等案件线索 36296 件，依法初查 22119 件，举报线索成案率和破案率逐年提高。同时，奖励举报有功人员 606 人。办案中，既依法惩处了一批严重腐败分子，又重视保障无罪的人不受刑事追究。通过对受理的案件线索进行初查和侦查，对有一定问题但不构成犯罪的，及时移送纪检监察部门处理；对受到诬告、错告和失实举报的，及时澄清事实，还无辜者以清白。严肃查处利用举报诬告陷害案件 12 件。

（七）积极开展预防犯罪工作。各级检察机关坚持标本兼治，结合办案抓预防，积极探索减少和预防职务犯罪的新路子。一是省人民检察院和部分市人民检察院设立了预防犯罪专门机构，配备了必要的力量，促进预防犯罪各项工作的落实；二是注意研究分析犯罪个案、类案和不同行业的发案情况、特点和规律，在有针对性地采取办案措施的同时，积极向党委和有关部门提出预防犯罪的对策、建议，帮助发案单位堵漏建制；三是把个案预防和行业预防、重点预防和普遍预防结合起来，与有关部门密切配合，综合运用法律的、纪律的、行政的、经济的手段，共同采取措施，协力预防犯罪；四是通过新闻宣传、举办展览、开座谈会、讲法制课等多种形式，加强法制宣传教育，增强国家工作人员的法制观念和拒腐防变能力。我们举办了全省检察机关惩治贪污贿赂犯罪展览，并组织到各地市巡展，参观人数达 30 万人次，在社会各界产生了很好的反响。

二、依法严厉打击严重刑事犯罪活动，努力维护政治稳定和社会安定

各级检察机关坚持把维护稳定作为检察机关把握党和国家工作大局的首要着眼点和基本要求，作为一项长期的重大政治任务来抓，与公安、法院、司法行政等部门密切协作，严厉打击严重刑事犯罪活动。五年来，共受理公安、国家安全机关提请批准逮捕案件 59941 件 107896 人，经审查批准逮捕 56879 件 100889 人；受理移送起诉案件 59765 件 99786 人，经审查提起公诉 57018 件 93558 人。

（一）重点打击严重危害社会治安的刑事犯罪。对恶性暴力犯罪、流窜犯罪、涉枪犯罪、涉及毒品的犯罪、团伙犯罪和带黑社会性质的犯罪集团、流氓恶势力，坚决贯彻依法从重从快方针，坚持"基本事实清楚，基本证据确凿"的原则坚持介入侦查制度，依法快捕快诉。五年来，共批捕上述犯罪嫌疑人 33050 人，提起公诉 32235 人。

（二）积极参加"严打"集中统一行动和各种专项斗争。1996 年，省人民检察院坚决贯彻党中央的重大决策，根据省委和最高人民检察院的部署，按照"破大案、抓逃犯、打团伙"的要求，积极主动投入"严打"集中统一行动，制定了检察机关依法快捕快诉犯罪嫌疑人的 10 条规定，各级检察机关及时批捕、起诉了一大批严重刑事犯罪分子，从检察环节上保证了"严打"集中统一行动的声威和效果。五年来，全省检察机关积极参加"扫黄打非"集中行动，配合有关部门严厉打击走私、制作、贩卖、传播淫秽物品、赌博、卖淫嫖娼等违法犯罪活动，共批捕上述犯罪案件 767 件 1121 人，起诉 746 件 1035 人；参加围歼车匪路霸专项斗争，共批捕重大抢劫犯罪嫌疑人 12219 人，提起公诉 11437 人。通过参加专项斗争和参与重点地区、场所和路段的重点整治，促进了这些地方社会治安秩序的好转。

（三）坚决打击经济领域的犯罪活动。加强对走私、金融诈骗、偷税、抗税、骗税、

虚开增值税发票、假冒商标、制售伪劣产品和坑农害农等严重破坏社会主义市场经济秩序犯罪的审查批准逮捕、审查起诉工作。在刑事诉讼法修改之前，检察机关依法立案查办了偷税、抗税、骗取国家出口退税款、假冒商标、生产销售伪劣产品、非法出售增值税发票等犯罪案件1583件1751人，认真查办了一批走私、金融诈骗犯罪案件，促进了社会主义市场经济的健康发展。

（四）认真落实检察环节的各项社会治安综合治理措施。各级检察机关在各地党委的统一领导下，协助政府，配合有关部门，抓好基层基础工作，开展法制宣传教育，发动群众，群防群治；认真分析"严打"中暴露出来的问题，推动有关部门建章立制，完善防范机制；加强对劳改劳教人员教育改造工作的监督，配合有关部门抓好对监外执行罪犯、所外执行劳教人员的考察；做好未成年人犯罪的预防工作，减少和防止未成年人的犯罪；认真受理和接待群众来信来访，为民护法解难，及时化解矛盾，消除不安定因素；正确处理人民内部矛盾，在维护稳定中发挥了职能作用。

三、大力加强执法监督工作，促进严格执法，维护司法公正和法律尊严

各级检察机关认真履行法律监督职责，针对一些地方存在的有法不依、执法不严、违法不究，以及少数司法人员和行政执法人员徇私舞弊、滥用职权等突出问题，以维护国家法律统一正确实施为目标，以办案为主要手段，不断强化执法监督工作。

（一）加强侦查监督，纠正有罪不究、以罚代刑等问题。突出抓好刑事案件立案监督工作，在刑事诉讼法修改之前，依法直接立案查办有关机关该立案不立案的重大刑事案件71件，追究了90名犯罪分子的刑事责任。在修改后的《刑事诉讼法》实施后，共要求公安机关说明不立案理由136件，发出立案通知书45件，公安机关已立案96件。五年来，检察机关对侦查活动中的违法情况提出纠正意见2930次。在审查批准逮捕和审查起诉工作中，注意发现遗罪漏犯，共依法追捕1414人，追诉215人。同时，重视保护犯罪嫌疑人、被告人和其他当事人的合法权益，对7153人作出了不批准逮捕决定，对996人作出不起诉决定。

（二）加强审判监督，纠正重罪轻判、轻罪重判、有罪判无罪等问题。五年来，检察机关对审判活动中的违法情况提出纠正意见348件次。加强抗诉工作，按照上诉程序提出抗诉308件，按照审判监督程序提出抗诉85件，人民法院已审结99件，改判61件。对11起判处死刑缓期执行或无期徒刑的刑事案件提出抗诉后，人民法院改判死刑，立即执行。省人民检察院提请最高人民检察院抗诉的10起案件中已有5起得到改判。

（三）加强监所检察，纠正不按法律规定交付执行和违法办理减刑、假释、保外就医以及超期羁押等问题。五年来，检察机关对监狱、看守所和劳教所执法活动中的违法情况提出纠正意见5855件次。依法查办监管人员徇私舞弊、贪污、受贿、私放罪犯、体罚虐

待被监管人和玩忽职守等犯罪案件 114 件 126 人。配合监管改造部门打击反改造分子和"牢头狱霸"，起诉重新犯罪的劳改犯和在劳教期间犯罪的劳教人员 600 件 730 人。按照修改后刑事诉讼法的要求，注意抓住执法中出现的突出问题，认真监督有关部门纠正刑拘超期限等不严格执法问题。

（四）加强民事行政检察。五年来，共受理民事、行政申诉案件 4249 件，立案审查 1516 件，提出抗诉 621 件，发出检察建议 209 件。法院再审审结 243 件，改判 145 件。依法查办审判人员在民事行政审判活动中索贿受贿、徇私舞弊等犯罪案件 28 件。同时，对裁判正确的申诉案件，认真做好息诉工作。

（五）加强内部制约，重点抓好对检察机关直接立案侦查工作的监督和制约。加强上级人民检察院对下级人民检察院的领导，不断完善检察机关内部业务的监督和制约机制，建立健全侦查工作与审查逮捕、审查起诉、申诉复查工作分开的内部制约制度。坚持实事求是，有错必纠的原则，认真做好申诉案件的复查工作，共复查刑事申诉案件 733 件，依法纠正错案 207 件。完善和落实办案责任制、错案追究制和刑事赔偿制，开展了对自侦部门查办案件的跟踪监督。

四、坚持依法建院、从严治检，全面加强检察队伍自身建设

各级检察机关切实把加强队伍自身建设作为事关检察工作全局的大事来抓，采取了一系列积极措施，努力提高检察队伍的整体素质。

（一）着力抓好思想政治建设。这是检察队伍建设的首要任务。坚持用邓小平理论武装全体检察干警的头脑，认真学习贯彻党的十四大、十五大精神和江泽民同志关于干部队伍建设的重要讲话，领会精神实质，明确政治方向，增强检察工作为大局服务的自觉性。进一步抓好理想信念教育、全心全意为人民服务宗旨教育、艰苦奋斗教育、职业道德教育，重点解决好在建立社会主义市场经济体制条件下的世界观、人生观、价值观的问题，在全系统努力营造讲学习、讲政治、讲正气的良好风气，不断增强贯彻执行党的基本路线的自觉性和坚定性。

（二）切实加强领导班子建设。各级人民检察院领导班子认真贯彻民主集中制原则，在重大决策、重大问题、重要案件和干部任免等方面坚持集体领导，自觉接受监督，不断增强凝聚力和战斗力。抓好领导干部勤政廉政工作，对照廉洁自律各项规定，认真自查自纠，建立和完善党组民主生活会制度、党组中心组学习制度以及领导干部届中考察、个人及家庭重要事项报告、收入申报等制度，促进领导班子核心和表率作用的进一步发挥。抓住基层人民检察院换届和检察长易地交流的有利时机，积极配合党委，调整、充实、配齐、配强基层人民检察院领导班子，一批政治合格、作风过硬、执法严明、年富力强的优秀中青年干部走上了领导岗位。同时，先后确立后备干部 266 名。几年来，先后有 156 名

干部分期分批有重点地下派到县区人民检察院和乡镇挂职锻炼，在实践中增长才干。每年对招进的大学生、研究生，我们坚持先下到基层人民检察院锻炼两年的制度。

（三）严格依法管理检察队伍。按照检察官法的要求，认真执行检察人员录用、考核、考试、培训、奖惩、任免等制度，进一步完善各项工作制度。加强干部教育培训，五年来举办检察长岗位培训班、检察长理论研讨班、军队转业干部岗前培训班以及各类业务培训班110期，培训各级检察长和业务骨干6039人次。有1940名检察干警参加检察专业证书培训和初任检察官考试。通过多种渠道，从在职干部中培养了一批法律本科生、研究生。刑事诉讼法修改和刑法修订后，认真组织学习培训，对全体检察干警进行了普遍轮训。

（四）大力加强检察机关精神文明建设。制定了《关于加强我省检察机关精神文明建设的实施意见》。结合检察职业特点和队伍建设的实际，在全系统广泛开展了"敬检爱岗为民树形象"、"争创先进人民检察院，争当优秀检察官"、学习"漳州110"等活动。大力宣传检察队伍中涌现出来的先进人物和先进事迹，树立了被最高人民检察院授予全国"模范人民检察院"称号的漳浦县人民检察院，授予全国"模范检察干部"称号的福州市晋安区人民检察院检察长黄贤光、厦门市人民检察院反贪污贿赂局局长黄捍东、政和县人民检察院控告申诉检察科科长邱德松及荣获第二届全国"十大杰出检察官"称号的泉州市人民检察院主检法医师刘锡杰等一批先进典型，弘扬正气。五年来，各级人民检察院共有7688人次被县以上党委、政府评为先进个人，有377个集体和323名个人受到省人民检察院和高检院的表彰、记功。

（五）狠抓检察队伍廉政建设。深入开展自身反腐败工作，从讲政治的高度，认真抓好《中国共产党党员领导干部廉洁从政若干准则（试行）》和中央《关于党政机关厉行节约制止奢侈浪费行为的若干规定》的贯彻落实。针对检察队伍和工作中存在的突出问题，先后开展了以依法办案、文明办案、安全办案为主要内容的专项教育整顿，以解决少数检察干警在办案中违法违纪、作风简单粗暴等问题为主要内容的思想纪律作风整顿，以清除检察工作中的地方和部门保护主义，严禁刑讯逼供、非法拘禁为主题的专项治理活动，严肃自查自纠，广泛听取意见，自觉接受监督，认真及时整改。对检察干警违法违纪问题，严肃查处，绝不袒护，五年来，查办违法违纪检察干警中移送司法机关追究刑事责任的有17件21人。

在各级党委、人大常委会、人民政府的重视、关心和支持下，大多数地方检察机关办公条件、办案装备、通讯设施、交通工具等得到了较大的改善。

五、自觉接受人大及其常委会的监督，正确履行检察职能

人大及其常委会监督人民检察院的工作是宪法的规定，也是检察机关正确有效地履行法律监督职能的重要保障。五年来，我省各级检察机关认真执行《福建省检察机关接受人

民代表大会及其常务委员会监督若干问题的规定》，不断增强自觉接受人大及其常委会监督的意识，牢固树立尊重国家权力机关和人大代表的观念，自觉地把检察工作置于国家权力机关的监督之下。

（一）进一步建立健全向人大及其常委会报告制度。通过多年的实践，我们逐步建立完善了全面工作定期报告，主要工作专题报告，人事任免事先报告，重大案件及时报告，交办案件优先查报，重大活动主动邀请指导等行之有效的制度。各级人民检察院在人大会议期间，依法向同级人民代表大会报告工作，接受对工作报告的审议，充分尊重审议意见。在人大会议闭会期间，主动及时向同级人大常委会报告检察机关的重要工作部署、查办大案要案情况、队伍建设情况以及工作中遇到的重要问题，听取人大常委会的指示、意见，认真抓好贯彻落实。每年全国检察长会议后，省人民检察院都及时将会议的主要精神及省人民检察院的贯彻意见向省人大常委会报告，省人大常委会领导都作了重要批示。去年底，袁启彤主任在全省检察长工作会议上作了重要讲话，对我们部署、开展工作起了重要的指导和推动作用。我们还就惩治贪污贿赂犯罪、查办大案要案、查办徇私舞弊犯罪等情况向省人大常委会、主任办公会作了专题报告，得到了省人大常委会的肯定。各级人民检察院都主动向同级人大常委会报告了高检院、省人民检察院的工作部署和贯彻意见，积极争取同级人大对检察工作的重视、支持和监督。

（二）坚决执行人大及其常委会的决议、决定。对人大及其常委会的有关决议、决定，各级检察机关坚决贯彻，认真落实，毫不含糊。对人大常委会组织的执法检查、专题评议等活动，检察机关高度重视，精心组织，扎实进行，对评议中提出的问题认真对待，采取措施，积极改进。去年省人大常委会组织清除地方和部门保护主义，严禁刑讯逼供、非法拘禁专题评议，省人民检察院和各级人民检察院领导认识明确，态度坚决，切实把这项工作作为从严治检，加强队伍建设，保障严格执法的重要工作来抓，普遍成立了专项治理活动领导小组，制定了具体工作方案，紧紧围绕七个方面问题进行重点查纠。为了保证专项治理活动扎实有效地进行，省人民检察院根据进展的情况，先后5次下发了通知并召开了全省检察机关电视电话会议进行动员部署。先后两次由正副检察长带队，组织11个检查组到9个地、市对61个县（市、区）人民检察院进行重点抽查，加强督促检查。针对专项治理活动中发现的问题，认真总结经验教训，进一步重申、强调有关规定和要求，建立和完善了各项规章制度。省人民检察院就开展专项治理活动的情况两次向省人大常委会作了专题报告，得到省人大常委会的肯定。评议活动结束后，根据省人大常委会的评议意见，及时下发《关于继续做好清除地方和部门保护主义，严禁刑讯逼供、非法拘禁工作的意见》，促进这项工作深入持久地进行。

（三）认真办理人大常委会交办事项和人大代表意见。我们始终把这项工作作为接受人大监督，转变机关作风的一项重要措施来抓。每年省人大会议期间，省人民检察院都组织正副检察长、检察委员会委员及处长、检察员分别到各代表团听取和收集代表对人民检察院工作报告的审议意见。大会闭幕后即召开检察长办公会议，认真研究代表提出的批评、意见和建议，制定改进工作的措施。对代表们提出的具体案件和事项，检察长逐件审阅，一一批办，列入专项督查，各承办单位专人负责，认真办理，及时反馈。五年来，对全国人大、省人大交办事项，转办人大代表意见、建议、批评的来信86件，已全部办结。人大会议期间人大代表口头、书面反映的问题和案件，也已办结，并以书面形式逐一向有关代表反馈。同时，各级人民检察院采取邀请视察、评议、座谈等多种形式，加强与人大代表联系，通报工作情况，听取意见、建议。许多人民检察院还建立了人大代表名册和联系代表制度，把与人大代表的联系活动列入工作计划，具体安排，落到实处。

　　回顾五年来的工作，我们的主要体会：一是坚持以邓小平理论为指导，用邓小平理论武装检察干警的头脑，牢固树立邓小平理论在思想上和工作中的指导地位，把握检察工作的根本方向。二是坚持以经济建设为中心，围绕大局开展检察工作，充分发挥检察职能，为经济建设创造良好的社会环境和法制环境。三是坚持"严格执法，狠抓办案"的工作方针，突出抓好查办贪污贿赂、渎职等职务犯罪大案要案，打击严重刑事犯罪活动和执法监督三项重点工作，以此带动和促进其他各项检察工作的全面发展。四是坚持为了群众，相信群众，发动群众，依靠群众的优良传统，走群众路线，把专门工作与群众路线紧密地结合起来。五是坚持解放思想，实事求是，始终密切关注重大改革措施的运行，紧紧围绕检察工作的重点、难点和薄弱环节，大力开展调查研究，掌握检察工作的主动权。六是坚持"依法建院，从严治检"的队伍建设方针，一手抓业务，一手抓队伍，做到严格教育，严格管理，严格监督，严肃执纪。七是坚持党的领导，加强党内请示报告制度，保障在党的领导下依法独立行使检察权；自觉接受人大及其常委会和社会各方面的监督，聘请民主党派人士担任特约检察员，加强对检察工作的民主监督。

　　五年来，我省检察工作稳步发展，取得了明显成绩。这是在各级党委的正确领导，各级人大和人民群众的有力监督，各级政府、政协、纪委的大力支持下取得的，是全省检察干警上下一心，顽强拼搏，开拓进取，艰苦奋斗的结果。我们也清醒地看到工作中还存在许多缺点和问题。主要是：对深化改革，加快发展过程中的一些新情况、新问题研究不够深入，工作还不能完全适应新形势的需要；检察队伍整体素质和执法水平有待提高，一些地方在办案中遇有地方和部门保护主义影响时，缺乏依法独立行使检察权的勇气，少数人民检察院领导干部不敢排除干扰、阻力，存在执法不严的问题，少数干警不依法办事、不文明办案、违法违纪的现象仍有发生；办案力量不足，经费紧缺，技术装备、物质保障落后等。省人民检察院在指导工作中有时还不够及时、有力，对一些重要案件的查办和制度措施的贯彻落实检查督促不够。这些问题，我们一定要高度重视，上下共同努力，扎扎实实地工作，下大力气加以解决。

各位代表：党的十五大站在世纪之交的历史高度，动员全党、全国各族人民高举邓小平理论伟大旗帜，把建设有中国特色社会主义伟大事业全面推向二十一世纪。十五大精神的贯彻落实，必将推动改革进入一个新的阶段，给社会主义现代化建设带来一个新的高潮。检察机关一定要深入学习十五大精神，认真贯彻十五大精神，坚决落实十五大精神，做好各项检察工作，为改革开放和经济建设服务。我们要求全省各级检察机关务必高举邓小平理论伟大旗帜，坚持党的基本路线和基本纲领；务必用社会主义初级阶段理论观察、分析和处理问题；务必坚定信念，保持良好的精神状态和旺盛的工作斗志；务必把检察工作置于大局之中，脚踏实地，真抓实干，抓出成效；务必努力建设高素质、专业化的检察队伍，充分发挥检察职能作用。

今后一个时期我省检察工作的基本思路是：遵循一个指导思想，坚持"两个方针"两手抓，抓好三项重点工作，正确行使四项职权，执法思想五个统一，切实把握六个问题，妥善处理七个关系。高举邓小平理论伟大旗帜，认真贯彻党的十五大精神，全面发展检察事业，促进依法治省，这是我们的指导思想。坚持"严格执法，狠抓办案，加强监督"的检察工作方针，坚持"依法建院，从严治检，强化素质"的队伍建设方针，一手抓业务，一手抓队伍，两手抓，两手都要硬。抓好查办贪污贿赂、渎职等职务犯罪大案要案，打击严重刑事犯罪和执法监督三项重点工作，推进检察工作全面发展。正确行使对国家工作人员职务犯罪的侦查权，批准逮捕和决定逮捕权，公诉权，司法监督权四项职权。把执法思想统一到邓小平理论和党的十五大精神上来，统一到党和国家的工作大局上来，统一到依法治国的基本方略上来，统一到维护宪法和法律的统一正确实施上来，统一到全心全意为人民服务的根本宗旨上来。在工作中要切实把握好六个问题：既要深入查办贪污贿赂犯罪案件，又要加大查办渎职、"侵权"犯罪案件的力度；既要坚决打击危害社会治安的刑事犯罪，也要依法打击危害社会主义市场经济秩序的犯罪和破坏改革的新的犯罪；既要坚持严厉打击犯罪，又要加强预防工作；既要严格执行刑法等实体法，又要严格执行刑事诉讼法等程序法；既要惩治犯罪，又要保护公民的合法权益；既要加强刑事法律监督，又要加强民事行政法律监督。妥善处理检察工作与经济建设的关系；解放思想与强化职能的关系；坚持"三个有利于"与严格依法办事的关系；打击与保护的关系；政策与法律的关系；打击犯罪与预防犯罪的关系；服从党的领导与依法独立行使检察权的关系。

各位代表：全省各级人民检察院和全体检察干警决心高举邓小平理论伟大旗帜，在党的十五大精神的指引下，在各级党委的领导和人大及其常委会的监督下，认真贯彻落实省九届人大一次会议的决议，严格执法，狠抓办案，加强监督，全面履行法律监督职责，为依法治省，建设社会主义法治国家，为加快福建的改革开放和现代化建设，推进新一轮创业做出新的贡献。

福建省人民检察院工作报告

（2002 年 1 月 26 日在福建省第九届人民代表大会第五次会议上）

福建省人民检察院检察长　鲍绍坤

2001 年，全省各级检察机关以"三个代表"重要思想为指导，深入学习贯彻江泽民总书记"七一"重要讲话和党的十五届五中、六中全会精神，认真执行省九届人大四次会议决议，以强化监督、公正执法为主题，积极履行检察职能，全力投入"严打"整治斗争，加大查办和预防职务犯罪力度，进一步强化诉讼监督，继续深化检察改革，大力加强检察队伍建设，检察工作在服务大局中稳步推进，取得了新的进展。

一、全力以赴投入"严打"整治斗争，维护社会稳定和市场经济秩序

全省检察机关坚决贯彻中央关于开展"严打"斗争、整顿和规范市场经济秩序的重大决策和省委的工作部署，加强领导，精心组织，与有关部门通力协作，迅速掀起"严打"整治斗争的高潮。全年共批准逮捕刑事犯罪嫌疑人 31160 人，提起公诉 29960 人，同比分别上升 11％和 10.7％。其中 4 月"严打"集中行动以来，批准逮捕刑事犯罪嫌疑人 25406 人，提起公诉 24422 人。

这次"严打"整治斗争是在实施依法治国、依法治省新形势下进行的。各级检察机关把贯彻从重从快方针与严格执法有机统一起来，充分发挥法律监督职能作用，依法严厉打击严重刑事犯罪。一是始终把打击锋芒对准黑恶势力、严重暴力犯罪和盗窃、抢夺等多发性犯罪三类重点案件，确保打击力度。积极配合有关部门持续不断地开展"打黑除恶"、治爆缉枪、反走私、打假、查禁"六合彩"等专项斗争，对重点案件实行挂牌督办，狠狠打击了犯罪分子的嚣张气焰。4 月以来，共批捕三类重点案件犯罪嫌疑人 13319 人，起诉 12949 人。批捕制售假冒伪劣商品、走私贩私、制贩假币、偷税骗税等破坏市场经济秩序犯罪嫌疑人 1113 人，起诉 894 人。省人民检察院挂牌督办 4 批 53 件黑恶犯罪案件和破坏市场经济秩序犯罪案件，现已批捕 458 人，起诉 323 人。配合法院依法重判了一批首要分子，有力地震慑了犯罪。二是改进审查批捕、起诉方式，提高办案质量和效率。坚持"稳、准、狠"和"两个基本"原则，对公安机关移送的案件，只要基本事实清楚，基本证据确凿，就依法快捕快诉，不在检察环节贻误战机。及时介入重大案件侦查活动，引导公安机关侦查取证。4 月以来，检察机关对重大案件共介入侦查 1588 件，参加讨论 923 件，参与勘察现场 422 件，加快办案节奏，提高了办案效率。坚持实体法与程序法并重，

认真把好审查批捕、起诉关，保证办案质量和效果。三是密切与公安、法院等部门的协同配合，增强打击合力。建立与公安、法院联席会议制度，定期互通情况，共同研究解决执法工作中遇到的问题。省人民检察院与省法院、省公安厅联合下发了有关"严打"整治工作的七个文件，统一和规范执法行为。四是加强督促指导，推动工作开展。实行领导包片责任制，省、市两级人民检察院都派出工作组，到各地督促检查，及时掌握工作进展情况，指导基层人民检察院正确适用法律。这些措施，既落实"严打"要求，又保证办案质量；既体现打击声威，又防止出现大抓大放，推动了斗争健康深入发展。

各级检察机关坚持以"严打"促整治，以综合治理巩固"严打"成果。积极参与对治安混乱地区和突出治安问题的集中整治；配合有关部门做好对刑满释放、解除劳教人员、未成年人犯的管理帮教工作；广泛开展争创优秀"青少年维权岗"活动，加强对青少年和在校学生的预防犯罪教育；深入街道、社区、农村和厂矿、企事业单位开展法制宣传教育，发动群众，群防群治；开展检察长接待日、举报宣传周、下基层巡回接访等活动，参与排查调处矛盾纠纷，消除不安定因素。全年各级院检察长共接待来访群众11347人次，批办信访件3605件，已办结反馈3156件，一批集体访和告急访得到依法及时处理。

二、加大查办和预防职务犯罪力度，推动反腐败斗争不断深入

全省检察机关根据中央、省委关于深入开展反腐败斗争的部署，在认真做好厦门特大走私案分流案件后续工作的同时，不断加大办案力度，查办职务犯罪工作保持了较好的势头。全年共立案侦查贪污贿赂、渎职等职务犯罪案件1264件，其中贪污贿赂等犯罪10万元以上288件，内有百万元以上31件，处级干部48人，厅级干部5人。现已侦查终结1235件，通过办案为国家挽回直接经济损失9341万元。

深挖黑恶势力的后台和"保护伞"，是推进"严打"整治斗争深入的关键，也是查办职务犯罪工作的重点。各级检察机关注意分析黑恶势力形成的原因，对包庇、纵容黑恶势力的国家工作人员坚决依法查处。共立案侦查与刑事犯罪、破坏市场经济秩序犯罪相交织的职务犯罪案件112件，涉及党政干部9人，司法人员57人，行政执法人员41人。闽侯县以林秋文为首的黑社会性质组织，把持村基层组织，暴力垄断砂石市场，横行乡里，称霸一方。检察机关立案侦查与之有牵连的党政、公安、土地、税务等部门工作人员16人，现已侦查终结并移送起诉。顺昌县以徐捷为首的黑社会性质组织，纠集一批刑满释放、解除劳教人员，公然打、砸、抢，聚赌放贷，严重危害当地治安。检察机关从中立案侦查包括县委副书记兼政法委书记和3名公安局正副局长在内的22名国家工作人员，现已侦查终结并移送起诉。泉州、莆田等地检察机关也从地方恶势力犯罪案件中，依法查办了一批职务犯罪案件，在社会上产生了强烈反响。

各级检察机关密切关注市场经济条件下职务犯罪的新变化，加强了对国家机关工作人

员滥用职权、徇私舞弊等渎职犯罪的查处工作，共立案侦查渎职犯罪案件 188 件，同比上升 20.5%，其中重特大案件 57 件。针对深化国有企业、金融、粮食流通体制改革过程中职务犯罪出现的新动向，加大了对破坏改革实施的职务犯罪的查办力度，共立案侦查上述部门工作人员贪污、贿赂、私分国有资产等职务犯罪案件 325 件。抓住农村基层组织工作人员利用土地开发、库区建设、移民安置、防汛救灾之机中饱私囊等突出问题，立案查办这类案件 180 件。在查办受贿案件的同时，加大了对行贿犯罪的打击力度，共立案侦查行贿犯罪嫌疑人 97 人，同比上升 61.7%。针对近年来职务犯罪嫌疑人携款潜逃增多的情况，根据高检院的统一部署，组织开展了追逃专项行动，共抓获和敦促 128 名在逃职务犯罪嫌疑人归案，占历年在逃总人数的 51.2%，一批逃匿多年的大案要案犯罪嫌疑人落入法网。

坚持标本兼治、加大治本力度，积极推进预防职务犯罪工作。在继续坚持个案预防、警示预防、专项预防等行之有效措施的基础上，去年突出抓了重点行业的系统预防；先后与海关、金融、工商、税务、经贸、建筑、医药卫生等部门联合制定工作方案，联手开展行业系统预防，努力遏制职务犯罪多发势头。一些地方积极拓展新的预防方式。龙岩、漳州等地检察机关建立预防职务犯罪教育基地，把警示教育纳入干部培训的重要内容。厦门市人民检察院提出预防职务犯罪的立法建议，已列入市人大常委会立法议程。许多地方建立了党委统一领导、有关部门参与、检察机关发挥职能作用的预防职务犯罪工作机构，社会化预防网络初步形成。

三、进一步强化诉讼监督，维护司法公正和法律统一正确实施

全省检察机关在"严打"整治斗争中，进一步强化和推进诉讼监督，突出抓好四个方面的工作：一是加大了对有案不立、有罪不究、以罚代刑等打击不力问题的监督力度。共要求公安机关说明不立案理由 858 件，通知立案 93 件，公安机关已立案 560 件；决定追捕 441 人，追诉 211 人；提出刑事抗诉 197 件；纠正违法减刑、假释、暂予监外执行 70 人次，纠正违反规定不及时交付执行刑罚 76 人次。三明、莆田等地检察机关针对打假中以罚代刑的突出问题开展专项立案监督，一批涉假犯罪分子受到法律的追究。龙岩市人民检察院审查发现省人民检察院挂牌督办的蒋永龙、胡武龙流氓恶势力团伙案件存在漏侦、漏诉、漏判等问题，两名主犯一审仅被分别判处有期徒刑一年九个月、六年六个月，市人民检察院依法提出抗诉，市中级人民法院发回重审。经公安机关补充侦查，市人民检察院提起公诉，并追诉被告人 5 名、追加遗漏罪名 3 个和其他犯罪事实 4 起，市中级人民法院一审对两名主犯分别判处无期徒刑和有期徒刑二十年。二是加大了对违反法定程序、超期羁押等侵犯公民合法权益问题的监督力度。依法对超期羁押提出纠正意见 4558 人次；对侦查、审判和刑罚执行活动中的各类违法情况提出纠正意见 369 件次。三是加

大了对民事审判和行政诉讼活动的监督力度。认真受理民事行政申诉案件，经审查提出抗诉311件，法院再审改判、调解、发回重审203件。对裁判正确的，及时做好息诉工作，维护司法公正和司法权威。四是加大了对检察机关自身执法活动的监督力度。共办理不服检察机关处理决定的刑事申诉案件439件，立案复查128件，对确有错误的20件予以纠正。立案审查刑事赔偿案件16件，决定赔偿5件。五是坚持把办案作为强化诉讼监督的重要手段，依法查办执法不公背后隐藏的司法腐败问题。一年来，共查办司法人员滥用职权、徇私舞弊、枉法裁判犯罪案件76件。中央电视台《焦点访谈》曝光的福州市财委干部郑依清执法被害案，案情复杂，社会影响较大。在省委重视下，省人民检察院针对该案处理过程中的反常现象，组织精干力量深入侦查，迅速侦破了这起典型的司法腐败案件，对涉嫌徇私枉法、受贿犯罪的6名党政领导干部、政法干警已侦查终结，移送审查起诉。

四、继续深化检察改革，为检察工作发展注入新的生机和活力

全省检察机关认真落实《福建省检察改革三年实施方案》，努力推动机制创新，对确保公正高效行使检察权起到了积极的推动作用。检察业务改革向纵深发展，推进侦查改革，省、市两级人民检察院成立了侦查指挥中心，初步建立了侦查指挥、协作机制，增强了突破大案要案的整体效能。推进侦查监督改革，积极开展主办检察官办案责任制试点，改革审查逮捕方式，初步形成了适时介入侦查、引导侦查取证、强化侦查监督的良性机制。推进公诉改革，进一步健全主诉检察官办案责任制，建立和完善工作规程、监督制约和考评制度。规范适用简易程序，探索普通程序简化审理、庭前证据开示试点，提高了诉讼效率。进一步拓宽检务公开的内容和形式，推行民事行政抗诉案件、不起诉案件、刑事申诉案件公开审查制度，检务公开逐步向各项检察工作全面延伸。

机构和干部人事制度改革进展顺利。省人民检察院机构改革已报经省委批准，正在抓紧实施。市、县两级人民检察院机构改革工作正在抓紧准备。通过机构改革，努力实现精简统一机构、调整规范职能、优化人员结构、缩简编制10％的要求。全省96个人民检察院已有86个人民检察院推行竞争上岗，有77个人民检察院推行双向选择。一些地方扩大竞争上岗的范围，从中层干部向基层人民检察院副检察长等领导职务延伸。有的人民检察院把竞争激励机制引入法律职务晋升，打破了论资排辈，促进了新型选人用人机制的形成。

科技强检迈出新的步伐。建成了全省检察机关计算机远程通信网。省人民检察院与高检院语音、数据、视频一级专线网已经开通，省、市两级人民检察院二级专线网正在抓紧建设。全省有15个人民检察院开通了举报电话自动受理系统。不少地方配置了预审监控设施，多媒体示证系统逐步推广，检察工作的科技含量进一步提高。

五、深入开展集中教育整顿，大力加强基层人民检察院建设，努力提高检察队伍的整体素质

全省检察机关认真贯彻中央和省委关于加强政法队伍建设的指示精神，按照高检院的部署，以学习实践"三个代表"重要思想为主线，在全系统开展了以解决执法突出问题为主要内容的集中教育整顿，推动检察队伍建设不断深入。一是广泛开展"公正执法大讨论"活动，组织干警认真学习江泽民总书记"七一"重要讲话和十五届六中全会精神，把公正执法作为检察机关实践"三个代表"的重要内容，大力加强理想信念教育、宗旨教育、职业道德教育、纪律作风教育，进一步增强了公正执法观念和人民检察为人民的意识。二是围绕执法观念、工作规范、执行纪律等六个方面重点问题，集中开展了专项治理和执法大检查，对1999年以来办理的案件进行全面自查，省、市两级人民检察院重点复查、抽查3605件，纠正处理不当的27件，并认真查找原因，制定整改措施。三是严肃查处检察干警违法违纪案件，共立案查处21人，其中作党纪政纪处理13人，追究刑事责任2人。对少数领导干部违法违纪典型案件，坚决查究，总结教训，及时通报，警示干警。

坚持素质强检，加强素质建设。以贯彻修改后的《检察官法》和实施国家统一司法考试为契机，制定并实施全省检察教育"十五"规划，加快引进和培养人才的步伐。在前两年选调62名应届优秀法律本科毕业生的基础上，去年又选调62名充实到基层人民检察院。广泛开展"抓全员自学，强基本素质"活动，全省5897名检察人员参加了全国检察机关全员基本素质考试，达到了以考促学、提高素质的目的。三年全员轮训任务顺利完成，去年全省各级检察机关共举办各种业务培训班118期，培训干警4332人次。全省检察干警大学本科以上学历比例从1998年的17.2%提高到30%，还有1309名检察干警参加"专升本"学历教育、55名攻读研究生学位。队伍的文化专业结构进一步改善。

围绕三年"争创"目标，深入推进基层人民检察院建设。在前两年创建的基础上，对大多数已经实现"五好"的人民检察院实行动态管理，认真组织"回头看"，推行以岗位责任制为重点的目标量化管理，促进规范化建设。在省、市两级人民检察院开展争创"五好"处室活动，形成以上带下、以下促上的良好氛围。对少数未实现"五好"或因干警违法违纪被取消"五好"命名的人民检察院，实行挂牌攻坚，有针对性地采取调整领导班子、下派工作组、对口帮扶等措施，促使后进院面貌发生了积极变化。经过三年建设，全省86个基层人民检察院已有80个人民检察院达到"五好"标准，有7个人民检察院被最高人民检察院授予"全国人民满意的检察院"称号，有25个人民检察院被省委政法委和省人事厅授予"人民满意的政法单位"称号，基本实现了基层人民检察院建设三年目标。去年"七一"，省人民检察院机关党委被中组部授予"全国先进基层党组织"称号，有5个市、县人民检察院荣获"全省先进基层党组织"称号。在查办厦门特大走私案中，有

123名检察干警受到中纪委、高检院、省委、省政府的记功嘉奖。

六、牢固树立对国家权力机关和人大代表负责的观念，不断增强接受人大及其常委会监督的自觉性

全省各级检察机关普遍建立向人大及其常委会全面工作定期汇报、主要工作专题汇报、人事任免事先报告、重大案件及时报告、交办案件优先查报、重大活动邀请指导等制度，主动向政协通报检察工作，检察机关自觉接受人大的法律监督和政协的民主监督逐步走上制度化、规范化的轨道。去年，省人民检察院向省人大常委会汇报、向省政协专题通报检察工作和队伍建设情况、贯彻实施依法治省决议情况，省人大常委会、省政协领导提出重要的指导意见，对我们进一步抓好工作起到有力的推动作用。切实改进和加强同人大代表联系工作，坚持向600多名在闽全国、省人大代表定期寄送《闽检要况》，赠送《福建检察》，介绍检察工作和队伍建设进展情况。积极开展走访人大代表、政协委员活动，邀请人大代表、政协委员视察检察工作，当面听取意见。一年来，全省检察机关共向各级人大代表发出征求意见函9091份，组织座谈、邀请视察472场次。对省"两会"期间人大代表、政协委员提出的批评、意见、建议和提案，及时研究制定整改措施。对人大及其常委会、政协交办事项实行统一管理、专项督查、专人负责、限期反馈。去年，省人民检察院共办理省人大及其常委会、省政协交办事项和人大代表、政协委员反映的案件和问题46件，均已办结反馈。同时，进一步拓宽接受监督的渠道，组织特约检察员视察、检查检察工作，发挥特约检察员的监督作用。认真接受社会舆论监督、群众监督，不断改进工作。

去年检察工作成绩的取得，得益于各级党委正确领导、人大有力监督、政府大力支持、政协民主监督和社会各界、人民群众的关心帮助，也得益于这些年全省检察机关和广大检察干警积极探索实践的积累。近年来，根据形势发展对检察工作提出的新要求，我们坚持每年围绕一个主题，突出几项重点，通过抓集中教育整顿、抓基层人民检察院建设、抓素质强检工程，推动检察工作全面发展。在检察实践中对检察工作规律性的认识不断深化，对做好检察工作必须坚持的几条带根本性、方向性的原则达成了共识：一是必须坚持围绕大局开展检察工作，增强服从和服务于党的中心工作的自觉性和坚定性。二是必须坚持用实事求是的思想路线指导执法工作，一切从实际出发，有案必办，有什么案件就办什么案件，什么犯罪突出就坚决打击什么犯罪。三是必须坚持把依法规范办案的要求贯穿到执法工作的全过程，始终把办案质量作为检察工作的"生命线"，确保公正执法。四是必须坚持用改革的精神推进检察工作，不断创新业务管理和队伍管理机制。五是必须坚持素质强检，以基层人民检察院建设为基础，优化队伍结构，提高队伍的整体素质和执法水平。六是必须坚持人民检察为人民，自觉接受人大的法律监督、政协的民主监督、社会舆

论监督和群众监督，努力提高检察工作为人民服务的质量。通过几年来的不懈努力，全省检察机关在执法观念、执法方式、队伍整体面貌三个方面发生了积极变化。执法思想进一步统一和提高，公正执法已成为广大检察干警的自觉行动；办案工作基本实现了从注重办案数量到强调办案数量、质量和效果统一的转变，执法方式实现了从重实体、轻程序到实体与程序并重的转变；检察队伍文化专业结构改善，依法办案能力增强，干警违法违纪案件减少，刑讯逼供等重大违法办案现象得到了有效遏制，检察机关的社会形象进一步改观。

同时，我们也清醒地看到检察工作还存在不少缺点和问题：一是履行检察职能与公正执法的要求还有差距。有的对"严打"整治斗争认识不到位，工作措施不够有力；有的在查办职务犯罪、开展诉讼监督中存在畏难情绪，工作成效不明显。二是队伍文化专业结构不合理、专业人才偏少的状况仍较突出，整体素质和执法水平还不能完全适应形势与任务的要求。三是队伍作风建设存在不少薄弱环节，形式主义、官僚主义等不良作风还不同程度地存在，少数检察干警违法违纪现象仍有发生。四是符合司法规律、保障公正高效的业务管理和队伍管理机制还不完善。五是经费紧缺、装备落后、科技含量低的状况没有根本改变。对这些问题，我们要继续依靠各方面的支持和帮助，采取更加有力措施，切实加以解决。

各位代表：2002年是我们党和国家历史上具有重大意义的一年。我们将迎来党的十六大的召开，加入世贸组织标志着我国改革开放和现代化建设将进入一个新阶段。省第七次党代会确定了我省新世纪初现代化建设的宏伟目标，检察工作迎来了一个加快发展的重要时期。我们要以"三个代表"重要思想为指导，认真贯彻党的十五届六中全会、省第七次党代会和省九届人大五次会议精神，突出强化监督、公正执法主题，全力维护社会政治稳定，深入推进"严打"整治斗争，加大查办和预防职务犯罪工作力度，加强和规范诉讼监督，进一步深化检察改革，狠抓检察队伍作风建设和基层人民检察院规范化建设，努力再创我省检察工作新业绩。着重抓好以下几项工作：

一、抓"严打"带全局，全面推进各项检察业务工作

深入推进"严打"整治斗争。要把"严打"与整顿和规范市场经济秩序结合起来；把"打黑除恶"与深挖黑恶势力的后台和"保护伞"结合起来；把贯彻从重从快方针与严格依法办案结合起来；把"严打"与整治、综合治理结合起来。继续突出打击三类重点案件，把"打黑除恶"作为重中之重，坚决深挖、严惩黑恶势力的后台和"保护伞"，无论涉及谁，都要一查到底。依法严惩制售假冒伪劣商品、走私贩私、制贩假币犯罪活动，打击传销、变相传销活动，打击金融证券市场、财税领域和建筑、文化市场中的违法犯罪活动。严厉打击敌对势力、暴力恐怖势力、宗教极端势力和"法轮功"邪教组织的犯罪活

动。认真落实检察环节的各项社会治安综合治理措施，确保实现两年内社会治安取得新的明显进步的目标。

加大查办和预防职务犯罪工作力度。集中力量查办大案要案，重点查办县处级以上领导干部贪污受贿、徇私枉法的案件；金融证券、房地产、税务、海关、人事、司法等领域和国企改制中发生的职务犯罪案件；基层行政管理部门和农村基层组织工作人员严重侵害国家、集体和群众利益的职务犯罪案件，不断取得查办职务犯罪工作的新成效。切实把预防职务犯罪作为新时期检察机关的一项重要业务来抓，围绕省第七次党代会提出的加快发展的新要求，紧贴构建福建发展的战略通道，推动重大基础设施、重大工程项目的专项预防和金融证券等重点系统或行业的预防，努力把我省预防职务犯罪工作推向新阶段。

进一步强化诉讼监督。坚持打击犯罪与保障人权并重，强化刑事诉讼监督，着力纠正有案不立、有罪不究、以罚代刑、裁判不公以及刑讯逼供、超期羁押、滥用强制措施等问题。坚持维护司法公正与维护司法权威相结合，强化民事行政诉讼监督，重点加强对侵害国家利益、社会公共利益的；因行政干预或地方保护造成错判的；新闻媒体和人民群众关注的；审判人员枉法裁判的，裁判显失公平的案件的监督；对裁判正确的，依法予以维护。坚持化解矛盾与解决实际问题并举，强化控告申诉检察工作，开展上访老户专项清理，推行首办责任制，努力把问题解决在基层，解决在首次办理环节。

二、抓改革求创新，积极稳妥地抓好各项检察改革

积极顺应我国加入世贸组织和推进依法治国、依法治省进程的新要求，不断深化检察改革。重点抓好五项：一是完善主诉检察官办案责任制，积极推行主办检察官办案责任制，改革检察官办案机制；二是加强侦查指挥中心规范化建设，形成以省人民检察院为指导、以设区的市人民检察院为主体、以基层人民检察院为基础的查办重大疑难案件侦查工作运行机制；三是抓好机构改革，形成符合检察工作特点和规律、机构精干、运转高效的良性机制；四是开展检察人员分类管理制度改革试点，探索建立以检察官为主体的分类管理机制；五是加快检察信息化建设步伐，抓好建设、培训、应用和管理，推动执法方式和管理模式的更新。要抓紧研究和制定加入世贸组织后检察机关的应对措施，大力提高执法水平、执法效率和执法透明度。

三、抓作风强素质，以作风建设带动检察队伍建设

按照党的十五届六中全会提出的"八个坚持、八个反对"的要求，切实改进和加强检察机关的作风建设，把今年作为改进作风年、调查研究年，下决心精简会议和文件，改进会风和文风，在调查研究、解决实际问题、狠抓工作落实上下功夫。加强领导班子作风建设，结合换届工作，认真考核领导班子，用好的作风选人、选作风好的人。加强检察职业作风建设，深入开展职业道德教育，塑造良好的职业形象。加强队伍纪律作风建设，落实

从严治检要求，对违法违纪的检察人员，一经发现，从严查处，绝不姑息。认真贯彻修改后的《检察官法》，积极推进素质工程。落实国家统一司法考试制度，严格依法任命检察官，逐步实现上级院检察官从下级院择优选拔。加大学历教育和续职资格培训力度，计划用五年左右的时间完成"专升本"学历教育和续职资格培训，届时达不到本科学历或无故不参加续职资格培训以及培训不合格的，免去检察官职务。对去年基本素质考试不合格的人员，经离岗培训补考仍不合格的，坚决予以辞退。

四、抓基层促发展，以规范化建设增强基层人民检察院发展后劲

坚定不移地把基层人民检察院建设作为事关检察事业长远发展的战略任务来抓。认真总结这几年加强基层人民检察院建设的成功经验，进一步提高争创"五好"、"两满意"活动的水平。对"五好"人民检察院实行自查、复查和抽查制度，发现不符合"五好"人民检察院条件的，坚决予以摘牌。摘牌后两年内经考核仍不合格的，被摘牌的人民检察院检察长要主动辞职。着眼于建立规范管理的长效机制，深入开展创建"基层人民检察院规范化建设示范单位"活动，努力推进基层人民检察院向队伍专业化、业务规范化、管理科学化、装备现代化的目标迈进。

各位代表：新形势带来新机遇，也带来新挑战，检察工作的任务光荣而艰巨。我们决心高举邓小平理论伟大旗帜，深入实践"三个代表"重要思想，紧紧依靠党委领导、人大监督、政府支持和政协的民主监督，坚定信心，振奋精神，与时俱进，开拓创新，为实施依法治国方略，推进依法治省进程，保障和促进我省改革开放和现代化建设顺利发展作出新的贡献，以优异的工作成绩迎接党的十六大胜利召开。

福建省人民检察院工作报告

（2005 年 1 月 20 日在福建省第十届人民代表大会第三次会议上）

福建省人民检察院检察长　倪英达

2004 年，全省检察机关以邓小平理论、"三个代表"重要思想为指导，树立和落实科学发展观，在省委、高检院的坚强领导下，深入贯彻党的十六大，十六届三中、四中全会和省委七届七次、八次全会精神，认真执行省十届人大二次会议决议，坚持"立检为公、执法为民"，突出"强化法律监督，维护公平正义"的工作主题，全面履行法律监督职责，推进检察改革和机制创新，加强检察队伍和基层人民检察院建设，各项检察工作有了新的发展。

一、进一步统一执法思想，为建设海峡西岸经济区提供法律服务和法治保障

全省检察机关进一步把学习贯彻"三个代表"重要思想引向深入，联系全面履行法律监督职责的实际，开展"学习与贯彻实施宪法"、"建设海峡西岸经济区，检察机关怎么

办"、"强化检察职业责任"三项大讨论，引导广大检察人员牢固树立宪法意识，忠实履行宪法和法律赋予的职责，努力践行执法为民的要求；坚决捍卫宪法所规定的国家根本政治制度、公民的基本权利，尊重和保障人权，平等保护各类市场主体的合法权益；紧紧围绕大局开展检察工作，综合运用打击、监督、预防和保护职能，既打击犯罪、惩治腐败，又维护稳定、促进发展。省人民检察院及时制定并实施《关于为建设海峡西岸经济区服务的意见》，针对改革和发展中出现的新情况、新问题，正确把握法律政策的界限，从执法理念、执法方式和执法作风等八个方面，切实把省委的发展战略决策具体化，落实到检察工作的全过程。各级检察机关结合履行法律监督职责，提出了为改革发展稳定服务的具体措施，在执法实践中产生了积极的效果。

二、积极融入党和国家工作全局，全面履行法律监督职责

全省检察机关进一步增强全局意识，立足法律监督职能，服务发展第一要务，加大工作力度，提高执法水平和办案质量，以实际成效取信于民。

（一）依法严厉打击严重刑事犯罪，维护社会稳定和市场经济秩序。围绕省委建设"平安福建"的部署要求，研究制定具体实施方案，健全贯彻严打方针的经常性工作机制，充分发挥法律监督职能作用，增强打击犯罪实效。全年共批捕各类刑事犯罪嫌疑人29303人，提起公诉31877人，比2003年分别上升11.3%和10.1%。一是加强新形势下的对敌斗争，依法打击境内外敌对势力、间谍活动和"法轮功"等邪教组织的犯罪活动，共批捕56人，起诉61人。二是保持对严重刑事犯罪的高压态势，严厉打击爆炸、杀人、抢劫、绑架等严重暴力犯罪，黑恶势力犯罪，盗窃、抢夺等多发性侵财犯罪和涉及毒品的犯罪，共批捕20126人，起诉20793人；依法严惩制假售假、金融诈骗、走私贩私、偷税骗税等破坏市场经济秩序犯罪，共批捕898人，起诉1093人。密切配合有关部门，集中开展打击虚假信息诈骗、淫秽色情网站犯罪等专项行动，促进解决一些社会治安的突出问题。三是坚持"两个基本"原则，及时介入重大刑事案件侦查，只要基本事实清楚，基本证据确凿，就依法快捕快诉，稳、准、狠地打击犯罪。全年共对重大刑事案件介入侦查1315件，参与现场勘查285件，依法引导侦查取证，提高办案质量和效率。长汀县人民检察院在审查批捕4名犯罪嫌疑人拐卖儿童案中，就重大遗漏线索提出检察建议，引起公安机关的重视，被公安部列为跨省重大案件挂牌督办。福建、云南警方共抓获犯罪嫌疑人110人，查明被拐卖儿童53人，已解救31人，在我省已批捕犯罪嫌疑人32人。四是正确运用宽严相济的刑事政策，对未成年人犯罪、初犯、偶犯和过失犯，主观恶性小、犯罪情节轻微的，加大教育挽救力度，依法不捕1805人，不诉922人。五是积极参与社会治安防控体系建设、平安创建活动和社区矫正试点等工作，配合有关部门开展重大安全事故、偷私渡、"六合彩"、制种贩毒等专项治理，深入开展创建优秀"青少年维权岗"活动，协同做

好刑释解教人员、未成年犯和监外执行人员的管理帮教，检察环节的社会治安综合治理措施进一步落实。

（二）查办和预防职务犯罪工作健康发展，推动了反腐败斗争持续深入。坚持"一要坚决，二要慎重，务必搞准"的原则，正确处理工作力度、质量和效果的关系，不断提高发现和突破案件的能力，查办职务犯罪工作健康发展。全年共立案侦查贪污贿赂、渎职侵权等职务犯罪案件1146件1310人，其中大案504件，内有百万元以上30件；县处级以上领导干部80人，同比上升15.9%，内有厅级干部6人。通过办案为国家挽回直接经济损失8400万元。

坚持反腐败斗争的领导体制和工作机制，突出抓好重大案件的查处工作。在省委的强有力领导下，与公安、法院等部门密切配合，集中力量做好陈凯黑社会性质组织犯罪案件的检察工作。陈凯黑社会性质组织涉及故意伤害，组织卖淫，容留他人吸毒，赌博，合同诈骗，非法拘禁，寻衅滋事，虚报注册资本，偷税，行贿，隐匿、故意销毁会计凭证、会计账簿等12个罪名，犯罪成员21人，已全部提起公诉。检察机关受理和立案侦查与之相牵连的职务犯罪案件91件91人，涉及副厅级干部7人、处级干部43人，已侦查终结88件，起诉81件。陈凯黑社会性质组织犯罪案件的查处，昭示了省委反腐败的坚定决心，在社会上产生积极的反响。

深入查办行业性的职务犯罪案件。全年共立案侦查涉嫌侵吞、挪用、私分国有资产犯罪的国有企事业单位工作人员502人。在医药、土地、交通、电力等行业和领域查办102起窝串案，从中立案侦查364件434人。三明市检察机关继查办多起国税、烟草等部门人员职务犯罪案件，通过挖掘线索，侦破了该市烟草专卖局原局长许锡明涉嫌个人贪污1048万多元、与他人共同贪污631万多元、受贿347万元、挪用公款1.45亿元的特大案件。

坚决查处行政执法和司法领域的职务犯罪案件。全年共立案侦查涉嫌贪赃枉法、徇私舞弊犯罪的行政执法人员和司法人员336人，其中行政执法人员179人，司法人员157人。继续加大对渎职侵权犯罪的查处力度，强化对公民人身权利、民主权利的司法保障，共立案侦查181人。结合纠正诉讼活动中的违法情况，突出查处了一批执法不公、司法不公背后的职务犯罪案件，促进依法行政，维护司法公正。

加强预防职务犯罪工作。坚持惩治与预防并举，建立查办和预防职务犯罪"一体化"机制，实行统一领导、统一指挥、统一部署，改进预防方式，规范工作流程，努力从源头上预防和减少职务犯罪的发生。紧密结合办案，研究防范对策，开展个案预防175件，提出检察建议232件；针对公共投资和公共建设领域的重大项目开展专项预防39项；积极配合烟草、税务、金融、建筑、医药等行业和系统，加强警示教育，健全防范机制，不少地方积极探索建筑行业、医药采购"廉洁准入"等制度，预防工作的效果进一步增强。

（三）全面加强诉讼监督，维护司法公正和法制统一。不断增强监督意识，积极探索监督的有效途径，强化对各个诉讼环节的监督。全年共监督公安机关立案448件、撤案53件，依法追捕、追诉543人；提出刑事抗诉76件，法院已改判29件；改进民事和行政诉讼监督方式，提出抗诉164件，法院已再审改变原裁判89件，提出再审检察建议99件，法院已采纳58件，对裁判正确的，及时做好息诉工作，维护司法权威。从监督违反诉讼程序入手，依法保护人权，维护当事人的合法权益。共对侦查、审判和刑罚执行活动中侵犯诉讼权利等违法情况，提出监督意见287件（次）。全面落实防止和纠正超期羁押的长效机制，共纠正超期羁押131人次，检察环节保持无超期羁押。

根据高检院的统一部署，按照尊重和保障人权、平等保护各类市场主体的宪法原则，针对群众反映强烈的问题和法律监督工作的薄弱环节，集中开展四个专项工作，进一步落实执法为民的要求。一是开展打击制假售假、侵犯知识产权犯罪专项立案监督，以防止和纠正以罚代刑为重点，共向行政执法机关查询案件1966件，建议移送涉嫌犯罪案件53件，监督公安机关立案21件，批捕生产销售伪劣商品、侵犯知识产权犯罪嫌疑人125人，从中立案查处涉嫌放纵、包庇制假售假的犯罪嫌疑人16人。二是开展严肃查办国家机关工作人员利用职权侵犯人权犯罪案件专项活动。共立案侦查65人，同比上升2.4倍，涉及19个部门和单位，拓展了监督领域；严肃查办9起司法人员刑讯逼供、虐待被监管人员等侵权案件；及时查处重大安全事故背后的玩忽职守、滥用职权犯罪案件36件，促进了安全生产。三是开展集中处理涉法上访问题专项工作，按照各级党委的统一部署，积极参加矛盾纠纷排查调处活动，实行领导负责制，上下联动，着力在息诉息访、解决问题上下功夫，共办理涉法上访案件752件，已办结644件，其中息诉514件。认真排查举报类涉法上访问题，从中深查职务犯罪案件51件。四是开展违法减刑、假释、保外就医专项检查，共检查37788人次，发现存在问题173件，已纠正119件，从中查处涉嫌职务犯罪的监管场所干警5人。通过这些专项工作，集中纠正诉讼活动中存在的突出问题，有效提高监督水平，增强诉讼监督的实效。

三、推进检察改革和机制创新，确保公正高效行使检察权

遵循检察改革的指导原则，以人民监督员制度为重点，从制约司法公正的环节入手，积极探索从机制和制度上解决问题的有效途径和办法。

深入开展人民监督员制度试点工作。为加强对检察机关查办职务犯罪案件的外部监督，从制度上保证检察权的正确行使，根据高检院的部署安排，从2003年10月开始，我们在全省检察机关推行人民监督员制度试点工作。全省共产生人民监督员777名，其中人大代表和政协委员占55.3％。我们严格按照试点工作规定，对查办职务犯罪案件中，犯罪嫌疑人不服逮捕决定、检察机关拟作撤案和不起诉处理的三类案件，无一例外地进入人民

监督员监督程序。截至目前，已监督结案 250 件，其中人民监督员同意检察机关拟定意见的 236 件，不同意的 14 件。检察机关决定采纳人民监督员意见的 6 件。同时，实行检察长约见制度，对人民监督员反映检察工作和队伍中的问题，及时认真地办理，并作出负责任的反馈。积极开展立法调研，为推动人民监督员制度法制化进行了有益探索。

积极探索检务督察机制，加强对自身执法活动的内部监督制约。按照决策、执行和监督相分离的原则，设立检务督察机构，受检察长和检察委员会的委托行使督察职能，将检察机关该立不立、该捕不捕、违法取证、超期羁押等十二种情形以及十类复杂敏感案件，纳入督察范围，并从监督机构、监督范围、监督方式上与人民监督员制度互为补充、相互衔接，提高发现和解决自身问题的能力。针对执法办案过程中与当事人接触等容易产生执法随意性的部位和环节，颁布实行《关于检察人员与案件当事人及其委托人接触的六条禁止性规定》及处理办法，实行专项督察，加大对违禁行为的刚性处罚力度，有效防止了检察人员违法违纪问题的发生。

整合侦查资源，推进侦查一体化建设。加强省人民检察院和设区市人民检察院职务犯罪大案要案侦查指挥中心建设，初步形成"上下一体、区域联动、指挥有力、协调高效"的工作格局，加大对重大复杂案件的交办、提办、参办、督办力度，提高了侦查大案要案的能力；经过合理调整侦查分工，推进侦查资源的有效配置，建立整体作战的侦查工作机制，提高了发现和突破犯罪的能力；加强案件管理，规范办案程序，促进内部配合协作，增强了法律监督的合力。通过整合侦查资源，在一些重点行业和领域突破了多起职务犯罪窝案串案。

继续深化其他改革措施。建立保障律师在检察环节依法履行职责的工作机制；实行重大刑事案件介入侦查、引导取证，被告人认罪案件普通程序简化审理，法庭审理多媒体示证等制度，促进提高办案质量和效率；开展不起诉案件和当事人多次上访申诉案件公开审查、未成年人犯罪案件公诉改革试点等工作；一些地方在业务、队伍和信息化三位一体建设方面进行积极探索；加强司法警察建设，在提审、看押和安全防范方面发挥积极作用。

四、深化"强化法律监督，维护公平正义"主题教育活动，加强检察队伍和基层人民检察院建设

坚持把深化"强化法律监督，维护公平正义"主题教育活动作为总的抓手，推动检察队伍建设不断深入。一是把理论武装贯穿教育活动的始终，组织检察人员重点学习"三个代表"重要思想、修订后的宪法、党内监督条例和纪律处分条例，深入开展"公正执法为人民"等形式多样的教育活动，引导检察人员把正确的思想观念变成公正执法的实际行动。二是针对执法中存在的突出问题，集中开展专项清理工作，共排查 2003 年办理的不起诉案件 1026 件，依法纠正不当处理 9 件。全面清理扣押冻结款物，依法分别上缴、移

送或返还，发现和查处 2 起违纪问题。清理历年未执行赔偿案件 11 件，依法妥善予以解决。三是深入查摆剖析，着力解决业务工作和队伍建设相关联的突出问题，各地共解剖典型案件和事例 55 个，举一反三，吸取教训，促进整改提高。四是严肃查处检察人员违法违纪问题，共立案查处 26 人，已对 20 人作了党政纪处分，移送司法机关处理 5 人。

坚持把领导班子建设作为检察队伍建设的关键，加强思想政治建设、党风廉政建设、职业道德建设，加大对领导干部的教育、管理和监督力度。实行上级院派员参加下级院党组民主生活会制度，建立领导干部廉政档案、任前廉政谈话、诫勉和述职述廉制度，开展领导干部任期经济责任审计。逐级签订党风廉政建设和检察队伍建设责任状，分解细化责任，落实责任追究。坚持"两个务必"，增强领导干部的责任意识和自律意识，各级人民检察院领导班子作出廉洁从检的郑重承诺，自觉接受监督。加大领导干部交流和轮岗的力度，福州、厦门、泉州等地对基层人民检察院检察长和中层干部进行了轮岗交流，促进干部队伍建设。实施人才强检战略，加大人才培养和教育培训力度。去年选调 50 名应届优秀本科毕业生、研究生充实基层人民检察院，全省选调生总数达到 276 人。举办全省性的业务培训班 13 期，重点轮训基层人民检察院检察长、分管自侦工作副检察长、反贪局长和渎检处（科）长。组织法律业务巡讲团，推动检察实务和办案技能的培训。检察队伍的学历层次、专业结构和实际工作水平有新的提高。

全面加强基层人民检察院建设。突出以工作业绩为主要标准，实行分类指导、分类考核和规范管理；深入开展争创先进基层人民检察院活动，促进争先创优；省人民检察院和设区市人民检察院领导共建立基层人民检察院联系点 30 个，指导和推动工作开展；继续开展跨地区基层人民检察院"结对子"活动，有 40 个基层人民检察院结成"对子"，促进了各项工作协调发展。省委、省人大、省政府对基层人民检察院建设给予了高度重视和大力支持。去年 9 月，省委常委会听取省人民检察院关于队伍建设和基层人民检察院建设情况的汇报，对进一步推进基层人民检察院建设，加强和改进检察工作提出了明确要求，就基层人民检察院在经费保障、人员编制、干部职级等具体问题提出了明确的解决意见，为检察工作深入发展创造了良好条件。省十届人大常委会第十一次会议听取和审议了加强基层人民检察院建设情况的报告，就维护司法公正、提高队伍素质、加强检务保障等方面提出意见和建议。在各级党委、人大和政府的重视支持下，全省检察经费保障力度进一步加大，信息化建设得到加强，检察机关的办公、办案条件明显改善。

五、坚持党的领导，自觉接受人大监督，推动检察工作深入发展

全省检察机关进一步增强党的观念，不断强化接受人大监督的意识，认真贯彻《中共福建省委关于进一步加强人大工作的决定》，更加自觉地把检察工作置于党的领导和人大监督之下。坚持重大问题、重要部署、重要情况和重大案件，主动请示报告，紧紧依靠党

委的领导、人大监督，协调解决工作中的困难和问题。认真执行省人大及其常委会的决定、决议，不断加强和改进检察工作。加强与人大代表的联系工作，定期向人大代表寄送《闽检要况》和《福建检察》，及时通报检察工作情况。积极开展走访人大代表、政协委员活动，邀请视察、评议检察工作，当面听取意见。对人大代表、政协委员的意见、批评、建议和提案，及时研究办理，逐件反馈。一年来，全省检察机关共发出征求意见函 7502份，组织座谈、邀请视察 170 场（次）。省人民检察院共办理省人大及其常委会、省政协交办事项和人大代表、政协委员反映的案件和问题 21 件，均已办结反馈。人大代表、政协委员的关心、支持和帮助，对我们加强和改进检察工作起到有力的推动作用。在此，我代表全省检察机关表示衷心的感谢和崇高的敬意！

在执法实践中，我们深切体会到：一是必须坚持党的领导，自觉接受人大监督，既要依法独立公正行使检察权，又要与政法各部门形成打击犯罪、惩治腐败、维护稳定、促进发展的合力。二是必须牢固树立"立检为公、执法为民"的执法观，深刻认识检察权是人民赋予的，要始终用来为人民谋利益，为党和国家工作大局服务，为社会公平和正义服务。三是必须深化实践"强化法律监督，维护公平正义"的工作主题，全面落实"加大工作力度，提高执法水平和办案质量"的总体要求，全面履行法律监督职责。四是必须坚持以改革的精神推进工作，清醒地把握司法公正要靠正确执行实体法和程序法来保障，坚持用严格的程序保证执法规范，用严明的纪律和有效的监督保证办案的质量、文明和安全。五是必须坚持以领导班子建设为重点，加强对领导干部的教育、管理和监督，带动检察队伍和基层人民检察院的建设。六是必须珍惜和维护全省上下呈现的风正气顺、人和业兴的趋势，在检察系统营造积极奋进、团结和谐的氛围，凝聚全省检察人员的力量，推动检察工作健康深入发展。这些基本原则和要求，我们要在实践中长期坚持并继续完善。

同时，我们也清醒地看到，检察工作在发展过程中还存在不少问题和困难，主要是：有的地方法律监督工作不够有力，不敢监督、不愿监督、不会监督的问题没有完全解决；有的地方查办职务犯罪工作力度不大，突破案件的能力不强，办案质量和效率有待进一步提高；少数干警执法思想不够端正，执法行为不够规范，违法违纪问题仍时有发生；检察队伍专业化水平不高、工作科技含量低的状况还没有得到很好解决，影响和制约了检察工作开展。对这些问题，我们要继续依靠各方面的支持和帮助，努力加以解决。

各位代表：2005 年是全面完成"十五"计划、加快建设海峡西岸经济区的重要一年。我们要以邓小平理论、"三个代表"重要思想为指导，全面贯彻党的十六届四中全会、省委七届八次全会和省十届人大三次会议精神，牢固树立科学发展观和正确执法观，紧紧围绕改革发展稳定大局和"强化法律监督，维护公平正义"工作主题，加强执法规范化、队伍专业化和管理科学化建设，深化检察改革和机制创新，提高法律监督能力，为建设海峡西岸经济区创造和谐稳定的社会环境和公正高效的法制环境。

一、牢固树立正确执法观，加强法律监督能力建设

加强法律监督能力建设，是加强党的执政能力建设在检察机关的具体化。要树立"立检为公、执法为民"的执法观，真正解决"为谁执法、为谁服务"的问题。全省检察机关要紧紧围绕保障和服务海峡西岸经济区建设，按照科学发展观的要求，坚持打击、保护和预防职能的有机统一，更加注重促进社会和谐稳定；坚持监督、制约和配合的有机统一，更加注重以程序规范保证司法公正；坚持力度、质量和效果的有机统一，更加注重办案质量；坚持事前、事中和事后监督的有机统一，更加注重法律监督效力；坚持检察机关的全局和局部的有机统一，更加注重整体合力。着力提高履行检察职能，打击和防范刑事犯罪，维护社会稳定的能力；依法查办和预防职务犯罪，促进廉政建设的能力；正确处理群众诉求，化解矛盾纠纷，促进社会和谐的能力；敢于监督、善于监督、规范监督，促进严格执法和公正司法的能力；强化自身监督和制约，严格、公正、文明执法的能力。

二、围绕"强化法律监督，维护公平正义"工作主题，加大工作力度，提高执法水平和办案质量，全面履行法律监督职责

一要全力维护社会和谐稳定。要以扎实推进"平安福建"建设为主线，坚持把严打方针贯彻到审查批捕、起诉等工作中，始终保持对严重刑事犯罪的高压态势。依法严惩敌对势力和"法轮功"等邪教组织的渗透破坏活动；继续重点打击严重暴力犯罪、黑恶势力及有组织犯罪、"两抢一盗"等侵财性犯罪，增强群众安全感；依法惩治金融诈骗、非法集资、制假售假、侵犯知识产权和走私等犯罪，维护市场经济秩序。正确运用宽严相济的刑事政策，坚持惩办与宽大相结合，能不捕的依法不予批捕，能不起诉的依法不予起诉，或者建议法院从轻判处，以便节约诉讼资源，集中力量打击严重犯罪，挽救失足者，化消极因素为积极因素，取得更好的法律效果和社会效果。进一步做好集中处理涉法上访的工作。要按照中央的要求和各地党委的统一部署，积极参与矛盾纠纷排查调处活动和涉法涉诉等专项治理工作。重点办理涉检上访案件，依法解决群众的合理诉求，把息诉息访作为结案的标准，既要按法律程序办理，又要落实善后工作，做好疏导教育，避免矛盾激化。积极参加社会治安防控体系建设，落实好检察环节的各项综合治理措施。

二要严肃查办和积极预防职务犯罪。要从实现经济社会发展战略任务和提高党的执政能力、巩固党的执政地位的战略高度，坚决贯彻中央关于反腐败斗争的部署，充分发挥查办职务犯罪的职能作用。要集中力量查办大案要案，重点查办发生在党政领导机关和领导干部中的职务犯罪案件；严肃查办国家机关工作人员利用职权非法拘禁、刑讯逼供等侵犯人权的犯罪案件和滥用职权、玩忽职守造成重大损失的犯罪案件；重大工程项目建设，金融、土地管理等领域中的职务犯罪案件；在国有企业重组改制、破产和经营活动中贪污、

挪用、私分国有资产的犯罪案件，以及其他人民群众反映强烈的职务犯罪案件。加强侦查谋略和侦查技能研究，努力提高侦查人员发现犯罪、初查、讯问、收集和固定证据、排除干扰阻力的能力，以及追逃追赃、运用刑事政策和现代科技手段等方面的实际工作能力。要做好职务犯罪预防工作，立足检察职能，结合办案加强对职务犯罪发案原因、特点和规律的研究，积极开展发案单位的个案预防。配合有关部门，针对公共投资和公共建设项目以及案件易发多发的行业和领域，深入开展专项预防和系统预防。积极开展预防对策研究，运用检察建议推动有关单位、行业建立内控机制。继续配合预防职务犯罪地方立法，健全和完善预防工作机制，深化探索"廉洁准入"等预防方式，提高预防工作的规范化和专业化水平。

三要加强对刑事、民事和行政诉讼的法律监督。坚持纠正打击不力和保障人权相结合，加大刑事立案、侦查、审判和刑罚执行的监督力度，重点监督纠正有案不立、不该立案而立案、有罪不究、量刑畸轻畸重等问题，坚决纠正侵犯当事人诉讼权利等违法情况。坚持维护司法公正和维护司法权威相结合，加大对民事、行政诉讼活动的监督力度，重点办理因地方和部门保护主义、严重违反法定程序以及审判人员贪赃枉法、徇私舞弊而导致错误裁判的案件。坚持强化诉讼监督和查办职务犯罪相结合，坚决查处执法不公、司法不公背后的司法腐败案件，增强法律监督实效。继续开展集中处理涉法上访问题，制假售假、侵犯知识产权犯罪立案监督等专项工作，不断深化措施，取得新的成效。完善行政执法与刑事执法相衔接的工作机制，拓宽监督途径，改进监督方式，提高监督水平。

三、继续深化检察改革，推进工作机制创新

认真学习贯彻中央关于司法体制和工作机制改革的意见，正确把握改革的性质、任务、指导思想和原则，加强调研论证，研究制定改革实施方案，保证改革健康顺利进行。认真总结人民监督员制度试点工作经验，继续探索完善人民监督员行使监督权的有效方式，加强理论研究和立法调研，推动人民监督员制度的法制化进程。建立和完善检务督察机制，重点完善与人民监督员制度相衔接的工作机制。继续深化整合侦查资源，构建侦查一体化的工作机制，提高执法办案的能力和水平。探索建立业务、队伍与信息化建设相结合的长效管理机制，有效地把信息技术运用于检察业务和队伍管理，提高管理科学化的水平。

四、全面加强检察队伍和基层人民检察院建设，为提高法律监督能力提供组织保障

建设一支政治坚定、业务精通、作风优良、执法公正的高素质检察队伍，是提高法律监督能力、推动检察工作深入发展的重要组织保障。要按照中央、省委的统一部署，扎实开展保持共产党员先进性教育活动，把深化检察工作主题教育、执法观教育作为重要内容，切实抓好学、摆、改、立四个环节，着力解决在贯彻党的路线方针政策、执法观念、

执法方式、执法作风等方面存在的突出问题。

坚持不懈地抓好检察队伍建设，加强对领导干部的监督和自律。认真落实党风廉政建设和队伍建设责任制，提高领导班子发现和解决自身问题的能力。加强对履行责任制和重要情况落实的督促检查，对不履行或不正确履行职责，特别是因疏于教育、管理不力、失察失究造成严重后果的，要严肃责任追究。坚持以公正执法为核心，以争创先进人民检察院为载体，以推进执法规范化、队伍专业化、管理科学化为内容，进一步推动基层人民检察院建设。认真组织实施检察人员培训计划，重点开展领导素质培训、专项业务培训、任职资格培训和岗位技能培训，开展业务竞赛，加强实战训练，促进提高法律监督能力。要大力弘扬正气，表彰公正执法的先进典型。

各位代表：在新的一年里，我们决心以邓小平理论、"三个代表"重要思想为指导，牢固树立科学发展观和正确执法观，努力提高法律监督能力，全面履行法律监督职责，为推进海峡西岸经济区建设、全面建设小康社会作出新的贡献。

（三）重要文件一览表

文件名	通过时间	施行时间
《福建省加强检察机关法律监督的若干规定》	1994 年 9 月 16 日，省人大常委会第十二次会议通过	
《关于认真做好〈福建省加强检察机关法律监督的若干规定〉实施工作的意见》	1994 年 10 月 14 日，省人民检察院下发	
《福建省检察机关办案责任制暂行规定》	1994 年 12 月 26 日，福建省人民检察院检察委员会讨论通过	自 1995 年 2 月 1 日起试行
《福建省人民检察院关于检察机关接受人民代表大会常务委员会监督若干问题的规定》	1996 年 7 月 1 日，福建省人民检察院通过	
《福建省人民检察院关于实施依法治省决议的方案》	1998 年 9 月 25 日，省九届人大常委会第五次会议审议通过	
《福建省人民检察院关于加强检察机关内部制约的若干规定（试行）》。	1999 年 2 月 4 日，省检察院下发	
《福建省人民检察院关于开展未成年人保护工作的实施方案》	1999 年 5 月 20 日，福建省人民检察院通过	
《福建省人民检察院关于设立专家咨询委员会的暂行规定》	1999 年 6 月 4 日，福建省人民检察院通过	
《福建省人民检察院关于主诉检察官办案责任制的实施细则》	2000 年 1 月 7 日，福建省人民检察院检察委员会讨论通过	自发布之日起施行
《福建省人民检察院关于检察改革三年实施方案》	2000 年 9 月 22 日，福建省人民检察院通过	
《福建省人民检察院关于检察人员与案件当事人及其委托人接触的六条禁止性规定》	2004 年 3 月 10 日，福建省人民检察院通过	自发布之日起施行
《福建省人民检察院关于为建设海峡西岸经济区服务的意见》	2004 年 5 月 27 日，福建省人民检察院检察委员会第六次会议讨论通过	

续表

文件名	通过时间	施行时间
《福建省人民检察院关于进一步推进查办和预防职务犯罪工作"一体化"的若干意见》	2005 年 5 月 23 日，福建省人民检察院通过	
《福建省人民检察院关于人民监督员监督"五种情形"的实施办法（试行）》	2005 年 8 月 8 日，福建省人民检察院通过	
《福建省人民检察院关于实行检务督察制度加强执法活动内部监督制约的若干规定（试行）》	2005 年 12 月 27 日，福建省人民检察院检察委员会第九次会议讨论通过	自发布之日起施行

三、特　辑

强基固本谋发展　真抓实干出成效

——"全国十佳检察院"晋江市人民检察院先进事迹

地处经济发达地区的晋江市人民检察院克服案多人少、任务繁重等困难，认真履行了宪法和法律赋予的职责。自 2002 年起，该院先后获全国文明接待室、全省"五好检察院"、"人民满意检察院"、先进检察院等 20 多项荣誉称号，受上级院和各级党委表彰的先进个人达 100 多人次，2005 年 2 月被高检院授予"全国先进检察院"和首届"全国十佳检察院"荣誉称号。

始终把建设一个过硬的领导班子放在首位，优化班子组织结构，大力加强思想建设、作风建设，不断增强班子的凝聚力和战斗力。党组成员努力在政治业务学习、勤奋工作、廉洁自律等方面做好带头人。有针对性地开展思想政治工作，引入竞争激励机制，激发干警工作热情。定期分析干警的思想动态，重视开展谈心诫勉活动。认真贯彻落实"从优待警"政策，开展"暖人心工程"，努力创造条件吸引人才、留住干警，争取到位"两房"建设资金 2850 万元，建成了一座规模 11000 平方米的办公综合大楼，建成一座规模 2640 平方米，用于干警生活、休闲、娱乐的附属楼。鼓励干警参加学历教育，加强岗位练兵，提高干警的业务素质和执法水平。2002—2004 年，轮训业务骨干 187 人次，本科以上学历的干警从 2001 年底的 24% 上升到 2005 年的 66%，到 2005 年，仍有 21 人在职攻读法律本科学历，有 6 人在职攻读法律硕士。

抓好打击严重刑事犯罪、查办和预防职务犯罪、强化诉讼监督三项重点工作，推进检察业务工作全面发展。2002—2004 年，共批准逮捕 3361 件 5000 人，提起公诉 3607 件 5262 人；立案侦查职务犯罪案件 53 件 65 人，为国家挽回直接经济损失 1255.87 万元；批捕、起诉准确率和有罪判决率达三个百分百，无一错案，无一超期羁押。通过立案监督、追捕、追诉，将 89 名犯罪嫌疑人送上审判台，这些罪犯分别被判处 6 个月到 14 年不等的刑罚；纠正公安机关不应当立案而立案的案件 4 件 5 人；办理的民事行政申诉案件，经再审改判 20 件；办理 27 起支持公益诉讼案件，为企业挽回经济损失 410 万元。

围绕公正执法强基固本 提升基层检察院建设水平

——"全国先进检察院"福州市鼓楼区人民检察院先进事迹

福州市鼓楼区人民检察院以争创全国先进检察院为目标，发挥省会中心城区优势，紧紧围绕"强化法律监督，维护公平正义"的主题，着力提升基层检察院创建水平，促进了各项检察工作的深入开展。2002年来，先后获全国优秀青少年维权岗、全国文明接待室、全国先进检察院等荣誉称号，获评高检院记"集体一等功"。

院党组立足区位特点，把着眼点放在内强素质、外树形象，提高执法能力建设上。建立和完善院中心组学习会、科务学习会、机关支部学习会制度。深化主题教育实践活动，强化干警职业道德、职业责任、职业纪律教育，着重抓机关作风整顿，加强机关效能考评，提高了干警的政治素质。坚持高起点规划、高标准要求、高效能培训，组织开展专业知识讲座和岗位比武竞赛活动，着力培养能侦能审、能文能武、一岗多能、一专多才的复合型人才。全院50岁以下干警法律大专学历达98％，法律本科达87％。坚持以质量效率为核心，进一步完善办案制度，规范执法工作机制，全面实行办案流程管理，建立案件质量评查制度，全面推行主诉检察官办案责任制和主侦办办案绩效量化考评机制，把案件质量和办案效率纳入考评量化范畴，以完善的制度促执法规范、保办案质量。

通过加强规范化建设，各项检察业务取得显著成效。2002—2004年，共立案侦查职务犯罪案件117件121人，其中100万元以上大案11件、涉及科处级干部65人，涉案金额达4570万元；审查批捕各类刑事案件1585件2344人，审查起诉各类刑事案件1557件2289人，同比分别上升22％和13％。有12项业务居全市检察机关的前列。机关党建工作也取得显著成绩，列区直机关考核第一名。干警精神面貌、社会形象良好，2002—2004年，有69次干警被授予全国、省、市、区级的先进工作者、优秀共产党、"三八"红旗手、优秀办案能手、优秀公诉人等荣誉称号。无不文明办案现象发生，也无重大事故或违法违纪行为。在开展专题教育活动和人民代表的评议中，社会各界对检察工作和检察干警的满意率均达98％以上。

展示特区风采 显现检察形象

——"全国先进检察院"厦门市湖里区人民检察院先进事迹

厦门市湖里区人民检察院紧紧围绕"加大工作力度，提高执法水平和办案质量"的总体要求，奉行"没有最好，只有更好"的理念，积极探索基层检察院建设新路子。先后获得"全国模范检察院"、"全国基层检察院建设规范管理示范院"、"全国先进检察院"等称号。

该院把建一流班子、带一流队伍、创一流业绩、树一流形象，建立科学绩效管理机制，作为新一届领导班子的奋斗目标。在每年的民主测评中，班子及成员的满意率均达到100％。大力开展全员素质训练，通过网上讲座、案例分析、技能比武等活动，全面提高干警素质，全院大学本科以上干警占总人数的75％，取得计算机等级证书的占干警总数的64％。推行中层领导竞争上岗、岗位轮换等人事制度改革，2002年以来有17名干警通过竞争取得副科级职位。

认真履行宪法和法律赋予的法律监督职责，做到敢于监督、善于监督。2002—2004年，查办大要案20件20人。结合案件的查处，帮助发案单位建章立制，规范管理。如向市粮食集团发出的《加强粮食购销业务和经济合同管理，落实资金使用审批制度》的检察建议书被高检院评为"全国检察机关首届预防职务犯罪优秀检察建议"。从重从快打击刑事犯罪，努力维护社会稳定。如在办理震惊全省的"8·9"违章抢建致使7人死亡、38人受伤案件中，办案人员提前介入，一方面协助党委、政府做好伤亡者亲属说服安置工作，另一方面收集了解犯罪第一手材料，及时批捕并起诉7名犯罪嫌疑人，使事故的善后工作得到圆满解决。

从健全从严治检长效机制入手，将多年工作实践形成的119项制度汇编成册，实现以制度管人管事，努力提高执法水平和办案质量。2002—2004年，侦查监督科年人均办案达到98件138人，公诉科年人均提起公诉案件54件，列厦门市基层检察院人均办案第一位，批捕、起诉平均办案期限分别为3天、12天，从未出现漏捕、漏诉、错捕、错诉的案件，自侦案件的起诉率、批捕案件的准确率、公诉案件的有罪判决率均达到100％。

致力发展　再创辉煌

——"全国先进检察院"漳浦县人民检察院先进事迹

漳浦县人民检察院1992年被最高人民检察院授予"全国检察机关先进集体"，1997年被授予"全国模范检察院"，1999年被授予"全国人民满意的检察院"等荣誉称号。在荣誉面前，该院变"保荣誉"为"争发展"，树立"没有最好、只有更好"的创新意识。三年来，突出"强化法律监督、维护公平正义"的主题，坚持素质促检、服务立检、改革兴检、科技强检的工作思路，基层检察院建设又上一个新台阶，先后获全国"先进基层检察院"、"文明接待室"、"一级规范化派驻检察室"等称号，并蝉联了四届福建省"文明单位"称号。

始终把检察工作融入服务县委的工作大局，综合运用检察职能，努力为创建"平安漳浦"、推动海峡西岸经济区建设作出贡献。2002—2004 年，该院立案侦查职务犯罪案件 55件 58 人，涉嫌犯罪的科级干部 11 人，通过办案为国家挽回直接经济损失 245 万元；决定、批准逮捕 556 件 761 人，起诉 589 件 764 人；办理立案监督案件 50 件 54 人，其中已作有罪判决 13 件 13 人，公安机关撤案 5 件 5 人；依法决定追捕、追诉 104 人；改变案件定性并得到法院判决认定 35 件，追罪 32 条，维护了法律的尊严；改革检察信访工作模式，开展"控告申诉举报流动车"进乡村活动，妥善处理群众控告申诉举报 553 件，维护了社会稳定。

坚持与时俱进，创新执法方式和管理机制。整合侦查资源，成立职务犯罪侦查局，提高整体作战能力，使办案数量和质量居全省前列。实行主诉、主办、主任检察官办案责任制，推行刑事案件普通程序简易审、庭前证据开示等多项改革试点工作，使案件的审结时间平均缩短了 50%，提高了办案质量和效率。规范人民监督员制度的实务操作，试行"检务督察"制度，全面推行"检务公开"。加强对检察机关自侦案件的内外部刚性监督，确保公正高效行使检察权。

从规范管理、强化教育、加强监督、从优待检入手，促进检察队伍健康发展，连续 19年没有错案、没有干警违纪违法行为发生，有 3 名院领导和 4 名中层领导得到提拔使用。

创新工作机制　推进检察工作
——"全国先进检察院"漳平市人民检察院先进事迹

2002 年来，漳平市人民检察院坚持以创新为主线，一步一个脚印，取得了基层检察院规范化建设的全面丰收，先后被评为全国、全省"先进检察院"。

创新业务工作机制，推进检察业务平稳发展。整合侦查资源，将反贪、渎检、控申、预防人员进行整合，成立职务犯罪侦查局，统筹履行查办和预防职务犯罪、控申举报工作，使查办职务犯罪的力量明显增强，办案数量连续保持龙岩市检察系统前列。把加强诉讼监督、创建"平安漳平"作为检察机关的重大政治任务，先后与交警、税务、工商等部门建立"执法通报制度"，实现了诉讼监督的良性循环。针对森林刑事案件多发情况，设立"森林 110 举报台"，直接受理群众的举报，在打击森林刑事犯罪的同时查办职务犯罪，打击了内外勾结破坏森林资源的犯罪活动。发挥"窗口"作用，改进服务方式，接待群众实行"全员点名接待制"和"检察长预约接待"，设立"为举报人保险制度"和"举报不立案听证制度"。

创新队伍管理机制，激发队伍整体活力。探索实行情感管理，改进思想工作方式，开展"检察长约谈、班子成员走访谈"和"双靠近双理解"活动，为干警设立"人身、财产保险套餐"，解除了干警的后顾之忧。重视检察文化建设，营造良好创建氛围，激励干警积极向上。对中层干部提拔使用，按个人绩效、民主推荐相结合，提请任命后实行任期制、引咎辞职制，加强管理。实行效能建设考评和工作业绩考评，将考评结果与干警晋职晋级评优挂钩，调动干警工作积极性。

创新规范化管理和检务保障机制，构建科学发展理念。出台《检务督察办法》，有效监督干警执法办案行为。重视装备投入，提高科技含量，建立了独立的、相对封闭的警务区，配套全程监控设施，每个办案组配备一台手提电脑，实现了前沿指挥功能。建成法律法规信息库和案件资源信息库，设立局域网，每个干警一台电脑，并组织干警参加全国计算机等级考试，基本实现了办公自动化和办案现代化。

平凡之中的不懈追求

——"全国先进检察院"泰宁县人民检察院先进事迹

泰宁县是一个人口不足 13 万、经济欠发达的山区小县。该县检察院仅有 40 名干警，较长时间以来，干警中普遍存在"小县难有大作为"的思想，工作上按部就班，各项工作在全市检察系统处于中下游水平。2002 年以来，该院结合山区检察院自身实际，围绕争创"先进检察院"目标，以检察业务工作为中心，不断加强基础性工作，探索山区小院争先创优的路子，基层检察院建设一年上一个新台阶。三年中，该院多项工作进入全市乃至全省检察系统前列，先后被命名为市级文明单位、市先进检察院、省先进检察院和全国先进检察院。

该院力求把每个案件都办成精品，做到办案法律效果和社会效益的统一。2002—2004 年，该院共立案查办贪污贿赂案件 26 件 26 人，起诉 24 件 24 人，法院均作有罪判决。审查批准逮捕、起诉犯罪嫌疑人分别达到 400 多人，无一错案无一超期羁押，并监督侦查机关立案 14 件，撤案 17 件；追捕 33 人，追诉 66 人，实现加大办案力度、提高执法水平和办案质量的统一。

2004 年 4 月，该院受理起诉一起非法吸收公众存款案，此案涉及金额 470 余万元，有 60 余名群众受害。在审查起诉阶段，有数十名受害群众到该院反映，称公安机关办案不力，大部分赃款未能追回，追回的一部分又返还给了"有关系"的受害人，这些问题不严肃查处，他们将集体上访。检察干警在接待受害人来访中，耐心地向他们解释，案件办结后，按比例赔偿受害人，大家普遍表示满意。

紧紧抓住执法办案、队伍建设、检务保障等重点环节，强化措施，建立健全管理制度，并汇编成册，人手一本。加大对制度执行情况的检查监督，使依法办案、按章办事成为每个检察干警的自觉行动。多年来，全院没有发生一起干警违法违纪事件。

不断强化"人才兴检，素质强检"观念，实施学历教育"追赶工程"。2002—2004年，有31名干警参加国民教育系列法律专业本（专）科层次的学历教育，有26人已毕业，至2005年，全院法律本科学历的干警占总数的72.5％，为全市基层检察院之首。

编 后 记

福建省人民检察院于 2007 年 8 月成立以倪英达检察长为主任的《福建省志·检察志（1993—2005）》编纂委员会，2010 年 4 月调整编纂委员会。委员会下设办公室和编辑室。整个编纂工作前后历时 5 年多，于 2013 年 5 月经省方志委验收通过，交付出版。

省检察院各内设机构抽调了大量人员协助收集、整理材料和参与编纂工作。侦监处陈铭胜、公诉一处徐超、公诉二处刘剑洲、反贪局李伟标、反渎局陈金发、预防处李素葳、监所处鲍勇锋、控告处吴巧榕、申诉处刘红球、民行处罗志丰、林检处翁金龙、技术处王琦玮、信息办郑铨英、研究室陈国枝、办公室卢燕霞和郑顺华、行装处陈尚泽、法警总队周晓君和郑雯昕、涉台办单鲲、政治部陈春清、干部处温晓勇、宣传处张金文、教育处张春瑞、监察处吴传鹏等，通过查阅大量档案，提供和整理了各有关检察业务历史和现状的资料、数据与案例，研究室滕忠、林章霖、张向东、谢敏和张旻为本志提供了照片和附录部分资料，省检察院副检察长林贻影，省检察院专家咨询委员会委员、江夏学院法学教授林建伟，省检察院退休干部潘仁年参加了本志的评审。借此向关心和支持本志编纂工作的专家学者及有关人员，表示衷心感谢。

《福建省志·检察志（1993—2005）》编辑室

2013 年 6 月